南京理工大学知识产权学院文库

江苏专利发展研究

郑伦幸◎著

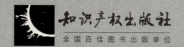

知识产权出版社

全国百佳图书出版单位

图书在版编目（CIP）数据

江苏专利发展研究／郑伦幸著．—北京：知识产权出版社，2018.10
ISBN 978-7-5130-5802-5

Ⅰ．①江…　Ⅱ．①郑…　Ⅲ．①知识产权保护—研究—江苏　Ⅳ．①D927.530.340.4

中国版本图书馆 CIP 数据核字（2018）第 202584 号

责任编辑：刘　睿　刘　江　　　　　责任校对：王　岩

文字编辑：刘　江　　　　　　　　　责任印制：刘译文

南京理工大学知识产权学院文库

江苏专利发展研究

郑伦幸　著

出版发行：**知识产权出版社** 有限责任公司	网　　址：http://www.ipph.cn
社　　址：北京市海淀区气象路 50 号院	邮　　编：100081
责编电话：010-82000860 转 8344	责编邮箱：liujiang@cnipr.com
发行电话：010-82000860 转 8101/8102	发行传真：010-82000893/82005070/82000270
印　　刷：北京嘉恒彩色印刷有限责任公司	经　　销：各大网上书店、新华书店及相关专业书店
开　　本：720mm×960mm　1/16	印　　张：17.5
版　　次：2018 年 10 月第 1 版	印　　次：2018 年 10 月第 1 次印刷
字　　数：265 千字	定　　价：65.00 元
ISBN 978-7-5130-5802-5	

研究支持单位：
江苏省知识产权发展研究中心
江苏省知识产权思想库

本书受中央高校基本科研业务费专项资金，No. 30916014111（OPIPC201406），教育部人文社会科学研究青年基金项目（16YJC820053）的资助。

前　言

　　历史经验表明，经济强国的崛起需要适应时代发展、国内需求，因时而变，在不同时期及时建立竞争优势。在知识经济时代，随着知识产权推动国家/区域经济发展的内生性作用不断增强，知识产权打造国家/区域竞争优势的基础性地位不断牢固，推进国家/区域社会发展的保障性作用不断显现，已成为世界各国/区域发展的战略性资源和推进经济社会发展的基本方略。如美国在 2009 年、2011 年、2015 年相继发布的《美国创新战略》中，明确将知识产权战略融入国家整体创新发展战略，以维持国家经济的增长和繁荣，捍卫美国在全球经济的领导地位。英国于 2016 年发布《2016~2019 年知识产权整体计划》报告，提出要塑造国内、欧洲和全球的知识产权体系，以最好的知识产权架构支持英国的创新和经济增长。日本在继 2002 年颁布《知识产权战略大纲》《知识产权基本法》，确立"知识产权立国"战略后，于 2013 年又发布《知识产权政策愿景》，提出"内容产业立国新目标"，通过增强内容产业软实力，强化产业竞争力，支撑经济发展。

　　为建设创新型国家，实现全面建设小康社会目标，我国于 2008 年颁布实施《国家知识产权战略纲要》，将知识产权战略上升为国家战略。近年来，随着我国政府加快实施创新驱动发展战略，作出"一带一路""中国制造 2025""互联网+""大众创业、万众创新"等重大决策，对知识产权的支撑和引领作用提出更高的要求，知识产权工作也得到党中央、国务院高度重视，习近平总书记在不同场合多次强调要加强知识产权运用和保护，李克强总理也明确指出要努力建设知识产权强国，催生更加蓬勃的创新创业热潮。2015 年国务院印发《关于新形势下加快知识产权强国建设的若干意见》，做出建设知识产权强国的重大决策部署，以支撑创新驱动发展战略。

进入 21 世纪以来，江苏专利事业进入发展的快车道，特别是《江苏知识产权战略纲要》的制定和实施，标志着江苏全面进入专利事业发展的主动战略决策和选择期，经过多年战略的实施，江苏专利综合实力不断增强，在全国处于领先地位，江苏在全国范围内已成为名副其实的专利大省。然而，"大而不强、全而不优"仍是江苏专利事业发展的现状，特别是江苏经济进入速度变化、结构优化、动力转换的新常态，面对产能落后、过剩以及资源环境约束的双重压力，江苏急需继往开来，以建设引领性知识产权强省为契机，全面升级战略措施，大力推进专利事业发展，进一步提升专利综合实力，实现从数量规模到质量效益的跃升，充分发挥专利对经济社会发展的推动作用，为实现经济转型升级，建设经济强、百姓富、环境美、社会文明程度高的新江苏提供强力支撑。

近年来，随着《关于加快建设知识产权强省的意见》《江苏省建设引领型知识产权强省试点省实施方案》《关于知识产权强省建设的若干政策措施》等系列知识产权强省建设规划、政策文本的制定和颁布，虽然未来江苏专利事业发展的目标、路径、措施已日益明确，但是要想在政策文本中解决专利事业中存在的所有问题并不现实。要化解目前江苏专利事业发展的困境，实现由大到强的转变，让江苏专利事业发展再上新台阶，需要以引领型知识产权强省标准要求作为新坐标，在全面梳理专利发展基础、总结发展经验的基础上，系统检视目前专利事业发展中的问题以及探求问题形成的原因，并以问题为导向，立足江苏实际，借鉴国外成熟发展路径，找寻发展对策。

本书正是本着回应新时期江苏专利事业发展新需要的尝试，围绕江苏专利事业发展中的战略、基础、问题和对策等重要问题，展开的系统研究。本书的主要内容包括以下四部分：战略篇，重点探讨江苏专利事业发展战略形势与战略选择。对江苏专利事业发展的国际、国内以及省内形势进行分析和研判，并归结江苏在不同时期的专利战略选择的背景、内容以及意义。基础篇，重点探讨江苏专利事业发展基础与经验。从创造、运用、保护、管理、人才、服务、政策等方面，全面梳理知识产权战略实施以来，江苏专利事业发展的基础和成效，并在此基础上总结江苏专利事业发展的经验。问题篇，重点探讨江苏专利事业发展目标定位与困境。明确引领型知识产权强省建设的战略定位和目标设定，并以此为坐标系，检视目前江苏专利事业发展存在的困境以及产生困境的原因。对策篇，重点探讨江苏专利事业发展路径与对策。以江苏专利事业发展中的问题为导向，引入知识产权强国的典型经验做法作为参考，立足江苏发展实际情况，提出化解江苏专利事业发展困境的对策建议。

为使研究成果有较强的适用性，本书对研究方法之运用，既有理论的定性论证，也有数据的定量分析；视角之切入，既有对专利发展世情、国情和省情等形势的宏观叙事，也有对专利创造、运用、保护、管理等具体问题的微观聚焦；目标之设定，既有江苏专利事业未来发展的"远景"畅想；也有江苏专利事业现实发展路径的"近景"安排；对策之提出，既有国外专利发展路径借鉴的域外视野，也有对江苏发展实际关切的本土情怀。

郑伦幸

2018 年 3 月 22 日于南京孝陵卫

目　　录

附　　录

第一篇
战略篇：江苏专利发展战略形势与战略选择

第一章　江苏专利发展面临战略形势分析

第一节　江苏专利发展面临国际形势

从国际来看，随着世界多极化、经济全球化、文化多样化、社会信息化深入发展，以专利为重要组成部分的知识产权日益成为世界各国发展的战略性资源和提升国际竞争力的核心要素，成为增强自主创新能力的重要支撑和掌握发展主动权的关键因素，知识产权在国际合作与竞争中的地位空前提高。

一、知识产权日益成为国家/区域发展的战略性资源

当前，随着知识经济的到来以及全球化进程的不断深入，知识产权在驱动国家/区域经济社会发展，打造竞争优势方式的作用不断增强，已成为国家/区域发展的战略性资源。

知识产权推动国家/区域经济发展的内生性作用不断增强。熊彼特的创新发展理论认为，发展是经济生活中从内部自行发生的变化，它使以前的均衡状态被永远地改变和破坏。如果经济只有连续不断适应数据的变化，如因人口和资本增长所导致的经济提升，就不能称为经济发展，因为这种增长没有从本质上产生新的现象，只是同一种适应过程。创新作为一种革命性的变化，才是经济发展的根本问题。所谓创新即把生产要素和生产条件的新组合引入生产体系，它包括引进新产品、引用新技术、开辟新市场、

控制原材料的新供应来源、实现企业的新组织等五种情况。❶ 知识产权本身就是一种技术创新，是新工具或新方法的发现，基于知识产权的应用，可以在经济发展中创造出新的价值；此外，知识产权制度还是一种创新性的制度设计，通过确认人们发明创造中的利益关系，让创新者可以在知识产权的运用中获得丰厚的回报和收益，可以激励社会中的技术创新活动，从而提高整个社会的经济效益。根据诺贝尔奖得主美国经济学家诺斯的研究来看，近代西方国家以知识产权制度为核心的制度架构为经济的成长提供了适宜的环境，这一制度架构让利益真正归属于从事创新的人，有效激发了发明人的积极性，与此同时，还让私人报酬率趋近社会报酬率，降低了资本市场的交易成本，从而为工业革命的发生奠定了坚实的基础，创造了近代西方国家的经济奇迹。❷ 21 世纪以来，随着知识经济的到来，全球化进程的深化，知识产权在国家/区域经济发展中的内生变量作用不断增强，国家与区域的经济发展与知识产权的依存度不断加大，据世界利润产业链评估，工业产品 80% 的利润集中在知识产权上。❸ 以知识产权为支撑的知识产权密集型产业更是成为发达国家或地区经济中占主导地位的产业部门。如根据美国 2016 年发布的《知识产权与美国经济：2016 更新版》报告（以下简称《2016 美国报告》）对知识产权密集型产业对美国经济的影响研究来看，知识产权密集型产业已成为美国经济主要的不可或缺的组成部分，2014 年美国的知识产权密集型产业占国内生产总值比重，已由 2010 年的 34.8%，上升到 38.2%。❹ 欧盟于 2016 年发布的《知识产权密集

---

❶ ［美］熊彼特著，孔伟艳、朱攀峰、娄季芳译：《经济发展理论》，北京出版社 2008 年版，第 37~38 页。

❷ ［美］道格拉斯·诺斯、罗伯特·托马斯著，刘瑞华译：《西方世界的兴起》，联经出版事业股份有限公司 2016 年版，第 287~288 页。

❸ 吴国平："知识产权：经济创新驱动的关键"，载《光明日报》2014 年 1 月 29 日第 15 版。

❹ USPTO："Intellectual Property and the U. S. Economy：2016 Update"，载 https://www.uspto.gov/sites/default/files/documents/IPandtheUSEconomySept2016.pdf，最后访问日期：2018 年 1 月 10 日。

型产业及其在欧盟的经济表现》报告（以下简称《2016 欧盟报告》）同样显示，知识产权密集型产业强力支撑了欧盟的经济繁荣。2011～2013 年，欧盟总经济产出的 42% 均来源于知识产权密集型产业。❶

知识产权打造国家/区域竞争优势的基础性地位不断牢固。根据波特的国家竞争优势理论，生产要素是构成国家竞争优势——"钻石模型"的重要组成部分。一国想要经由生产要素建立起产业强大又持久的竞争优势，则必须发展高级生产要素和专业性生产要素。区别于低级生产要素的被动继承性或者简单的私人及社会投资即可获得，高级生产要素和专业性生产要素需要在人力和资本上大量而持续的投资并创造才可获得。❷ 这两类生产要素的可获得性与精致程度决定了竞争优势的质量，以及竞争优势将持续升级或被超越的命运。知识产权无疑同时属于高级和专业化生产要素，以高质量、高价值的知识产权作为基础，可以支撑产业的高端发展，强力推动经济增长，因此，知识产权是一国或区域竞争优势的重要体现。近年来，知识产权这一高级和专业化生产要素在打造一国或区域竞争优势的地位和作用更加彰显。从国际上看，世界最具竞争优势的国家无一不是知识产权强国。如作为国际上从事竞争力评价最著名机构之一的"世界经济论坛"（World Economic Forum）自 1979 年起每年发布的《全球竞争力报告》中，就将知识产权相关的创造能力、申请数量、运用转化能力、保护强度以及知识产权人才数量和质量作为评价和考核的重要指标，并且其权重和分值有逐年增加的趋势。目前全球居于前十的最具竞争力的经济体如瑞士、美国、新加坡、英国、德国、日本等国均在知识产权相关指标上表现优异。世界经济论坛组织的创始人兼执行主席克劳斯·施瓦布更是直言，未来创新能力对一国竞争力度的影响将会不断加大，各国应对第四次科技革命做

❶ EPO："Intellectual Property Rights Intensive Industries：Contribution to Economic Performance and Employment in the European Union"，载 http：//documents. epo. org/projects/babylon/eponet. nsf/0/419858BEA3CFDD08C12580560035B7B0/ $ File/ipr＿ intensive＿ industries＿ report＿ en. pdf，最后访问日期：2018 年 1 月 10 日。

❷ [美] 迈克尔·波特著，李明轩、邱如美译：《国家竞争优势（上）》，中信出版社 2012 年版，第 70～74 页。

好准备。知识产权在打造国家/区域竞争优势的基础性地位和作用不断牢固。

知识产权推进国家与区域社会发展的保障性作用逐渐显现。随着未来科技的日趋进步，特别是人工智能技术的发展，社会就业问题将是各国或区域急需应对和解决的重要社会问题之一。近年来，以知识产权为支撑的知识产权密集型产业在吸纳社会就业方面的促进社会发展作用不断显现，并且由于知识产权密集型产业的附加值明显高于其他产业，因此，知识产权密集型产业也为劳动者提供了更为可观的薪金收入，可为社会发展起到重要的保障作用。根据《2016 美国报告》显示，2014 年美国知识产权密集型产业的直接和间接就业人数达 4 550 万人，占总就业人数的 30%，并且，知识产权密集型产业的人员工资明显高于非知识产权密集型产业人员工资，平均周薪 1 312.46 美元，超过非知识产权密集型产业 896 美元的 46%。知识产权密集型产业相对于非知识产权密集型产业工资溢价率不断攀升，从 1990 年的 22%，上升到 2010 年的 42%，再到 2014 年的 46%。❶ 根据《2016 欧盟报告》显示，2011~2013 年，知识产权密集型产业产生欧盟 27.8% 的就业岗位，这段时间内，有超过 6 000 万人受雇于知识产权密集型产业，如果加上间接就业人数，知识产权相关工作就业人数可占到欧盟就业总数的 38.1%。2013 年，欧盟的知识产权密集型产业劳动者平均周薪为 776 欧元，而非知识产权密集型产业仅为 530 欧元，知识产权密集型产业劳动者平均周薪比其他产业的工资高 46%。❷

---

❶ USPTO："Intellectual Property and the U. S. Economy：2016 Update"，载 https：//www. uspto. gov/sites/default/files/documents/IPandtheUSEconomySept2016. pdf，最后访问日期：2018 年 1 月 10 日。

❷ EPO："Intellectual Property Rights Intensive Industries：Contribution to Economic Performance and Employment in the European Union"，载 http：//documents. epo. org/projects/babylon/eponet. nsf/0/419858BEA3CFDD08C12580560035B7B0/ $ File/ipr_ intensive_ industries_ report_ en. pdf，最后访问日期：2018 年 1 月 10 日。

二、知识产权战略成为实现强国的基本方略

从价值目标、制度功能的多元角度解读，知识产权可以有不同的属性描述，在私人语境下，知识产权是知识财产私有的权利形式，是人们对于自己的智力活动创造的成果和经营管理活动中的标记、信誉依法享有的权利；从国家层面看，知识产权是政府公共政策的制度选择，是政府以国家的名义，通过制度配置和政策安排对于私人知识资源的创造、利用以及管理进行指导和规制。❶ 知识产权之所以区别于其他私权，能够成为公共政策，关键在于其具有超越私人层面的公共政策属性：首先，知识产权政策蕴含利益平衡和分享机制。知识产权政策不仅通过授予专有权的方式保护创造者的利益，与此同时还基于表现自由、公共教育和公共生活的目的，通过权利限制制度和权利利用制度，实现创造者利益和传播者、使用者等利用知识产品公众的社会利益之间的平衡，最终实现最佳的社会福利效果。❷ 其次，知识产权政策兼具正义与效益的双重目标取向。知识产权政策不仅通过保护创造者的权利，维持正义的知识权利的有序秩序，同时还通过法定许可、合理使用、授权使用等制度的设计，推动知识的传播，实现智力资源有效配置的效益目标。在何种知识产品之上授予知识产权，采取何种知识产权的保护水平是一国根据内部现实发展状况和未来发展需要的政策选择和安排。❸

知识产权是西方发达国家300多年来不断发展成长的制度文明，在历史上对促进西方国家经济发展、推动科技进步、繁荣文化和教育，构建近代西方文明起到了重要作用，在当代社会，知识产权制度的战略化趋势非常明显。发达国家对于知识产权的战略化运作既是对知识经济时代发展需求的回应，也是解决社会重大发展问题的举措，以通过知识产权制度的实

❶ 吴汉东："知识产权本质的多维度解读"，载《中国法学》2006年第5期。

❷ 冯晓青：《知识产权利益平衡理论》，中国政法大学出版社2006年版，第75页。

❸ 吴汉东：《知识产权基本理论问题研究（总论）》，中国人民大学出版社2009年第2版，第147页。

施和利用，提升本国技术创新能力，并在国际竞争中构筑竞争优势，实现经济社会的跨越式发展。❶ 自 20 世纪末期开始，世界各发达国家和地区纷纷确立了符合本国实际需要和国家利益的战略目标，加强知识产权战略的制定与修订活动，知识产权制度已成为一国或地区走向现代化、实现强国目标的必然政策选择。如美国是当今世界的超级大国，在经济、科技、军事等方面均处于全球领先地位。美国一直将知识产权作为构筑本国竞争优势，开展国际竞争的重要工具。1979 年为巩固知识产权优势，时任美国总统卡特提出"要采取独立的政策提高国家的竞争力，振奋企业精神"，首次将知识产权战略提升到国家战略层级。进入 21 世纪，为保持美国在全球头号强国地位，奥巴马政府又先后于 2009 年、2011 年和 2015 年发布《国家创新战略》，将知识产权战略作为重点，以期用技术创新的先发优势继续保持领先地位。❷ 作为推动《国家创新战略》的重要组成部分，美国专利商标局还提出制定"21 世纪国家知识产权战略"，以期通过对版权、商标、专利、执法、贸易、技术转移、植物新品种、域名、外观设计等 9 个方面战略行动的总体部署，全面提升美国在全球知识产权政策、保护和执法方面的领导力。❸ 作为技术赶超型国家的日本于 2001 提出"知识产权立国"战略，2002 年颁布《知识产权战略大纲》，制定知识产权基本法。基于文化产业发展的新形势，日本近年来又颁布多部法律，如《内容产业创造、保护及活用促进法》《文化艺术振兴基本法》《日本知识产权政策愿景》等，提出"内容产业立国"的新目标，致力于将日本打造成为世界第一的知识产权强国。韩国是引进创新型国家的代表，韩国政府一直奉行"引进—模仿—调整—创新"的技术创新路径。进入知识经济时代，韩国明显加快了知识产权的战略谋划和顶层设计，2009 年 7 月韩国出台《知识

---

❶ 张勤、朱雪忠：《知识产权制度战略化问题研究》，北京大学出版社 2010 年版，第 12~14 页。

❷ 王芳："美国、日本知识产权战略与中国知识产权现状对比研究"，载《吉林工程技术师范学院学报》2008 年第 4 期。

❸ USPTO："美国将制定 21 世纪国家知识产权战略"，载《电子知识产权》2010 年第 10 期。

产权强国实现战略》，立志成为 21 世纪的知识产权强国，并明确知识产权战略工作的目标、重点和具体举措以及实施任务。2011 年 4 月，韩国国会全体会议通过《知识产权基本法》，该法规定推进知识产权工作、优化知识产权环境的多项措施。《知识产权基本法》奠定了韩国国家知识产权战略的基础。❶

三、知识产权全球治理格局发生深刻变革

当前，全球知识产权治理格局呈现出"一超多强"的多极趋势，即美国一超独霸，欧盟、日本、韩国、中国、印度等国家或地区多强并起。以美国为首的发达国家凭借在经济、文化、科技等领域的强势地位，继续强化国际知识产权规则制定中的主导作用，加强专利技术垄断、版权和品牌市场控制。在 TRIPS 协定之后，发达国家和地区一般通过单边主义行为给发展中国家施加超过 TRIPS 协定确定的知识产权保护义务，如美国直到今天还一直保留"特别 301 条款"的贸易制裁手段，屡次对发展中国家的知识产权保护和执法横加指责，谋求超 TRIPS 协定水准的知识产权保护。基于单边主义行为作用范围的有限性，发达国家和地区还通过双边化、区域化，即大批缔结双边贸易协议或区域性协议的方式，让双边、区域协议内容逐步整合进入 TRIPS 协定，最终成为发展中国家普遍承担的义务。除双边化和区域化之外，"准多边模式"也是目前发达国家/区域力推的知识产权国际化路径，如《反假冒贸易协议》《跨太平洋伙伴关系协议》就是最明显的例证。发达国家和地区利用"准多边模式"可以在双边化、区域化的框架基础之上，将各个彼此分离的双边协议和区域协议链接和整合起来，作为新的全球性标准基础，最终构建完全由其主导和控制的知识产权国际保护体制。对于广大发展中国家来说，虽然其在准多边协议中的承诺表面上仅仅是背书了双边协议的内容，但是从承诺对象的主体范围来看，准多边模式无疑极大扩张了发展中国家的承诺对象，让其负担更大范围的承诺

---

❶ 赵丽莉："日本、韩国知识产权战略制定与实施评鉴"，载《新疆财经大学学报》2013 年第 1 期。

义务。正是因为目前这一知识产权国际化趋向，有学者将其形象地形容为是一种知识产权国际保护水平的"棘齿机制"，即只能向前，不能向后的机制，知识产权保护水平只能更高，不能降低，如果降低就会受到机制的惩戒和报复。❶ 也正是通过这一"棘齿机制"，发达国家和地区让发展中国家难以通过技术后发优势突破其构筑的技术领先壁垒，从而维护其发展优势和领先发展地位。

进入 21 世纪以来，除传统发达国家或地区在知识产权领域表现和势头依然强劲之外，以韩国、中国、印度为代表的新兴国家逐渐认识到国际知识产权保护体系中话语权的重要意义，纷纷立足本国国情和优势，通过知识产权战略的实施，着力提升本国的知识产权综合实力，在国际知识产权竞争中表现抢眼。❷ 根据世界知识产权组织（WIPO）发布的《2016 年世界知识产权指标》报告的数据显示，2015 年美国、日本、欧盟、韩国和中国五局的专利申请量占到全球申请量的 4/5，其中中国占据 38.1%，韩国占 7.4%。国际 PCT 专利申请中，中国、韩国跻身前五，分别为 2.9 万件和 1.4 万件。在全球十大 PCT 专利申请企业中，中国的华为、中兴，韩国的三星和 LG 也是位居领先地位。在商标注册申请方面，全球前五名为中国、美国、日本、欧盟和印度，五局申请量总计超过全球申请量的一半，其中中国以 280 万件排名第一，占据全球 33.5%，印度也跻身前五，以28.9 万件占据全球 3.4% 的份额，韩国则排名第七。中国国家知识产权局在对 2000~2013 年全球 47 个国家的知识产权综合指数进行测算基础上，将47 个国家划分为四个梯队：第一梯队包括美国、日本、德国，该梯队国家的知识产权强国综合能力指数始终处于各国前列；第二梯队则为法国、瑞士、瑞典、英国、芬兰、韩国和荷兰等国，该梯队国家具有较高的知识产权强国指数；第三梯队包括丹麦、加拿大、西班牙、中国、奥地利、新加坡等国，该梯队为知识产权中强国；第四梯队则为知识产权后发国，包括

❶ 薛红：《十字路口的国际知识产权法》，法律出版社 2012 年版，第 88~92 页。
❷ 申长雨：《迈向知识产权强国之路——知识产权强国建设基本问题研究》，知识产权出版社 2016 年版，第 69 页。

挪威、俄罗斯、捷克、匈牙利、新西兰、墨西哥等国。通过对以上国家2000～2010年知识产权强国指标的连续观测可知，中国与韩国等亚洲国家的排名上升迅速，分别上升9位和6位。❶ 以中国、印度为代表的新兴国家还积极参与知识产权的国际化进程，并在传统知识与遗传资源保护、公共健康问题、人权等方面取得一定的进展，《生物多样性公约》与《保护和促进文化表现形式多样性公约》的成功缔结就被认为是新兴国家推动知识产权国际化进程的标志性成果。可以预见，新兴国家在未来知识产权国际规则制定上将扮演越来越重要的角色。正是因为以韩国、中国、印度等新兴亚洲国家在全球知识产权领域的崛起，有学者据此研判：知识产权的国际格局19世纪是以英国为中心，20世纪是以美国为中心，而21世纪则会发展为以中国为代表的"亚洲中心"。❷

第二节　江苏专利发展面临国内形势

当前，我国已经进入"速度变化、结构优化、动力转换"的经济"新常态"，我国经济面临转换经济驱动引擎、转变经济发展方式、提升国家经济竞争力的严峻压力和现实任务。知识产权制度作为创新驱动发展的基本保障性制度，在促进经济体质升级，实现转型发展、构筑竞争力优势方面能起到重要的推动性作用。党中央、国务院顺应国际形势，立足我国发展实际，于2015年发布《关于新形势下加快知识产权强国建设的若干意见》，做出加快建设知识产权强国的重大决策部署，为支撑创新驱动发展战略，实现中华民族复兴奠定更加坚实的基础。

---

❶ 国家知识产权局知识产权强国课题研究报告《知识产权强国标准及评价指标体系研究（2013）》。

❷ 吴汉东："论知识产权事业新常态"，载 http://ip. people. com. cn/n/2015/0706/c136655-27259659. html，最后访问日期：2018年1月12日。

一、知识产权是我国实现产业转型发展的必由之路

制造业是一国经济实力的根基所在，是工业化和现代化的主导力量，是产业转型发展的"主战场"。近年来，我国制造业持续快速发展，综合实力不断增强，成绩有目共睹。自 2010 年我国制造业产值首次超过美国以来，我国制造业产出已连续多年位居世界第一，在 500 多种工业产品中，我国有 220 种的产量排名世界第一。在 2017 年世界财富 500 强排行榜中，中国企业有 115 家上榜，连续 14 年增长，上榜企业总数仅次于美国的 132 家，排名第二位。❶ 在为我国制造业发展取得成绩欢欣鼓舞的同时，也应清醒地意识到中国制造业发展的隐忧所在：近些年，中国之所以能够成为世界制造中心是因为诸多跨国公司全球战略选择的结果。跨国公司看重的主要是中国广阔的市场优势、低廉的生产成本以及充沛的人力资源。然而，如果从目前中国制造产业在全球生产网络所处的地位来看，仍居于中低层，呈现出"两头弱、中间强"的态势，即在生产环节我国竞争力较强，而在产品研发和市场营销方面，我国的产业竞争力较弱。❷ 此外，从我国制造业的未来发展来看，形势更加不容乐观：（1）劳动力优势不复存在，用工成本不断上扬。由于人口结构的变化，我国劳动力市场规模正不断缩减，年龄结构正不断老化，"人口红利"的逐渐枯竭是不争的事实。复旦大学与清华大学研究团队于 2016 年联合发布的《中国劳动力市场技能缺口研究》报告显示，未来 15 年，我国劳动人口将出现供给数量减少、参与率下降、年龄加速老化的复杂局面，与 2016 年相比，2030 年我国劳动力人口数量将减少 1.5 亿，高龄劳动力人口比例将增加 11%。劳动力优势的衰减还会直接导致中国制造业用工成本的直线上升。据统计，自 2005 年以来的 10 年间，中国的劳动用工成本上升 5 倍，相较于 1995 年上涨 15 倍。（2）企

---

❶ "2017 年财富世界 500 强排行榜"，载 http://www.fortunechina.com/fortune500/c/2017-07/20/content_286785.htm，最后访问日期：2018 年 2 月 1 日。

❷ 刘春生：《全球生产网络的构建与中国的战略选择》，中国人民大学出版社 2008 年版，第 209 页。

业的资金成本越来越高。在 2016 年中国企业 500 强榜单前十名中，银行占据四席，工、建、农、中、交五大行的净利润总计 9 254.38 亿元，商业银行的巨额利润，很大程度上是以制造业为主体的实体经济资金成本为对价，因此，如果现有金融机制不变，制造业实体企业的资金成本压力会越来越大。❶（3）环境承载力严重超负荷。近年来，虽然我国制造业实现快速发展，并创造大量价值，但是这一价值的创造很大程度上是以牺牲环境，消耗大量资源为代价。据统计，中国单位 GDP 的能耗是日本的 7 倍、美国的 6 倍，甚至是印度的 2.8 倍。根据"十三五"中国绿色增长路线图研究报告显示，中国单位 GDP 的高能耗状况在"十三五"期间将得到一定程度的改善（见表 1.1），可以预见，中国制造业中很多企业高消耗、高投入、高污染的传统产业发展模式将难以为继。总之，未来中国制造业以低廉生产成本和低端技术取得的传统优势，正随着环境超负荷、金融成本提高和劳动力成本上升而逐渐丧失。根据 2009 年全球商业咨询公司公布的研究报告显示，世界最低成本的制造市场已由中国转向印度、墨西哥等国，并且中国的生产成本已经和美国接近，仅比美国工厂低 6%。❷

表 1.1　"十三五"经济增长与能源资源投入的比较

		2011~2015 年	2016~2020 年	增幅（%）
能源资源投入	二氧化碳排放（亿吨）	413	473	14.53
	能源消费（亿吨标准煤）	194.67	231	18.67
	用水总量（亿立方米）	30 942	32 750	5.84
	建设用地占用（万平方公里）	38.35	39.72	3.71
GDP 产出（亿元）		2 875 715	4 110 195	42.93

数据来源："十三五"中国绿色增长路线图研究报告。

中国制造业目前存在的以上发展困境从某种程度倒逼了产业转型发展，

❶ 冯立果："中国企业粗放式发展巅峰已过"，载 http://comments.caijing.com.cn/2012-11-15/112285136.html，最后访问日期：2008 年 2 月 3 日。

❷ "中国'世界工厂'地位将让位于印度和墨西哥"，载 http://finance.huanqiu.com/roll/2009-05/466561.html，最后访问日期：2018 年 2 月 3 日。

即中国制造业只有加快传统资源密集型、劳动力密集型传统产业的改造速度，实现向技术或知识密集型产业转变，才能长久保持较好较快的增长，而产业转型发展主要靠知识产权的大力支撑，具体表现为：（1）加强知识产权创造，可以实现技术创新和突破，提高产品性能和质量水平，降低产品生产成本，打造和增强产业核心竞争力；（2）加强知识产权运用，可以拓宽价值实现路径，增加产业附加值，为产业构筑竞争优势，从而带动产业的多元化、国际化发展；（3）加强知识产权保护，则可以让"恒产者有恒心"，激发创新者积极性，并为产业发展营造良好、有序的创新和竞争环境。正是基于知识产权在产业转型升级中的作用，我国实现制造强国战略第一个十年行动纲领《中国制造2025》明确将知识产权作为提高制造业创新能力，强化工业基础能力，营造产业公平竞争环境，实现重点领域突破发展的重要举措。总而言之，中国制造只有靠知识产权，走绿色与创新发展之路，才能改变目前存在的"大而不强，全而不优"的局面，才能突破困境，打造持久的国际竞争力，最终提升在全球产业链的档次和地位。

二、知识产权是我国建设创新型国家的迫切需要

当今世界，创新已成为经济发展、社会发展以及科技发展的根本动力。创新不仅具有提高经济增长质量和效益，打造国家竞争优势，为经济发展提供不竭动力的现实意义，还具有降低资源消耗、改善生态环境，建设绿色国家的长远价值。进入21世纪以来，中共中央、国务院越来越意识到创新的重要作用，在综合分析国内外大势、立足我国发展实际的基础上，围绕创新作出了一系列的重大战略部署和长远谋划：2006年在国家科技大会上，胡锦涛同志提出要提高自主创新能力，并首次将建设创新型国家上升为国家战略。2012年党的十八大明确强调创新驱动战略在国家发展全局中的核心位置，并对实施创新驱动发展战略作出系列重大部署。为加快实施创新发展战略，2016年中共中央、国务院又印发了《国家创新驱动发展战略纲要》，进一步明确了我国实施创新驱动发展战略的路线图和时间表，并设计了明确的战略任务，制定了全面的保障措施。2017年党的十九大报

告再次明确指出：创新是引领发展的第一动力，是建设现代化经济体系的战略支撑，进一步强调了创新在我国经济社会发展中的重要地位和作用。

知识产权作为"创新之法"，对创新具有重要的激励和保障作用：（1）知识产权制度是一种对知识产品产权的制度安排。知识产权制度授予创新者一定期限的垄断私有权利，无疑是给天才之火添加了利益的柴薪，为创新者提供了最有效和持久的创新激励动力，保证了创新活动不断向前的发展动力。（2）知识产权制度中还蕴藏有产权交易和资源配置的机制。知识产权制度通过授权使用、法定许可使用以及合理使用的制度设计，调整信息生产者、传播者、使用者的权利配置关系，促进知识、技术的广泛传播和利用，实现科技进步和经济增长的最优效益。（3）知识产权制度是保护智力创造成果的制度。知识产权制度通过对侵权行为制造和惩罚方法、措施、方案等规则的设计，一方面对创造者就创新成果享有的合法利益进行保护；另一方面通过制止侵权行为，规范市场竞争秩序，有利于营造一种良好的创新环境和竞争秩序，并在社会中形成一种崇尚创新、尊重创新的文化。❶

正是为了发挥知识产权在建设创新型国家中的应有作用，2008 年我国颁布《国家知识产权战略纲要》，将知识产权上升到国家战略的层级，并从知识产权创造、运用、法制、管理、保护、人才、服务、文化、对外合作等 9 个方面明确了战略措施和任务，旨在提升我国知识产权创造、运用、保护和管理的综合实力。国家知识产权战略的实施为创新型国家建设提供了强有力的支撑：首先，知识产权战略实施为社会创新活动注入了新的活力。国家知识产权战略实施以来，我国的专利申请量、授权量，商标注册申请量、有效注册量，作品著作权登记数量等一系列创新指标数据得到快速增长，一些关键技术领域取得突破，形成一批核心的自主知识产权。其次，知识产权战略实施使创新交易和应用市场日益活跃。国家知识产权战略实施以来，我国企业作为创新主体的地位不断提升，涌现出一批以华为、

---

❶　吴汉东：《知识产权基本问题研究（总论）》，中国人民大学出版社 2009 年第 2 版，第 149~151 页。

中兴等为代表的知识产权密集型企业，形成一批以南通家纺、中山灯饰等为代表的知识产权密集型产业集群。最后，知识产权战略实施让创新环境明显改善。国家知识产权战略实施以来，打击知识产权侵权违法犯罪的力度明显提高，处理知识产权案件数量大幅增加，社会大众对知识产权的认知度明显提高，知识产权意识深入人心，崇尚和尊重创新的社会氛围日渐浓厚。

虽然国家知识产权战略实施为经济社会发展发挥了重要作用，为创新驱动发展战略的实施和创新国家建设提供了有力支撑，但是不容否认，我国距离创新型国家仍有一定距离，具体表现为：知识产权的数量大而不强，多而不优；创新成果的转化率不高，对经济社会发展的贡献率还偏低；创新成果的保护不严，侵权现象易发多发，严重抑制了创新创业的热情。因此，为深入实施创新驱动发展战略，加快建设创新型国家，进一步发挥知识产权支撑创新型国家建设中的作用，2015 年国务院又出台《关于新形势下加快知识产权强国建设的若干意见》，提出建设知识产权强国目标，并从推进知识产权体制机制改革，严格知识产权保护，促进知识产权创造运用，加强重点产业知识产权海外布局和风险防控，提升知识产权对外合作水平等 5 个方面，25 个具体任务内容，推出了支持创新驱动发展战略的"升级版"举措。建设知识产权强国是我国新时期实施创新驱动发展战略的必然选择，知识产权强国建设必将为我国创新型国家建设提供更加有力的支撑。

三、知识产权是我国提高国家核心竞争力的关键举措

当前，随着科技作为第一生产力的作用和地位愈发凸显，国际竞争实际上已经变成科技的竞争。知识产权作为人们就自己智力创造性成果以及工商业标记、信誉享有的专有权利，❶ 是科技成果的一种"权利样态"，已经成为维护国家利益和经济安全的重要战略资源。一国或地区只有增强知

---

❶ 吴汉东、胡开忠：《无形财产权制度研究》，法律出版社 2005 年版，第 3 页。

识产权创造、运用、管理、保护等综合实力，才能不断保持其在国际上的核心竞争力。知识产权已经成为各国提升和保持经济、科技、文化等国际竞争力的关键举措。

知识产权作为"产业之法"对于一国或地区国家核心竞争力的提升作用，主要可以体现为以下几个方面：（1）从宏观层面来说，知识产权已成为世界贸易体制的基本规则，对知识产权进行保护是世界各国参与国际贸易、开展国际竞争必须遵守的"游戏规则"，否则就会受到国际贸易争端解决机制的惩处，❶ 而有效和充分地参与国际竞争是塑造一国或地区核心竞争力的必要条件。（2）从中观层面而言，知识产权是各国产业提质升级，打造产业核心竞争力的关键举措。目前知识产权密集型产业已越发成为各国经济的支柱产业，如根据《2016 美国报告》显示，美国知识产权密集型产业对美国 GDP 总额的贡献率从 2010 年的 34.8% 上升到 2014 年的38.2%，❷ 而根据《2016 欧盟报告》统计显示，知识产权密集型产业在欧盟国内生产总值中的占比也有较大幅度增长，由 2013 年的 38.6% 上升到2016 年的 42.3%。❸ 值得一提的是，根据《中国专利密集型产业主要统计数据报告（2015）》显示，2015 年，我国的专利密集型产业也以 26.7 万亿元的增加值，在 GDP 中占比达到 11.0%，年均实际增长 16.6%，是同期GDP 年均实际增长速度（8%）的 2 倍以上。❹ （3）从微观层面来说，知识产权还是企业打造核心竞争力的重要手段和途径。通过知识产权的创造和运用不仅可以降低成本或提高差异化，让企业的技术领导地位持久，而且

---

❶ 吴汉东：《知识产权多维度解读》，北京大学出版社 2008 年版，第 14~16 页。

❷ USPTO："Intellectual Property and the U.S. Economy：2016 Update"，载 https：//www.uspto.gov/sites/default/files/documents/IPandtheUSEconomySept2016.pdf，最后访问日期：2018 年 2 月 6 日。

❸ EPO："Intellectual Property Rights Intensive Industries：Contribution to Economic Performance and Employment in the European Union"，载 http：//documents.epo.org/projects/babylon/eponet.nsf/0/419858BEA3CFDD08C12580560035B7B0/ $ File/ipr_ intensive_ industries_ report_ en.pdf，最后访问日期：2018 年 2 月 6 日。

❹ 国家知识产权局：《中美欧知识产权密集型产业报告》，知识产权出版社 2017 年版，第 3 页。

还可以以有利于企业的方式改变成本或独特性驱动因素，并还可给企业带来率先行动者优势。❶

近年来，我国通过知识产权战略的实施，知识产权综合实力得到大幅跃升，在专利申请量、商标注册量、作品著作权登记量等指标方面已经连续多年位居世界第一，如截至 2016 年，我国专利申请量已连续 6 年排名世界第一，商标注册量已连续 15 年位居世界第一，我国已经成为名副其实的知识产权大国，国家核心竞争力相应也得到显著增强。然而，相对于全球最具竞争力的经济体而言，我国在高质量、高价值的知识产权数量，知识产权运用转化能力以及知识产权的保护强度等方面仍然存在较大差距，这也在一定程度上限制了我国国家核心竞争力的进一步提升。如根据世界经济论坛于 2017 年 9 月发布的《2017~2018 年全球竞争力报告》显示，瑞士连续 9 年位居全球竞争力榜首，是全球最具竞争力的国家，美国和新加坡排名第二位和第三位。中国排名较上一年度上升 1 位，位列第 27 位。中国虽然在亚太国家中继续稳定保持了处于第一阵营的良好局面，然而，其优势主要体现在市场规模（Market size）、宏观经济环境（Macroeconomic environment）和基础设施（Infrastructure）等指标方面，而法律和行政架构（Institutions）、创新（Innovation）与技术（Technological readiness）等一级指标与其他亚太国家相比，上升趋势比较缓慢，低于平均水平，仍存在一定劣势（见图 1.1）。从支撑以上一级指标的二级指标来看，中国主要在知识产权保护强度、技术吸收与转移、企业在 R&D 上的投入、创新能力、产学研在 R&D 上的合作、科学家和工程人才、PCT 专利申请等二级指标上与全球竞争力前十名国家的比较来看仍存在较大差距，而以上指标均与知识产权相关，并且根据该报告评价指标设计以及权重的赋值发展趋向来看，与创新相关指标将越来越重要。由此可见，强化知识产权创造、运用、保护，增强知识产权综合实力，对于我国提升国家竞争力具有相当重要的现实意义。

---

❶ ［美］迈克尔·波特著，陈小悦译：《竞争优势》，华夏出版社 2005 年版，第 170 页。

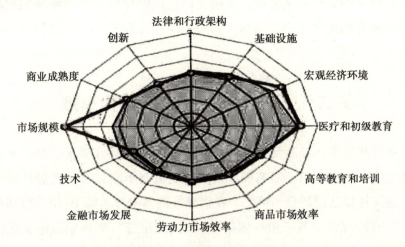

图 1.1　中国的相对竞争优势

黑线代表中国、灰线代表亚太国家平均水平，1~7 代表取值区间

图片来源：《2017~2018 年全球竞争力报告》。

　　知识产权制度"基于科技而生，缘于科技而变"，其制度的产生和发展历史本是一部法律制度创新与科技创新相互作用和影响的演进史。❶ 在新时代要充分发挥知识产权提升国家核心竞争力的作用，还应加强其与最新经济形态以及技术发展的深度融合和互动，如目前我国正全速通往"互联网+"时代，为推动互联网由消费领域向生产领域的转变，增强各行业的创新能力，构筑经济社会发展的新优势和新动能，国务院于 2015 年 7 月印发《关于积极推进"互联网+"行动的指导意见》（以下简称《指导意见》）。《指导意见》明确指出要通过引导企业加强知识产权战略储备与布局，支持中小微企业知识产权创造和运用，严厉打击各种网络侵权假冒行为，加大对新业态、新模式等创新成果的保护力度等方式强化知识产权战略，从而为推进"互联网+"行动提供保障支撑。从"互联网+"概念的首次提出到如今《指导意见》明确将知识产权工作融入"互联网+"行动计

----

❶ 马一德："以创新为动力谋求知识产权产业化发展"，载《人民论坛》2015 年第 17 期。

划的工作任务和方式方法之中，说明我国正因时而变，通过将知识产权融入新经济形态和技术之中，谋求"互联网+"背景下产业与国家核心竞争力的提升。

第三节　江苏专利发展面临省内形势

改革开放以来，江苏始终保持持续健康发展的良好势头，全省发展动力不断增强，发展空间不断拓展，发展体制机制不断完善，发展环境不断优化，经济体量已位居全国第二，在世界经济体中排名第 16 位。特别是近年来，"一带一路""长三角一体化""长江经济带"等国家战略又在江苏叠加，"一中心"即全球影响力的产业科技创新中心，"一基地"即具有国际竞争力的先进制造业基地在江苏加快建设，这些为江苏知识产权发展提供了良好机遇和广阔舞台。2015 年江苏省委、省政府联合印发《关于加快建设知识产权强省的意见》，2016 年江苏又获批国家首批引领型知识产权强省试点省，同年颁布了《江苏省建设引领型知识产权强省试点省实施方案》，进一步明确了下一步知识产权发展目标和路径，吹响了进军引领型知识产权强省的号角。知识产权正在为构筑江苏长远发展新优势，建设经济强、百姓富、环境美、社会文明程度高的新江苏提供越来越有力的支撑。

一、知识产权成为江苏突破发展制约的重要途径

江苏是全国的经济大省，经济总量规模大、产业体系全、产业链完整，"十二五"期间，在国际金融危机的影响下，江苏经济始终保持良好的发展态势：江苏经济总量已经超过 7 万亿大关，年均增速达到 9.6%，经济体量位居全国第二，根据国际货币基金组织数据统计，在世界主要经济体中江苏的经济体量排名全球第 16 位。江苏经济发展成绩有目共睹，然而，也应当清醒看到制约江苏经济持续发展存在的一些不可持续、不协调的深层次因素仍然存在，且比较突出，主要体现为以下方面。

（1）产能落后和过剩压力较大。欧美等发达国家一般认为，产能利用

率控制在 79%～83% 区间为产需合理配比，当产能利用率超过 95% 以上，代表设备使用率接近全部，反之如果产能利用率低于 79% 意味着设备利用不足。根据国际货币基金组织的测算，2010 年我国的全部产能利用率不超过 65%，而江苏由于产业结构比较偏重工业，在全国钢铁、水泥、风电制造、船舶制造等中低端产能过剩行业产量占比较高，江苏的产能利用率约为 70%。❶ 另外，从产业在价值链中的地位来看，江苏大部分产业仍是从事加工装配的劳动密集型产业，处在产业价值链的中低端，仅占到整个价值链总利润的 5%～10%。产能过剩与落后问题是目前江苏经济转型升级的重要瓶颈之一，这些落后且过剩产能不仅产出不高，并且还占据大量的土地、资金、人力资源，挤占了其他新兴产业的生存和发展空间，严重制约了江苏全要素生产率的提高。❷

（2）资源和环境约束不断增强。一般来说，经济发展需要矿产、能源、土地、水等资源的不断投入和消耗，与此同时随着经济规模的扩大还会增加向大气、水、土壤等环境的排放量。❸ 近年来，江苏经济虽保持较快速度增长，经济总量位居全国前列，但是从江苏经济发展方式来看，仍然没有迈过"高投入、高消耗、高排放"的粗放式发展阶段。江苏全省规模以上企业中重工业企业比重超过 60%，六大高耗能行业产值占到 30%，重化工企业单位产品能耗相较于世界先进水平高出 10%～50%。从能源消耗来看，目前江苏以煤为主的消费结构导致了原煤消费从 2005～2013 年持续增大，年均增长达 6%。全省二氧化硫和化学需氧量单位国土面积排放强度分别是全国平均水平的 1.6 倍和 2 倍。❹ 此外，面积小、人口多、资源短缺是江苏的一大特征，在全国各省、自治区中，江苏人口密度是最高的，比广东、浙江分别高出 40% 和 48%。江苏水资源总量仅占全国的 1%，人

---

❶❹　陈建清："'十三五'江苏经济发展面临的挑战与解决思路"，载《唯实》2015年第 12 期。

❷　马秋林："加快新旧动能转换，开拓江苏经济发展新局面"，载《唯实》2017 年第 8 期。

❸　孙忠英："转变江苏经济发展方式，突破制约发展的两大'瓶颈'"，载《经济研究参考》2010 年第 35 期。

均水资源仅为广东、浙江的 31% 和 29%。煤炭基础储量、石油地质储量占全国比重不足 1%，80% 以上的煤炭、90% 以上的石油需要从省外输入。❶当资源消费超过环境承载力时，环境的恶化就会进入不可逆的状态，据统计，2014 年江苏的环境空气质量达标率仅为 64.2%，13 个省辖市空气质量均未达到国家二级标准。资源和环境约束的不断加强，江苏传统的粗放式发展方式将难以为继。

面对产能落后、过剩以及资源环境约束的双重压力，江苏应把创新、协调、绿色、开放、共享的理念贯穿于经济发展的全过程和各方面，并学习发达国家的先进经验，充分利用知识、技术等优势，提升知识产权综合实力，大力发展知识产权密集型产业，调整存量、优化增量、提升质量，全面推动产业转型升级，不断提升资源利用效率，实现产业的绿色发展、创新发展和可持续发展，以突破发展制约，让江苏经济再上新台阶。

二、知识产权成为江苏实现发展转型的重要方法

进入 21 世纪以来，面对全球错综复杂的宏观经济环境和国内速度变化、结构优化、动力转换的新常态，在"努力建设经济强、百姓富、环境美、社会文明程度高的新江苏"的目标指引之下，江苏经济实现持续稳定增长，"十二五"末，经济总量已连跨三个万亿元台阶，达到 7 万亿元的体量，跃升为全国第二大经济体，人均 GDP 超过 1.4 万美元，位居全国之首，达到中等发达国家和地区水平，江苏已成为全国名副其实的经济大省。❷根据国内外大量经验表明，当一个经济体的经济达到世界中等收入水平后，如果不能实现经济转型和产业升级，就会导致经济增长动力不足，一方面经济会停滞不前；另一方面由于前期经济发展中积累下来的矛盾，如贫富分化、环境污染等，也会集中爆发，这也是经济学意义上的"中等发达国家陷阱"问题。当前，巴西、阿根廷、马来西亚等国正受到"中等

---

❶ 钱建平等：《江苏省知识产权强省建设研究》，知识产权出版社 2015 年版，第 102 页。

❷ 江苏省人民政府《江苏省国民经济和社会发展十三五规划纲要》（2016 年 3 月）。

发达国家陷阱"的困扰，这些国家都是在较早进入中等发达国家收入水平后，由于驱动经济动能的转换迟滞，导致长时间难以看到经济增长的动力和希望。目前江苏同样面临"中等发达国家陷阱"风险问题：从目前江苏经济的发展驱动力来看，主要还是靠传统"三驾马车"，即投资、消费和出口发挥经济发展的引擎作用，其中消费是江苏增长的第一拉动力，"十二五"末，消费对经济增长贡献率达到51.5%。江苏经济在连续10年保持两位数增长速度后，于2013年首次降为个位数，2016年更是回落到7.8%，经济增速放缓的原因从外在因素来看，当然因为全国经济发展的大环境，但是从内因来说，主要还是由于驱动江苏经济发展的传统引擎已日渐乏力。未来江苏是成功迈过"陷阱"，抑或步巴西、阿根廷等国的后尘，取决于其能否尽早转换发展动能，由投资、消费、出口依赖转换为创新驱动，将创新当作引领发展的第一动力，实现经济的可持续发展。

近年来，江苏作为在全国提出建设创新型省份建设的区域，在实施创新驱动战略，推进产业转型升级方面进行了积极的探索，取得重大成效，区域创新能力连续8年位居全国第一，研发经费支出GDP占比达2.61%，科技进步贡献率达61%，第三产业比重超过48%，年均提升1.4个百分点，三大产业结构不断优化，三大产业之间的比例结构从"十一五"末的6.1∶52.5∶41.4转变为"十二五"末的5.6∶47.7∶46.7，实现产业结构"三二一"的标志性转变。战略性新兴产业销售收入年均增长16.5%，高新技术产业产值超过6.7万亿元，占规模以上工业比重达41.5%，年均提升1.4个百分点。❶总体来说，江苏目前虽然是全国范围内创新活力最强、创新成果最多的省份，但是与发达国家或地区相比，以企业为主体的创新体制还未完全建立，缺少具有自主知识产权的核心技术和品牌，创新环境还不令人满意，创新对于经济发展的驱动和支撑作用仍有待进一步提升。一般来说，对于创新型国家，科技创新对于GDP的贡献率要高达70%，美

---

❶ 张晔："江苏：创新型省份建设取得新成效"，载 http://finance.china.com.cn/roll/20170119/4074590.shtml，最后访问日期：2018年2月10日。

国和德国甚至达到 80%，而目前在江苏科技创新对 GDP 的贡献率仅有 61%。[1]

要进一步提升创新对经济转型的推动作用，关键要发挥知识产权的重要作用。知识产权在江苏增强创新驱动力，建设创新型省份，推进经济发展转型方面的作用主要体现为以下几个方面：（1）通过全球领域内知识产权信息的检索和分析，可以指导江苏产业的发展方向，并提高研发效率，根据世界知识产权组织的统计显示，通过知识产权信息的检索和利用可以节省 40% 的研发经费，节约 60% 的研发时间。（2）通过创造和掌握核心领域的知识产权，可以占领行业发展制高点，掌握市场竞争的话语权和主动权，有效提升江苏重点产业的国际竞争力。（3）通过推动一批高水平知识产权的价值实现，使得江苏产业的知识产权数量优势有效转化为市场优势、生产力优势。产业结构升级和转型从某种角度而言是产业附加值提高的过程。而产业附加值的提高主要靠知识产权，或者说来自受到知识产权保护的技术和品牌。[2]（4）通过打造一批拥有核心知识产权的领军知识产权密集型企业，为全省企业起到示范作用，带动全省企业提升自主创新能力，并积极"走出去"参与国际竞争。（5）通过加大知识产权保护力度，严格保护创新主体的合法利益，有利于培育尊重、崇尚创新的意识和文化，在江苏营造良性发展的创新环境。

三、知识产权成为江苏构筑发展优势的重要手段

近年来，江苏经济实现快速发展，经济总量已经达到中等发达国家水平。江苏已经进入工业化中后期。在这一阶段，面临日益升高的劳动力成本、环境成本、土地成本，传统经济发展优势日益减退，如果不尽快转换发展动能，构筑发展优势，江苏经济发展的动力和活力将会减弱，难以维

---

[1]　吴汉东："设计未来：中国发展与知识产权"，载《法律科学（西北政法大学学报）》2011 年第 4 期。

[2]　国家知识产权培训（江苏）中心、国家知识产权局专利代理人教学研究（江苏）中心：《知识产权战略与区域经济发展》，知识产权出版社 2013 年版，第 117 页。

持持续的增长态势。❶ 新时期构筑发展新优势已成为江苏实现"两个率先"，建设"强富美高"，迈上新台阶的关键。一般来说，经济发展优势可分为比较优势和竞争优势，包括资源禀赋、生产率、创新、市场需求、政府作用等方面内容。❷ 当前，与其他优势相比，知识产权优势已成为一种最有效、最具潜力的发展优势：最有效在于通过知识产权的垄断性特征，可以根据知识产权保护范围"跑马圈地"，排除竞争对手。此外，创新无止境，知识产权是对于创新成果的保护，人类无限的需求欲望与有限的自然资源、环境之间的矛盾只有通过不断的创新来解决。知识产权、知识产权优势来自于创新的经济效益。❸ 知识产权对于江苏构筑发展优势的作用主要体现为以下三个方面。

（1）知识产权有利于提升劳动生产率，提升江苏发展效率优势。经济发展新常态下，随着廉价劳动力、环境承载力等方面优势的减弱甚至是日渐丧失，江苏若想保持持续快速的增长，关键在于提升劳动生产率，从传统的劳动密集型产业向技术、知识密集型产业转变。根据国家统计局发布的报告显示，2015 年，江苏全社会劳动生产率平均每位从业人员创造的增加值达 23 346 美元，与美国的 98 990 美元相比，差距明显，❹ 而知识产权则是提升劳动生产率的重要手段：第一，受知识产权保护的创新技术在产业中的应用，可以节约生产资源的投入，增加单位产量，推动生产力的发展；第二，在知识产权激励机制的运作之下，可以激发创新者的创造积极性，从而增加整个社会的知识存量，提升劳动者的受教育程度，为劳动生产率的提高提供高水平的人力资源支撑。事实证明，知识产权密集型产业的劳动生产率明显高于其他非知识产权密集型产业。根据《江苏省知识产

---

❶ 钱建平等：《江苏省知识产权强省建设研究》，知识产权出版社 2015 年版，第 102 页。

❷ 张志新、曹东锋："知识产权在产业竞争力中的地位和作用"，载《商业时代》2007 年第 6 期。

❸ 陈邦武："产业竞争力与知识产权"，载《科技与经济》2008 年第 4 期。

❹ "中国劳动生产率增速最快但水平仍低，仅相当美国 7.4%"，载 http://economy. caijing. com. cn/20160919/4177352. shtml，最后访问日期：2018 年 2 月 10 日。

权密集型产业报告 2017》统计显示，2016 年江苏专利密集型产业的全员劳动生产率为 37.67 万元/人，即平均每个从业人员在 2016 年创造了 37.67 万元的增加值，是非专利密集型产业的 1.28 倍。商标密集型产业全员劳动生产率为 36.59 万元/人，是非商标密集型产业的 1.20 倍（见图 1.2）。

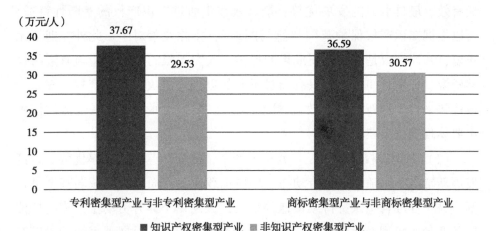

图 1.2　2016 年江苏知识产权密集型产业、非知识产权密集型产业全员劳动生产率对比

数据来源：江苏省专利信息服务中心《江苏省知识产权密集型产业统计报告 2017》（2017 年 11 月）。

（2）知识产权有利于提升产业附加值，构筑江苏发展产业优势。产业发展优势来自产业的竞争力，而产业竞争力表现于产业附加值。在产业链中，附加值有高低的不同，附加值最高的主要体现在两端，即设计和销售环节，而附加值最低的是中间环节，即加工制造环节。基于此，宏碁集团创办人施振荣提出了著名的"微笑曲线"理论。产业链顶端的设计和销售主要关乎技术研发能力和品牌营销，因为与简单的加工制造不同，在设计和销售环节中，产品或服务价值除了包括简单的劳动成本外，还附加了技术、品牌的价值。换言之，知识产权是产业附加值的主要来源。❶ 正因如此，从世界各国产业的发展现状来看，知识产权密集型产业越来越成为一

---

❶ 国家知识产权培训（江苏）中心、国家知识产权局专利代理人教学研究（江苏）中心：《知识产权战略与区域经济发展》，知识产权出版社 2013 年版，第 116 页。

国产业发展的中流砥柱，其发展的规模和质量是一国产业优势的重要体现，江苏同样也不例外，根据《江苏省知识产权密集型产业报告 2017》统计显示，2016 年，江苏知识产权密集型产业增加值为 24 427.07亿元，占当期江苏 GDP 的比重为 32.10%。

（3）知识产权有利于优化市场环境，构筑江苏发展环境优势。当前，我国"一带一路"倡议的实施开启了江苏全球化合作的新格局，在这一积极因素的推动下，江苏的全球化经济增长动能将有所增强，但与此同时，以美国为代表的发达国家贸易保护主义和战略收缩也为江苏经济增长形成不小压力。为了保持经济平稳发展，江苏还需继续深化供给侧改革，营造良好的市场竞争环境，构筑发展环境优势，而营造市场环境，构筑发展环境优势离不开包括知识产权在内的各种私有产权的平等保护。严格保护知识产权不仅是激发民间创造活力和投资动力迫切需要，也是当前经济实现稳定增长和各类所有制经济主体充分竞争的重要保证，还是促进市场经济的自由竞争氛围，促进经济长期稳定增长的必然要求。❶

---

❶ "营造市场竞争环境需要平等保护各类产权"，载 http://www.sohu.com/a/158489493_ 379902，最后访问日期：2018 年 2 月 13 日。

第二章 江苏专利发展战略选择及意义

进入 21 世纪以来，江苏的专利发展历经了两次重大的战略选择：第一次是颁布《江苏省知识产权战略纲要》，实施知识产权战略。在此战略阶段，江苏通过提升专利产出，夯实了专利综合实力，优化了专利环境，提升专利对于经济社会发展的贡献度，成为全国的专利大省。第二次是出台《关于加快建设知识产权强省的意见》，实施更高水平、"升级版"的知识产权战略——建设知识产权强省，在此战略阶段，江苏继往开来，在专利大省基础上，将立足进一步增强专利综合实力，发挥专利对于经济社会发展的支撑作用，努力实现专利大省到专利强省的跨越。

第一节 实施知识产权战略及意义

为贯彻实施国家知识产权战略，加快实施创新驱动战略和建设创新型省份建设步伐，促进经济发展方式转变，江苏于 2009 年 1 月 5 日颁布实施《江苏省知识产权战略纲要》，正式启动知识产权战略实施工作。知识产权战略的实施整体提升了江苏专利综合实力，让江苏在全国成为名副其实的专利大省。

一、实施知识产权战略的背景

知识产权战略实施前，江苏专利事业所涉及的方方面面工作均保持了较好发展势头，具备了实施知识产权战略的良好基础，主要体现在以下几个方面。

1. 专利行政管理体系和协调机制基本形成

截至 2008 年年底，江苏已经基本形成涵盖省、市、县（区）三级知识产权管理体系，13 个省辖市设立知识产权管理部门，106 个县（市、区）有 102 个在科技局增挂知识产权局牌子，其中在苏州市还将知识产权局升级为政府组成部门的一级局，将版权与专利合并，进行"二合一"统一管理。此外，为增强知识产权工作的统筹协调能力，江苏还建立了由政府分管领导主持，知识产权局、工商局、公安局、海关等部门共同组成的知识产权联席会议办公室制度，构建全省知识产权工作的协调机制，为知识产权战略的实施推进提供组织支撑。

2. 专利产出保持快速增长势头

在"十一五"期间，江苏专利申请量和授权量分别保持了年均增长 45.6% 和 64.7% 的速度，累计总量分别是"十五"的 6.79 倍和 6.77 倍。2008 年，江苏专利申请量突破 10 万件，达到 128 002 件，首次超越广东（103 883 件），位居全国第一。发明、实用新型和外观设计三种类型专利齐头并进，同比增幅均在 36% 以上。专利授权量高出全国平均增幅 23.54%，发明专利授权同比增幅 58.02%，达到 3 508 件。❶

3. 专利保护成效明显

2008 年，江苏开展了构建知识产权维权援助的探索，在全省南京、苏州、无锡、常州 4 个维权援助中心开通知识产权维权援助和投诉热线，负责受理知识产权举报、投诉和维权事宜。江苏全省 13 个省辖市中级人民法院设立知识产权审判业务庭，具有专利案件管辖权的法院增至 7 个，法院系统还积极推进知识产权审判的三合一改革试点，探索建立知识产权民事、刑事、行政案件三审合一模式，并取得积极成效。❷

4. 专利服务体系不断完善

政府的专利公共服务方面，4 个国家专利技术展示交易中心投入运行，

---

❶ 《江苏省知识产权局年报（2008）》。

❷ 唐恒、朱宇：《区域知识产权战略的实施与评价——江苏之实践与探索》，知识产权出版社 2011 年版，第 42 页。

集检索、分析一体的全省性知识产权公共信息服务平台建成并投入运行，知识产权服务网络覆盖全省。南京代办处苏州分理处正式成立并对外服务。市场化的专利服务方面，一批国内高水平的知识产权服务机构进入江苏市场，全省专利代理机构达到 42 家。

从江苏专利事业发展的总体状况来看，虽然发展势头良好，取得了显著成绩，为实施知识产权战略提供了坚实的基础，但是与创新型省份建设，支撑经济社会发展的要求相比，仍有较大差距，突出表现在以下方面。

1. 专利产出能力和质量偏低

"十一五"期间，江苏虽然在专利申请量和授权量上均排名全国第一，但是从专利结构来看，相较于北京、广东、上海等省市，在专利申请量中，外观设计专利和实用新型专利占比较高，而创造性较高的发明专利则占比较低，甚至低于全国 26.38% 的平均水平（见图 2.1）。在专利授权量上也有同样的结构性问题，发明专利授权量仅占全省授权总量的 6.2%，不仅低于北京、上海、广东等省市，还远低于全国 11.7% 的平均水平（见图2.2）。2008 年，江苏的 PCT 专利申请为 222 件，仅为广东的 7%、北京的

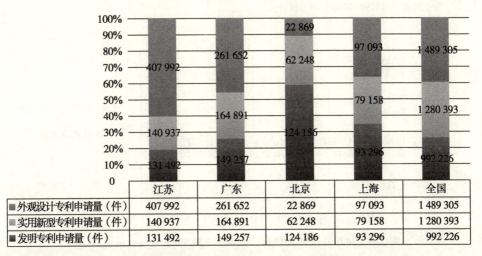

	江苏	广东	北京	上海	全国
■外观设计专利申请量（件）	407 992	261 652	22 869	97 093	1 489 305
■实用新型专利申请量（件）	140 937	164 891	62 248	79 158	1 280 393
■发明专利申请量（件）	131 492	149 257	124 186	93 296	992 226

图 2.1 "十一五"期间江苏与广东、北京、上海、全国发明专利申请占比对比

数据来源：国家知识产权局网站统计。

35%、上海的 57%（见图 2.3）；从专利产出效率来看，"十一五"期间，
江苏亿元 GDP 发明专利授权量、亿元研发经费投入发明专利授权量分别是
0.12 件和 6 件，也均低于北京的 0.64 件和 12 件、广东的 0.20 件和 14 件、
上海的 0.33 件和 12 件。❶

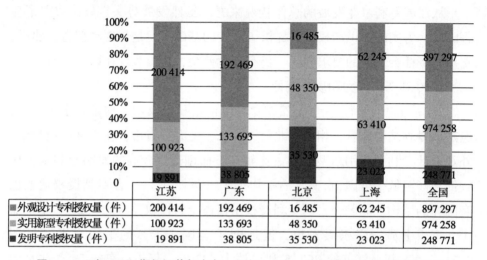

	江苏	广东	北京	上海	全国
■外观设计专利授权量（件）	200 414	192 469	16 485	62 245	897 297
■实用新型专利授权量（件）	100 923	133 693	48 350	63 410	974 258
■发明专利授权量（件）	19 891	38 805	35 530	23 023	248 771

图 2.2　"十一五"期间江苏与广东、北京、上海、全国发明专利授权占比对比

数据来源：国家知识产权局网站统计。

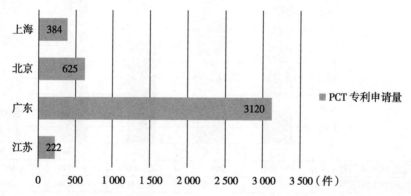

图 2.3　2008 年江苏与广东、北京、上海 PCT 专利申请量对比

数据来源：国家知识产权局网站统计。

---

❶　国家知识产权局《2008 年国家知识产权局年报》。

2. 企业专利主体作用尚未凸显

企业是专利创造、运用、管理和保护的主体，在"十一五"期间，江苏企业普遍专利数量较低，缺少专利优势企业，企业主体作用尚未得以发挥。2009 年，江苏 60 831 家规模以上工业企业中，有专利授权的企业占5.2%，低于广东的 5.5%、北京的 10.6%、上海的 9.1%（见图 2.4）。2008 年，江苏专利申请超过 500 件的企业仅有 6 家，超过 1 000件的企业仅有 1 家，而同年深圳华为公司的专利申请量就达 8 893件。2009 年，江苏规模以上工业企业的专利申请和授权量，占全省专利申请和授权量的 19.3%和 5.1%，也低于上海的 27.5%和 13.6%、广东的 44.0%和 28.2%、北京的42.9%和 23.1%。

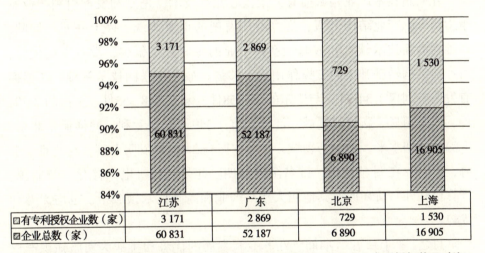

	江苏	广东	北京	上海
□有专利授权企业数（家）	3 171	2 869	729	1 530
▨企业总数（家）	60 831	52 187	6 890	16 905

图 2.4 "十一五"期间江苏与广东、北京、上海规模以上工业企业专利授权状况对比

数据来源：国家知识产权局网站统计。

3. 专利发展配套条件仍不成熟

专利事业发展是一项系统工程，专利事业的整体推进需要有专利人才、服务等配套条件的强有力支撑，而在"十一五"期间，江苏无论在专利人才队伍还是服务能力方面均存在较大欠缺：专利人才方面，"十一五"期间，江苏取得执业资格的专利代理人仅为 301 人，与北京的 2 700人、广东

的 600 多人、上海的 500 多人差距明显。2009 年，江苏全省工程技术和科研人员 72.13 万人，按照发达国家知识产权专业人员 2%的最低标准来看，至少需要近 1.5 万名专业知识产权工程师，而江苏当时仅有 3 767 人取得知识产权工程师培训证书；专利服务方面，虽然江苏当时已有 42 家专利代理机构，专利服务业初具规模，但是 42 家专利代理机构主要集中在省内发达区域，在南京、苏州、常州、无锡等经济发达地区的就有 31 家，宿迁、连云港甚至 1 家都没有。此外，全省的专利中介服务机构中也基本集中在专利代理申请上，缺少专利检索分析、专利运营、专利评估等服务机构，尚不能为企业提供多样态、高端化的专利服务。❶

4. 专利支撑经济发展的作用不强

在高新技术产业领域拥有大批核心专利技术，是专利发挥引领产业竞争力提升，产业结构升级，支撑经济发展的重要体现。"十一五"期间，江苏在高新技术领域和战略性新兴产业的专利数量偏少，没有专利优势，对产业结构转型升级的支撑作用仍不够强。如在物联网技术领域，江苏拥有发明专利仅 1 348 件，与广东的 17 858 件、北京的 8 353 件、上海的 2 784 件，差距明显。新材料领域，江苏拥有 1 349 件发明专利，同样低于北京、上海的同期水平。新医药领域，江苏省拥有 2 697 件发明专利，与北京、上海、广东存在明显差距，排名全国第四。此外，在机电一体化、新能源、计算机软件、新环保等其他四大新兴产业和高新技术领域中，也均无专利优势。

总之，"十一五"期间，江苏专利发展的优势和挑战为实施知识产权战略既提供了坚实的基础，也预设了提升的空间。江苏知识产权战略的实施必将预示着江苏专利事业发展会进入一个新的发展阶段。

二、实施知识产权战略的重点举措

面对江苏专利事业发展中的问题，江苏于 2009 年颁布了《江苏省知识

---

❶ 唐恒、朱宇：《区域知识产权战略的实施与评价——江苏之实践与探索》，知识产权出版社 2011 年版，第 48 页。

产权战略纲要》（以下简称《战略纲要》），遵循"激励创造、有效运用、依法保护、科学管理"的方针，从专利创造、运用、保护、管理与服务等五个方面，确立了战略重点任务，立足整体提升江苏专利事业发展水平。

1. 聚焦专利创造，提升专利数量和质量

专利数量和质量是专利事业发展水平的标志和基础。《战略纲要》从两个层面进行任务设计和谋划，着力提升江苏专利创造的数量和质量：（1）专利创造重点主体层面，针对企业，通过支持和引导企业加大创新投入，推进企业知识产权信息平台建设，建立由知识产权工程师全程参与的创新活动新机制，并制定相关配套激励政策，巩固和强化企业在专利创造方面的主体地位。针对高校和科研机构，通过深化科研体制改革，将专利数量和质量纳入现有科研管理评价制度，并建立重大科研项目跟踪检索制度，提高创新效率，发挥高校和科研机构在专利创造方面的智力优势。针对群众，则通过开展以专利创造为内容的"五小"活动，大力推进深入中小学生之中的创新教育，激发群众的发明创造热情，整体提高创新技能和水平。（2）专利重点产业层面，针对主导产业、新兴产业、传统产业等不同产业类型，分别鼓励创造核心技术、关键技术和改进技术，相应提升专利对产业的支撑力、引领力、带动力，从而发挥专利增强产业竞争力作用。

2. 聚焦专利运用，增强专利运用效果

专利运用包括产业化、许可、转让、质押等方式，是实现专利技术和制度价值的必要手段。❶《战略纲要》从横纵两个维度，鼓励专利运用，以增强江苏专利运用效果：横向方面，通过明晰创新主体在专利转移中的权利和义务，鼓励高校与科研机构向企业专利转移，强化科技成果转化资金的政策导向，并引导企业从事专利转让、许可、质押，从而促进专利的价值实现；纵向方面，则通过专利实施计划、中小企业知识产权促进工程，对中小企业、民营企业以及发明人创业的专利技术实施给予支持，并建成一批知识产权创业园和产业化基地，促进一批具有良好市场前景的专利技

---

❶ 毛金生、陈燕、李胜军、谢小勇：《专利运营实务》，知识产权出版社2013年版，第31页。

术产业化。

3. 聚焦专利保护，优化专利创新环境

专利保护是保护专利权合法权益，实现专利价值，优化创新环境的必要保障。《战略纲要》从机制上，第一，从行政执法、司法保护两个方面，推行案件限期审结制、办案责任追究制、专家顾问制、案件会商通报制等具体知识产权保护制度，规范专利行政执法，提高执法、司法效率和水平，全方位完善现有的知识产权保护机制；第二，通过知识产权预警应急机制、维权援助工作机制的建立和完善，帮助权利主体防范和应对专利风险。从手段上，通过开展执法专项行动、国际合作，降低维权成本、加大对恶意、重复侵权惩处力度等方式，惩治和遏制专利违法和侵权行为，优化专利创新环境。

4. 聚焦专利管理，提升专利管理水平

专利管理水平直接关涉专利创造、运用和保护的效率。《战略纲要》分别从宏观、微观层面，提出了提升江苏专利管理水平的举措和手段：宏观层面，主要是通过制定和完善知识产权法律法规，加强各级政府的联席会议制度和工作机制，定期对社会提供决策参考的专利公共信息，加强对涉及国家利益、政府投资或支持专利技术审议和监督的方式，提升全省政府的区域专利管理水平，以统筹、规划和协调推进全省专利事业发展，并避免专利风险和国有技术的流失；微观层面，通过制定和实施企业知识产权管理标准、外贸企业知识产权管理工作指导意见等方式，引导企业规范化专利管理，合理运用专利制度参与国际竞争。

5. 聚焦专利服务，推进专利服务能力建设

专利服务涉及专利代理、转让、登记、鉴定、评估、认证、咨询、检索等活动，专业化的专利服务水平和能力对企业开展创新活动具有重大的促进和支撑作用。《战略纲要》从公共服务和市场服务两个方面，提出了推进江苏专利服务能力建设的举措：公共服务方面，主要是通过加强专利受理、审查机构建设，推进政府公共信息服务能力建设，以满足行业和企业的便捷化"获权"，检索与获取专利信息的需求；市场服务方面，通过

鼓励人才培养和引进，规范服务业行为，推进知识产权市场建设，支持专利代理、交易、咨询、评估等多样态服务的中介机构发展。

总之，《战略纲要》重点任务的设计和谋划，既有效贯彻和承接了《国家知识产权战略》的精神和任务，又贴合了江苏专利事业发展的实际和问题，是新时期江苏专利事业发展的重要指引。

三、实施知识产权战略的成效和意义

知识产权战略实施的六年是江苏专利创造、运用、保护、管理和服务能力得到整体跃升的六年。江苏的知识产权综合发展指数增长率连续六年位居全国第一，连续六年蝉联"全国创新能力最强地区"，专利融入并推动经济发展的作用日益突出，江苏在全国专利大省的地位基本确立。

1. 专利产出量质齐升

六年的知识产权战略实施让江苏的专利产出数量和质量同时得到提升，从专利数量来看，江苏专利产出数量快速增长。截至 2014 年，累计新增专利授权量有 113.5 万件，新增发明专利申请 56.5 万件，自 2010 年开始，江苏的专利申请量、授权量、企业专利申请量、授权量、发明专利申请量等五项专利产出指标连续排名全国第一。2014 年江苏的专利申请量和授权量分别达42.19 万件和 20 万件，分别是战略实施前 2008 年的 3.3 倍和 4.5 倍（见图2.5）。从专利质量来看，江苏专利结构得到进一步优化。2014 年，江苏发明专利申请量达到 146 660 件，占专利申请量的 34.76%，是 2008 年的 1.97 倍。PCT 专利申请量五年的年均增幅达 51.4%，2014 年 PCT 专利申请量 1 610 件，是 2008 年 215 件的 7.49 倍（见图 2.6）。万人发明专利拥有量达 10.22 件，是 2008 年 1.06 件的 9.64 倍。

2. 专利运用日趋活跃

知识产权战略实施六年来，江苏专利转让许可活动日益活跃。南京、苏州、无锡、常州 4 个国家级知识产权交易中心建立，江苏专利转让许可备案数逐年递增，2012 年许可合同涉及专利数为 3 246 件，相较于战略实施前有明显的提升。专利实施许可贸易额也显著得到提升，达 499.3 亿元，

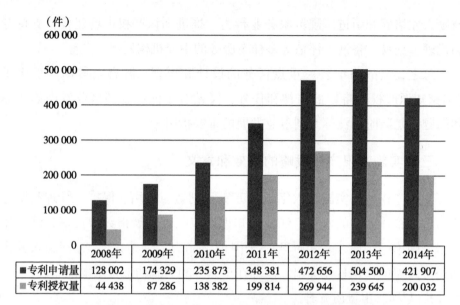

	2008年	2009年	2010年	2011年	2012年	2013年	2014年
■专利申请量	128 002	174 329	235 873	348 381	472 656	504 500	421 907
■专利授权量	44 438	87 286	138 382	199 814	269 944	239 645	200 032

图 2.5　江苏省 2008~2014 年专利申请量及授权量统计

数据来源：江苏省知识产权局 2008~2014 年《江苏省知识产权年报》。

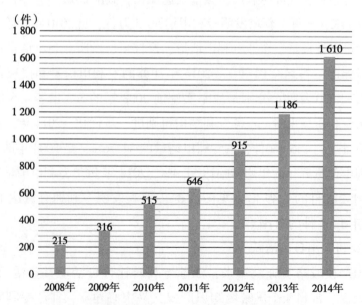

图 2.6　江苏省 2008~2014 年 PCT 专利申请量统计

数据来源：江苏省知识产权局 2008~2014 年《江苏省知识产权年报》。

超过战略实施前 2008 年近 1 倍（见表 2.1）。江苏省知识产权局、中国人民银行南京分行、江苏省财政厅等 8 部门联合出台《关于扎实做好全省科技金融服务的实施意见》，积极推进知识产权与金融资本相结合，江苏全省 2014 年的专利质押融资贷款达到 120 亿余元。❶

表 2.1　江苏省 2008~2012 年专利转让许可备案数与贸易额统计

类　　别	2008 年	2009 年	2010 年	2011 年	2012 年
专利实施许可合同涉及专利数（件）	—	2 365	3 077	3 491	3 246
专利实施许可贸易额（亿元）	244.92	282.03	317.1	463.1	499.3

3. 专利保护力度不断加强

知识产权战略实施六年来，江苏专利保护力度不断加强。省级层面，《江苏省专利促进条例》《江苏省软件产业促进条例》等法规相继颁布；市级层面，南京市颁布《知识产权促进和保护条例》，苏州市出台《专利促进条例》。专利行政知识产权审判"三审合一"改革试点工作顺利推进，江苏全省中级法院均设立知识产权业务审判庭，获得专利案件管辖权的中级法院 12 个，取得部分知识产权案件管辖权的基层法院 31 个。2014 年，立案查处各类假冒专利违法案件 3 055 件，受理专利侵权案件 626 件，结案 642 件（见表 2.2）。❷

表 2.2　江苏省 2008~2014 年专利实施许可合同涉及专利数以及贸易额统计

类　　别	2008 年	2009 年	2010 年	2011 年	2012 年	2013 年	2014 年
查处假冒专利案件（件）	10	190	54	385	1 066	1 979	3 055
受理专利纠纷案件（件）	51	92	58	46	126	385	626

数据来源：江苏省知识产权局 2008~2014 年《江苏省知识产权发展与保护状况》。

---

❶❷　数据来源：江苏省知识产权局《2014 年江苏省知识产权发展与保护状况》。

4. 专利管理能力日渐提升

随着知识产权战略的实施，江苏专利管理能力也日益提升。政府专利管理能力方面，截至 2013 年 6 月，江苏省知识产权局行政编制增加至 62 名。各市县知识产权局机构建设得到加强，南京、常州和一批县（市、区）知识产权局新设专职正局长职位，除宿迁外的其他各市均成立协调管理和专利执法两个职能处室。多数县（市、区）知识产权局人员编制也得到相应增加。企业专利管理能力方面，自 2009 年率先在全国推行贯彻《企业知识产权管理规范》以来，截至 2014 年，江苏全省有超过 4 000 家企业参与知识产权"贯标"，实现知识产权管理机构、制度、人员和经费的四落实，其中"贯标"优秀的企业超过 600 家（见图 2.7），全省企业的知识产权管理标准化水平显著提升。

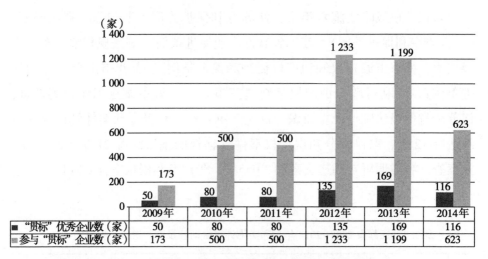

（家）	2009 年	2010 年	2011 年	2012 年	2013 年	2014 年
■ "贯标"优秀企业数（家）	50	80	80	135	169	116
▨ 参与"贯标"企业数（家）	173	500	500	1 233	1 199	623

图 2.7　江苏省 2009~2014 年企业"贯标"情况统计

数据来源：江苏省知识产权局 2009~2014 年《江苏省知识产权年报》。

5. 专利服务水平得到一定程度提高

通过知识产权战略的实施，江苏专利服务水平也得到了提升。一批国家级的专利服务机构，如国家知识产权局专利局专利审查协作江苏中心、国家区域专利信息服务中心南京中心、国家专利战略推进与服务（泰州）中心、无锡（国家）外观设计信息服务中心在江苏设立和落户，形成引领全省专利服务业发展的核心力量。涵盖专利在内的知识产权公共信息服务平台全面建成并完成升级改造，其中专利数据总量达到 3 400 多万条。13个省辖市、60%县（市、区）建立专利公共服务中心，80%的县（市、区）拥有公共服务平台。❶ 截至 2014 年，江苏全省专利代理机构及分支机构分别达到 76 家和 49 家（见图 2.8）。专利代理人数量也呈现高速增长态势，2014 年专利代理人数量是 2008 年的 9.7 倍（见图 2.9）。

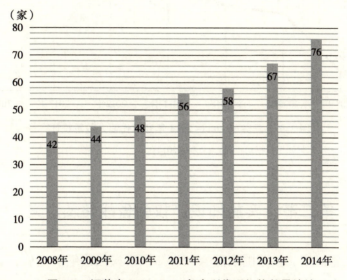

图 2.8　江苏省 2008~2014 年专利代理机构数量统计

数据来源：《江苏省知识产权局年报》（2008~2014）。

实施知识产权战略作为江苏进入 21 世纪以来第一次关于专利事业发展的战略选择和谋划，不仅具有重大的现实意义，战略举措切实有效，针对江苏专利事业发展现实中面临的问题和短板，进行了系统性的提升和"补短"；同时还有一定的预见性，让江苏紧紧抓住了全国专利发展大有可为的机遇期，江苏专利事业发展乘势而上，进一步夯实了全国专利大省的地位。

---

❶ 《江苏省知识产权局年报（2014）》。

图 2.9 江苏省 2008~2014 年专利代理人数量统计

数据来源:《江苏省知识产权局年报》(2008~2014)。

第二节 实施知识产权强省战略及意义

战略实施以来,江苏围绕国家和省知识产权战略纲要实施,紧密结合江苏实际,全面提升专利创造、运用、保护、管理和服务能力,取得了显著成效,专利大省地位牢固确立。然而,以知识产权强国、强省的标准以及经济社会发展对于专利发展的要求来看,江苏的专利事业发展仍然有很大的差距。因此,面对新形势新任务,2015 年 2 月,江苏省委省政府出台《关于加快建设知识产权强省的意见》,随后与国家知识产权局共建引领型知识产权强省,并于 2016 年印发《加快建设引领型知识产权强省的实施方案》,吹响了向引领型知识产权强省跨越的号角,掀开了更高水平实施知识产权战略——建设知识产权强省的新篇章。

一、实施知识产权强省战略的背景

如上文所述,知识产权略的实施显著提升了江苏专利发展综合实力,进一步凸显了专利在经济发展中的作用，让江苏成为全国的专利大省，然而，对照经济社会发展对专利的需求以及专利强省或强国的标准和要求来看，江苏专利事业发展仍存在一定差距，主要体现在以下四个方面。

1. 专利产出效率和质量不高

知识产权战略实施六年间，江苏专利产出数量虽然实现爆发式增长，但从产出效率和质量上，与国内专利强省或者国外专利强国来看，仍有较大差距。从专利产出效率来看，2014 年，江苏千万元研发（R&D）投入发明专利授权量仅为 1.19 件，低于北京的 1.83 件、浙江的 1.47 件、上海的 1.34 件，甚至低于全国 1.24 件的平均水平，更是远低于韩国的 3.3 件、日本的 2.12 件（见图 2.10）。从专利产出质量来看，2014 年江苏的发明专利授权量为 19 671 件，在全国排名第三，低于北京的 23 237 件和广东的 22 276 件，在国外低于韩国发明专利授权为 129 786 件，日本的 227 142 件（见图 2.11）。2014 年江苏的 PCT 专利申请量为 1 610 件，分别是日本、韩国和法国同期的 3.9%、12.2%、45.6%（见图 2.12）。

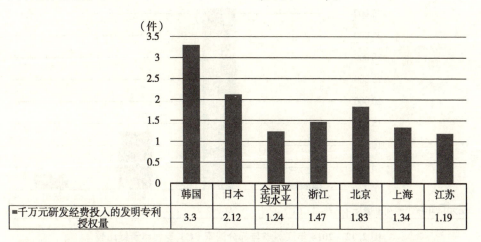

（件）	韩国	日本	全国平均水平	浙江	北京	上海	江苏
千万元研发经费投入的发明专利授权量	3.3	2.12	1.24	1.47	1.83	1.34	1.19

图 2.10 2014 年江苏与国内部分省市、国外部分国家千万元研发投入发明专利授权量对比

数据来源：WIPO Statistic Database、国家知识产权局统计年报、江苏省知识产权局《2014 年江苏省知识产权发展与保护状况》。

2. 专利转化运用能力不强

根据抽样调查显示，江苏对于专利运用的手段仍比较单一，采用自行

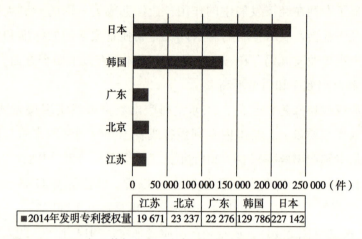

	江苏	北京	广东	韩国	日本
■2014年发明专利授权量	19 671	23 237	22 276	129 786	227 142

图 2.11 2014 年江苏与北京、广东以及部分国家发明专利授权量对比

数据来源：WIPO Statistic Database、国家知识产权局统计年报、江苏省知识产权局《2014 年江苏省知识产权发展与保护状况》。

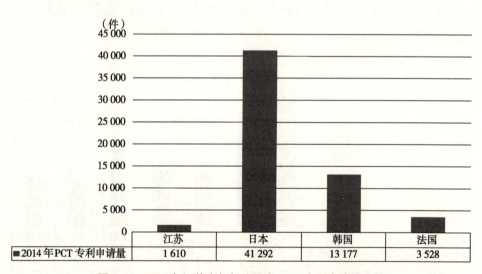

	江苏	日本	韩国	法国
■2014年PCT专利申请量	1 610	41 292	13 177	3 528

图 2.12 2014 年江苏省与部分国家 PCT 专利申请量比较

数据来源：WIPO Statistic Database（July, 2015）、国家知识产权局统计年报、江苏省知识产权局《2014 年江苏省知识产权发展与保护状况》。

实施方式进行专利运用的样本企业超过八成，而通过许可、质押融资、合资入股、专利联盟等市场化运用手段的比例非常少，几乎为零。❶ 此外，从江苏专利转化运用的市场活跃度来看，与全国部分省市也有较大差距。2012 年，江苏百万元 GDP 中知识产权许可转让合同金额为 0.86 万元，分别低于北京、上海的 11.51 万元和 2.83 万元，甚至低于全国平均值 1.01 万元（见图 2.13）。每百万元 GDP 中向国外转让技术使用和特许费用为 1 640元，位居全国第七，分别低于北京、上海和广东的 27 680元、24 357 元和 4 455元，江苏全省输出知识产权成交额与吸纳知识产权成交额比为 88.8%，而同期的北京、上海、广东分别达 278%、141% 和 123%。

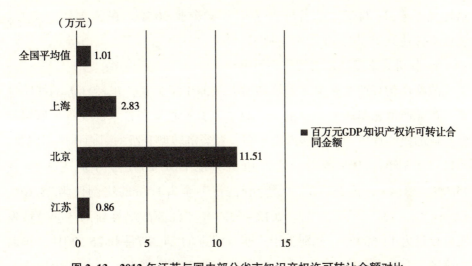

图 2.13　2012 年江苏与国内部分省市知识产权许可转让金额对比

数据来源：江苏省知识产权局《江苏省知识产权战略实施情况阶段性总结评价报告（2013）》。

3. 专利保护能力仍然较弱

总体来说，目前江苏专利保护能力仍然较弱，从全省专利的公力救济情况来看，江苏专利执法机构不健全，仅南京、徐州、苏州成立了独立的专利行政执法机构，80% 县级市专职专利执法人员不足 3 人；执法队伍不稳定，全省专利行政执法队伍中，平均执法时间不超过 3 年，难以形成专

---

❶ 唐恒、朱宇：《区域知识产权战略的实施与评价——江苏之实践与探索》，知识产权出版社 2011 年版，第 60 页。

业化的执法队伍。❶ 此外，由于行政执法与司法审判的程序规范不一致、侵权判定标准不统一等问题，导致专利行政执法与司法审判的衔接机制不畅，相关专利侵权行为得不到应有的惩处；从全省专利的私力救济情况来看，企业对专利的预警和保护意识仍然较低，行业内部的知识产权保护协同工作基本为空白，抵抗专利风险的能力较弱。也正是因为江苏专利保护公立救济和私立救济能力的欠缺，导致江苏企业在市场竞争过程中遭遇到较多的知识产权壁垒，特别是在"走出去"的过程中，面临专利侵权诉讼时，败诉率较高，造成严重的经济损失。据统计，截至 2013 年，江苏企业遭遇美国"337 调查"已高达 26 起，涉案企业 36 家，在已结案 21 起中，败诉案件达到 11 起，败诉率达到 52.3%。

4. 专利支撑经济发展的作用不突出

战略性新兴产业是引领经济转型升级的中坚力量。虽然江苏的战略性新兴产业产值总量较大，但由于产业中缺少核心专利技术的支撑，所以导致产业的核心竞争力及发展潜力不强，对经济转型升级的引领作用不明显。2011~2013 年，江苏新兴产业产值占年度 GDP 的比重分别达到 54%、75.9%、81.4%，但拥有的发明专利占江苏全省总量的比例仅为 38.6%、43.9%、43.1%（见表 2.3）。2012~2013 年，江苏战略性新兴产业领域发明授权量为 14 609 件，分别少于广东、北京的 24 387 件和 25 520 件，排名全国第三。从专利密集型产业对经济社会的贡献度来看，2010 年美国含专利密集型产业在内的知识产权密集型产业创造了 5.06 万亿美元的产业附加值，占到国内 GDP 比重的 34.8%，并创造了 28% 的就业岗位。同期的欧盟，知识产权密集型产业创造了 4.7 万亿欧元的经济活动价值，占到欧盟GDP 的 39%，同时创造了 26% 的工作岗位，❷ 而根据江苏 2012 年的测算数

---

❶ 江苏省知识产权局《深入实施知识产权强省战略调研报告》（2013 年 10 月）。

❷ 《知识产权与美国经济：产业聚焦》（2012 年）、《知识产权密集型产业对欧盟经济和就业的贡献》（2013 年）。

据，知识产权密集型产业对经济贡献的仅为 18%，差距明显（见图 2.14）。❶

表 2.3 江苏战略性新兴产业产值、发明专利授权占比

年份	战略性新兴产业产值 占 GDP 比例（%）	江苏战略性新兴产业发明专利授权 占发明专利授权的比例（%）
2011	54.0	38.6
2012	75.9	43.9
2013	81.4	43.1

数据来源：江苏省知识产权局《深入实施知识产权强省战略调研报告》（2013 年 10 月）。

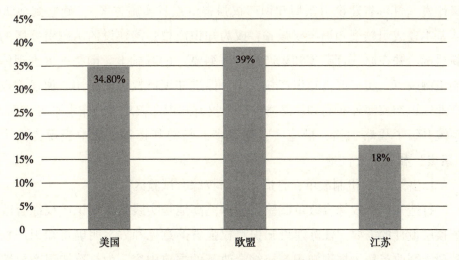

■ 知识产权密集型产业对GDP的贡献率

图 2.14 江苏与美国、欧盟知识产权密集型产业对 GDP 贡献率对比

（取值年限为：美国 2010 年，欧盟 2008~2010 年，江苏 2012 年）

数据来源：《知识产权与美国经济：产业聚焦》（2012 年）、《知识产权密集型产业对欧盟经济和就业的贡献》（2013 年）。

通过对专利事业发展与知识产权强国或知识产权强省的对比分析来看，

---

❶ 钱建平等：《江苏省知识产权强省建设研究》，知识产权出版社 2015 年版，第 132 页。

江苏专利事业发展仍存有较大差距，面临严峻的挑战，难以满足经济社会发展的需要。为此，江苏应在及时总结专利事业发展经验，分析发展问题的基础上，开阔眼界、取长补短，以更大的勇气和智慧认真谋划新时期专利事业发展的思路和路径。

二、实施知识产权强省战略的重点举措

基于知识产权战略实施以来江苏专利事业发展所取得的成效以及存在的问题，面对新形势、新使命与新任务，江苏又一次作出了新的战略选择和谋划，于 2015 年出台《关于加快建设知识产权强省的意见》，并于次年又印发《江苏省建设引领型知识产权强省试点省实施方案》，确立到 2020 年基本建成引领型知识产权强省，成为知识产权强国建设的示范引领区的新目标，并在原《江苏省知识产权战略纲要》的基础上，围绕推进管理体制机制改革、实行严格知识产权保护、促进知识产权创造运用、加强重点产业知识产权海外布局和风险防控以及提升知识产权对外合作水平等方面，系统升级了战略举措，措施实、亮点多，归纳其精神，集中表现为五个"聚焦"和五个"高地"。

1. 聚焦体制机制改革，打造知识产权综合试验区高地

打造知识产权综合改革试验区和示范高地是实践支撑知识产权综合改革顶层设计的需要。江苏建设知识产权强省的意见和方案明确将知识产权管理体制改革作为推进知识产权综合改革的主攻内容，为打造知识产权综合改革试验区和示范高地指明了路径和方向。其明确提出将支持南京、苏州、昆山等国家级知识产权示范城市以及南京江北新区、苏州高新区等创新体制机制改革重点单位先行先试，率先突破，以建设与国际接轨、职责清晰、管理统一、运行高效的知识产权行政管理机构。

目前我国高度分散的知识产权管理体制方面存在的矛盾和问题已成为知识产权事业科学发展的瓶颈制约，构建集中统一的知识产权管理体制是大势所趋、势在必行：第一，构建集中统一的知识产权管理体制是适应建设知识产权强省战略的必然要求。知识产权不仅是一种私权，从国家层面

而言，还是公共政策工具。加强知识产权保护需要通过创新产生知识产权，还需要通过知识产权的运用发挥其经济与社会效益，更需要通过运用于实践中的知识产权维持产业经济竞争力和国家综合国力，集中统一的知识产权管理模式，便于建设知识产权强省战略及其推进计划的制定与实施。第二，构建集中统一的知识产权管理体制同时也是世界各国知识产权改革的方向。从全球范围来看，各国知识产权行政管理从分散走向集中统一已是一种潮流和趋势。据统计，目前实行知识产权制度的 196 个国家或地区中，绝大多数采用的是"二合一"或"三合一"的集中模式，而采取分散管理，实行"分别管理"模式的，尚不足 10 个国家或地区，例如阿拉伯联合酋长国、沙特阿拉伯、埃塞俄比亚、埃及、文莱和中国等。❶

2. 聚焦"大保护"和"强保护"，打造专利保护高地

江苏建设知识产权强省的意见和方案重点关注了知识产权严格保护问题，并且还从横纵两个维度，具体阐释了"严格"的内涵和外延，建构了区域内专利保护体系。横向维度，江苏的意见和方案体现了"大保护"的思路，不仅从专利司法保护、行政保护、社会保护三方面构建了被动的专利侵权行为救济体系，还通过专利保护信用体系的建立和完善，构建了主动的专利侵权防范体系，从而形成一套完整的区域多元化、多层次、多向度的专利保护体系。纵向维度，江苏的意见和方案对"严格"内涵进行了深度挖掘，强调对专利的"强保护"，明确指出：一方面，完善现有专利保护机制，如推进知识产权审判的"三审合一"试点，提高司法效率，加强专利行政执法之间协作机制，提高行政执法效率和力度等；另一方面，加强对制造业集中地、专业市场、展会、博览会等侵权案件高发地的联合执法，加大对专利侵权的惩处力度。

区域专利保护中心和示范高地的建设不仅有利于累积保护经验，探索保护举措，激励自主创新，同时也是完善现代市场体系、构建公平开放透明市场规则的需要。江苏的意见和方案通过专利"大保护""强保护"的

---

❶　易继明："'三合一'知识产权行政管理体制"，载《科技与法律》2015 年第 3 期。

理念和具体举措来建构区域专利保护体系，为打造区域专利保护中心和示范高地提供了建设蓝本。专利"大保护""强保护"的提出，有着深刻的背景因素：第一，实施创新驱动发展战略亟须专利的"大保护""强保护"。世界发达国家的经验表明，随着经济发展水平的提高，实施更高标准的专利保护，有利于经济转型升级。知识产权的"大保护""强保护"，能够严厉打击侵犯知识产权的违法行为，切实解决"侵权易、维权难"的现实问题，从而有效激发全社会创新活力和创造潜能。第二，深层次融入全球化的发展战略亟须专利的"大保护""强保护"。创新驱动发展战略的实施正逢国家实施"一带一路"倡议，我们应当抓住这一难得的战略机遇，通过构建区域专利"大保护""强保护"的专利保护体系，打造区域专利保护中心和示范高地，率先与国际专利保护机制接轨，保障企业走向国际市场，迅速融入全球化进程，以此赢得产业优势。

3. 聚焦高价值专利创造，打造高附加值专利产出高地

江苏建设知识产权强省的意见和方案对于专利附加值和影响力的提升进行了有益的实践探索。其明确提出将实施高价值专利培育计划，推动企业、科研院所、知识产权服务机构加强合作，联合组建高价值专利培育中心，在战略性新兴产业和传统优势产业开展集成创新，促进一批高价值专利的创造。

高附加值专利产出高地的培育是适应由要素驱动发展向创新驱动发展的迫切需要，也是发挥专利对经济转型和产业升级的支撑作用必然要求，还是知识产权大省向知识产权强省迈进战略转变的重要表征。江苏的意见和方案通过高价值专利的部署和推进，为高附加值专利产出高地的培育部署了针对性举措。江苏的高价值专利培育专项计划体现三个方面的原则：（1）政府推动、市场主导。发挥政府作用，搭建知识产权公共服务平台，加强监督指导。通过市场机制，加大企业、高校科研院所、知识产权服务机构等资源的整合力度，实现专利创造和产业需求紧密对接。（2）协同创新、高效发展。坚持以企业、高校科研院所协同开展创新与技术攻关，知识产权服务机构参与研发创新全过程，培育高价值专利。（3）重点突破、

示范带动。围绕重点发展的战略性新兴产业，突出地方产业特色，在事关产业发展的关键技术研发和布局上取得重大突破。

4. 聚焦专利密集型产业培育，打造产业支撑区域发展高地

江苏建设知识产权强省的意见和方案将专利密集型产业的培育作为加强知识产权强省试点省建设的重点任务予以推进。江苏的意见和方案指出政府将实施专利密集型企业培育计划，指导企业集聚高层次知识产权人才和团队，提升自主创新能力，创造引领产业发展的知识产权成果，形成5 000家具有国际竞争力的知识产权密集型企业，并且将建立健全包括专利在内的知识产权密集型产业发展统计制度，加强监测分析，定期发布统计报告，强化产业的知识产权导向。

产业支撑区域发展高地的建设和打造是发挥专利作用，支撑经济新常态的迫切需要，对于产业调整、产业创新和产业发展具有重要的指导意义，具有重要的"先行先试"价值。江苏建设知识产权强省的意见和方案通过对市场、政府资源和力量的整合运用，聚焦专利密集型产业的培育，为产业支撑区域发展高地建设部署了系统举措：第一，培育专利密集型产业要发挥市场在资源配置中的决定性作用。利用市场资源培育专利密集型产业，要运用股权投资基金等市场化方式，引导社会资金投入专利密集型产业，把社会各方面的力量动员起来，把社会各方面闲置资金充分利用起来，集中力量办大事。第二，培育专利密集型产业要发挥政府的引导和推动作用。一方面，加大政府采购对专利密集型产品的支持力度，利用政府这只"无形的手"宏观调控，支持专利密集型产业的发展壮大；另一方面，探索建立专利密集型产业发展统计制度，制定专利密集型产业目录和发展规划，为专利密集型产业发展营造良好环境。

5. 聚焦国际化水平提升，打造专利国际化高地

江苏建设知识产权强省的意见和方案对接国家重大发展战略，发挥各地区位和地缘优势，提出了全面提升专利国际化水平的方案和路径。对于企业层面的国际化水平提升，江苏的意见和方案聚焦了企业海外布局和风险防控问题，明确将在国家向外派驻知识产权专员的统筹安排框架下，向

主要贸易目的地、对外投资目的地派驻知识产权专员，及时收集发布专利相关信息，协调处理各类知识产权专利事务。围绕政府国际化水平提升，实施方案则强调对外合作机制和载体的拓展。

打造专利国际化高地是适应战略性新兴产业竞争态势和推进实施我国"一带一路"倡议的迫切需要，也是知识产权强国建设的重要内容。实施方案坚持问题导向，从企业和政府两个层面国际化能力提升提出的系统举措，为打造专利国际化高地明确了建构路径。从企业和政府两个层级提升专利国际化水平具有重要的时代意义和实践价值：第一，增强企业海外布局和风险防控能力是企业建立国际竞争优势的需要。当前，我国企业"走出去"过程中面临的问题集中体现在专利诉讼威胁、技术标准低端锁定等方面，增强企业专利海外布局和风险防控能力将对企业突破海外专利壁垒，有效参与国际竞争并获得市场优势发挥重要作用。第二，提升政府对外合作交流水平是为市场主体创造良好国际竞争条件的需要。政府对外合作平台广度的延伸、机制内涵的丰富，能为市场主体了解和熟悉专利国际竞争规则，获取和运用专利国际竞争信息，规避和应对专利国际竞争风险提供便捷渠道，是企业"走出去"的重要保障。

新时期江苏作出建设知识产权强省的战略选择和任务部署，一方面是对《国务院关于新形势下加快知识产权强国建设的若干意见》的贯彻和落实，体现了知识产权强国建设的新思路、新要求；另一方面密切联系和结合江苏专利事业发展的客观实际，知识产权强省战略的实施和推进必将为江苏专利事业发展再上新台阶提供新动能。

三、实施知识产权强省战略的意义

建设知识产权强省是江苏针对新形势下专利事业发展新特点所作的新的战略选择，建设知识产权强省战略的制定，无论对区域层面促进江苏专利事业发展，还是国家层面推进知识产权强国建设，都具有重要的战略意义和实践价值，具体体现为以下几个方面。

1. 建设知识产权强省是江苏专利事业发展的战略谋划

江苏知识产权强省建设意见和方案深入贯彻《国务院关于新形势下加

快知识产权强国建设的若干意见》的文件精神，紧密围绕国家知识产权局印发的《加快推进知识产权强省建设工作方案（试行）》最新部署，以加快知识产权强省建设为主题，描绘到2020年江苏专利事业发展蓝图，明确指出："到2020年要将江苏基本建成引领型知识产权强省，知识产权发展主要指标达到中等知识产权强国水平，对经济社会发展的支撑作用大幅提升，成为知识产权强国建设的示范引领区。"此外，江苏意见和方案还将知识产权强省建设与地方经济发展大局紧密联系起来，与国家知识产权战略实施统筹考虑起来，契合了《国务院关于新形势下加快知识产权强国建设的若干意见》提出的"深化知识产权重点领域改革，有效促进知识产权创造运用，实行更加严格的知识产权保护，优化知识产权公共服务，促进新技术、新产业、新业态蓬勃发展，提升产业国际化发展水平，保障和激励大众创业、万众创新"的指导思想，不仅提出目标明确的任务书，还给出破解难点的方法论，旗帜鲜明，部署周密，鼓舞人心，为谋划好江苏专利事业的未来发展路径提供了重要的战略遵循。

2. 建设知识产权强省是江苏专利事业发展的行动指南

江苏知识产权强省建设意见和方案结合本地区发展实际，注重与有关知识产权工作计划、规划的充分衔接和有效统一，突出工作重点，明确分工定位，从管长远、接地气、有创新的角度，重点明确了当前和今后一个时期江苏加快知识产权强省建设的总体要求，从远期的目标初步提出知识产权强省建设的远景规划，并结合江苏发展实际，按照引领型知识产权强省的标准和要求对专利事业发展中涉及的创新生态体系、管理体制机制、专利密集型产业、国际化发展等问题进行了系统性的部署和推进。此外，为确保引领型知识产权强省建设试点工作的推进和执行，江苏意见和方案还明确了工作开展的实施步骤，将工作推进分为总体部署、全面启动；试点探索、重点突破；总结经验、全面推进；总结回顾、凝练经验等四个阶段步骤，并设定明确、具体的阶段性任务和工作。江苏知识产权强省建设意见和方案是未来江苏专利事业发展，特别是建设专利强省的行动指南。

3. 建设知识产权强省是知识产权强国建设的实践探索

知识产权强国建设是新常态下破解发展难题、转变经济发展方式的崭新命题。基于不同国家自然禀赋和发展条件的差异，知识产权强国建设没有统一、现成的模式和路径可供遵循，此外，由于我国不同省份之间知识产权实力水平差异较大，经济发展不平衡，因此决定了知识产权强国建设是一项艰巨的系统工程，急需建设举措和方法的实践探索，各区域典型建设经验的积累。江苏建设知识产权强省意见和方案坚持问题导向和需求导向相结合，面对新形势、新要求，在总结以往经验的基础上，聚焦知识产权管理体制机制改革、严格知识产权保护、促进知识产权创造运用、加强知识产权海外风险防控和对外合作、加强组织实施和政策保障等重点任务，形成一系列新理念、新论断，提出一系列新任务、新举措，开展了一系列创新改革试验，为知识产权强国建设的全面顺利推进提供了路径参考和借鉴。

建设知识产权强省是新时期江苏专利事业发展的一项全局性、战略性、长期性的战略举措，也是落实创新驱动战略、加快经济发展方式转变的必然要求，还是对知识产权强国建设的有益实践探索。建设知识产权强省战略的执行和落实必将加快推进江苏专利事业的发展，为建设知识产权强省提供有力支撑。

第二篇
基础篇：江苏专利发展现有基础与经验总结

第三章　江苏专利发展现有基础分析

2009 年江苏实施知识产权战略以来，江苏省专利综合实力显著增强，2012 年江苏知识产权综合发展指数年均增长率排名全国第一，区域知识产权综合实力跃居全国第二，国家知识产权试点示范城市和园区数量全国第一，为江苏建设知识产权强省奠定了坚实的基础。

第一节　江苏专利创造发展基础

拥有大量高质量、高价值的专利创造是知识产权强国的重要表征之一。知识产权战略实施以来，江苏以质量为导向调整考核目标，深化企业知识产权服务和培训，推进社会化服务能力建设，专利创造水平和实力持续提升，无论是从专利创造产出数量的积累，还是产出质量的表现以及企业创新主体地位的夯实等方面都有着较明显的进展。

一、专利产出数量快速增长

江苏实施知识产权战略以来，专利产出相关指标均保持高位增长速度，各项统计指标均位于全国前列。自 2012 年以来，江苏专利申请和授权量、企业专利申请和授权量、发明专利申请量 5 项指标已连续 5 年排名全国第一。截至 2016 年 12 月，江苏累计专利申请量已突破 350 万件，占全国总申请量的 17.79%，累计专利授权量超过 170 万件，占全国总授权量的 16.21%，两项数据均位列全国第一。省内三种专利有效数量累计达到

740 215件，跃升到全国第二，仅次于广东省。❶ 省内每百万人有效发明专利密度达到 1 841.2件，位居北京、上海之后，排名全国第三。❷ 南京、苏州和无锡三市发明专利授权量位居全国城市前十榜单，数量列全国第一。在 2016 年第十八届中国专利奖评选中，江苏荣获专利金奖 2 项，专利优秀奖 83 项，获奖项目数量再创历史新高（见表 3.1）。❸

表 3.1　江苏省 2008~2016 年专利产出指标统计　　　　　　　　　　（件）

类别	2008 年	2009 年	2010 年	2011 年	2012 年	2013 年	2014 年	2015 年	2016 年
专利申请量	128 002	174 329	235 873	348 381	472 656	504 500	421 907	428 337	512 429
专利授权量	44 438	87 286	138 382	199 814	269 944	239 645	200 032	250 290	231 033
发明专利申请量	22 601	31 801	50 298	84 678	110 091	141 259	146 660	154 608	184 632
发明专利授权量	3 508	5 322	7 210	11 043	16 242	16 790	19 671	36 015	40 952
专利金奖拥有量	1	0	2	3	3	3	2	3	2

数据来源：国家知识产权局数据统计。

二、专利产出质量进一步提升

江苏在保持专利产出数量高速增长的同时，还注重专利质量的提升，将专利质量导向调整为政府重要的考核指标。在这一政策导向的调整和引领之下，近些年，江苏专利质量也有了较明显的改观。继 2012 年江苏全省专利申请和授权量、企业专利申请和授权量、发明专利申请量 5 项指标排名全国第一后，2015 年，发明专利授权量也跃居全国第一。2016 年，发明专利授权量占专利授权总量占比以及发明专利申请量占专利申请总量的占比，分别达到 17.72%、36.03%，分别是 2008 年 7.89%、17.66%的 2.25 倍和 2.04 倍。PCT 专利申请量方面，2016 年，江苏 PCT 专利申请量达到 3 213件，位居广东、北京之后，排名全国第三。2016 年每万人口发明专利拥有量达到 18.41 件，超过全国平均 8 件的 2.3 倍之多（见表 3.2）。在高新技术产业领域，江苏专

❶　国家知识产权局《2016 年专利统计年报》。
❷　国家知识产权局数据统计。
❸　江苏省知识产权局《2016 年江苏省知识产权发展与保护状况》。

利产出也有大幅增长。2006~2010 年，江苏高新技术产业领域发明专利申请量为 52 767 件，年均增幅 44.6%，高新技术产业领域发明专利申请量占全省发明专利申请量 66%，发明专利授权量为 12 513 件，年均增幅 30.3%，高新技术产业领域发明专利授权量占全省发明专利授权量的 67.2%。❶

表 3.2　江苏省 2008~2016 年 PCT 专利申请、万人发明专利拥有量统计　　（件）

类别	2008 年	2009 年	2010 年	2011 年	2012 年	2013 年	2014 年	2015 年	2016 年
PCT 专利申请量	215	316	515	646	915	1 186	1 610	2 442	3 213
万人发明专利拥有量	1.06	1.63	2.52	3.74	5.73	7.84	10.22	14.22	18.41

数据来源：国家知识产权局数据统计。

三、企业作为专利创造主体地位明显夯实

知识产权战略实施以来，江苏进一步凸显企业专利创造的主体地位，聚焦企业专利创造能力的提升，启动实施了知识产权强企行动计划，推进知识产权信息利用、企业知识产权管理标准化、企业知识产权战略推进三大工程，企业专利创造能力得到提升，专利创造主体地位得到进一步夯实。2011 年，江苏企业专利申请与授权数量双双位居全国第一，并且企业专利申请量占全省总申请量的占比首次超过一半。2016 年，江苏省企业专利申请量、授权量分别为 338 726 件、157 887 件，占总量的比重分别达到 66.10% 和 68.34%，连续 6 年超过 60%（见图 3.1、图 3.2）。专利申请的企业突破 2.9 万家，较 2008 年翻了近两番，数量居全国首位，其中专利申请量超千件企业 3 家，实现零的突破，超 500 件企业 29 家，增幅达 61.11%，申请量超 100 件的达到 495 家，是 2006 年 20 家的 24.75 倍。至 2016 年，江苏省围绕企业技术中心创新能力建设，组织实施关键核心技术突破项目达 74 项，产出企业核心知识产权成果超过 300 项。❷ 知识产权优势企业凸显，新增国家知识产权示范企业 4 家、优势企业 78 家，数量位居

---

❶　江苏省知识产权局数据统计。
❷　江苏省知识产权局《2016 年江苏省知识产权发展与保护状况》。

全国第一。法尔胜、护佑、恒瑞、正大天晴等为代表的新能源、新材料和新医药企业凭借专利技术优势，迅速在国内崛起。好孩子、开普动力、常熟开关、宝时德等企业依靠专利创造实力，不断扩大国内外市场份额。

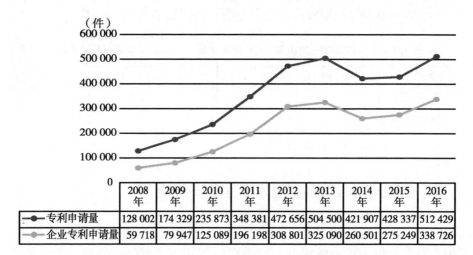

（件）	2008年	2009年	2010年	2011年	2012年	2013年	2014年	2015年	2016年
专利申请量	128 002	174 329	235 873	348 381	472 656	504 500	421 907	428 337	512 429
企业专利申请量	59 718	79 947	125 089	196 198	308 801	325 090	260 501	275 249	338 726

图 3.1　2008～2016 年江苏企业专利申请量占总量比例

数据来源：《江苏省知识产权局年报》（2008～2016）。

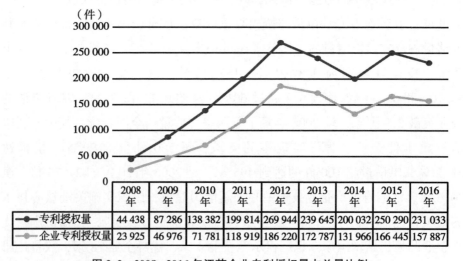

（件）	2008年	2009年	2010年	2011年	2012年	2013年	2014年	2015年	2016年
专利授权量	44 438	87 286	138 382	199 814	269 944	239 645	200 032	250 290	231 033
企业专利授权量	23 925	46 976	71 781	118 919	186 220	172 787	131 966	166 445	157 887

图 3.2　2008～2016 年江苏企业专利授权量占总量比例

数据来源：《江苏省知识产权局年报》（2008～2016）。

第二节　江苏专利运用发展基础

专利运用是实现专利价值的根本途径。十八届三中全会通过的《中共中央关于全面深化改革若干重大问题的决定》明确指出要加强知识产权运用与保护，表明知识产权运用是未来影响我国创新发展的重要因素。江苏出台的强省意见和方案也均将促进知识产权运用作为知识产权强省建设的突破口。知识产权战略实施以来，江苏专利运用有了一定的发展，在专利运用意识、运用市场规模以及运用支撑条件方面有了明显提升和完善。

一、企业专利运用意识不断提升

企业是专利创造和运用的主体。近年来，江苏知识产权主管部门始终将企业的专利运用意识提升作为促进专利运用发展的关键突破口予以推进，在知识产权主管部门的有效引导之下，江苏企业的专利运用意识从无到有，不断得到提升。截至 2011 年年底，江苏省共有 1 800 多家企业建立了专利数据库，并运用该专利数据库进行研发立项前的专利信息检索以及对竞争对手专利情况的分析，避免重复研究和侵权风险。500 多家企业实施了省市企业知识产权战略推进计划，专利战略运用意识和能力不断增强。全省还涌现出一批具有知识产权战略理念，并在"走出去"过程中能熟练利用专利制度的优势企业，如江动集团、常州牛塘化工、盐城捷康等企业，通过对专利制度的有效运用，积极应对"337 调查"等涉外专利诉讼，并最终获得胜诉。❶

二、新兴产业和高新技术产业领域专利运用能力逐步增强

新兴产业和高新技术产业是引领江苏产业转型升级的重要支撑力量。江苏省针对新兴产业和高新技术产业实施多项以鼓励专利运用为内容的技

---

❶　江苏省知识产权局《2016 年江苏省知识产权发展与保护状况》。

术成果转化项目，全省累计投入 135.7 亿元，组织实施 135 个重大科技成果转化项目，推动企业实施 1 984 件发明专利、3 582 件实用新型，预计项目投产以后实现销售收入将达到 4 630 亿元。2012 年江苏省企业购买、引进、消化吸收技术及知识产权的费用达 122 亿元，规模以上工业企业改造费用达 673 亿元，高技术产品出口额占商品出口额达 46.91%，实施国家产业化计划项目达到 1 805 项，四项指标均居全国首位。此外，江苏还积极利用专利信息引导新兴产业领域从事专利运用试点示范工作，促进产业转型升级，在深入推进苏州工业园区开展纳米产业专利导航工程的同时，推进无锡（太湖）国际科技园、南京软件谷等 11 个产业集聚区加入战略性新兴产业知识产权集群管理试点。正是在政府以鼓励专利运用为内容的产业政策引导和扶持以及新兴产业知识产权集聚区的试点示范之下，江苏新兴产业和高新技术产业领域专利运用能力逐步增强。江苏全省高新技术领域实施发明专利 9 082 项，实现产值达 4.5 万亿元，新能源、新材料、生物技术和新医药、节能环保、软件和服务外包、物联网和新一代信息技术等 10 大新兴产业实施发明专利 6 966 项，实现销售收入 4 万亿元，离岸服务外包金额从 2008 年的 9.37 亿美元上升到 97.8 亿美元。❶

三、专利运用方式不断丰富

多元化、市场化、高附加值的专利运用方式是专利强国的显性表征之一。实施知识产权战略以来，江苏从省级层面不断加强专利与金融资本的结合，引导和鼓励企业运用专利权进行质押融资和专利保险，建立企业专利权融资和保险需求项目库，不断探索专利运用新模式。2015 年，江苏省出台《关于扎实做好全省科技金融服务的实施意见》，从培育发展科技金融组织体系、加快推进科技信贷产品和服务创新、拓宽多元化融资渠道等 7 个方面推进科技金融创新。2015 年，江苏省又印发《关于共同推进专利权质押信用贷款工作的通知》，探索专利质押贷款新模式，降低银行放贷

---

❶　江苏省知识产权局《深入实施知识产权战略调研报告》（2013 年 10 月）。

风险，简化质押融资流程，在相关政策的帮扶之下，全省仅 2015 年的专利质押融资贷款资金规模就达到 18 亿余元，其中苏州超过 4 亿元，无锡达 3.5 亿元，镇江达 2.29 亿元，南京达 1.6 亿元。2015 年、2016 年，江苏省在国家知识产权局登记备案的专利权质押贷款额分别超过 18 亿元、20 亿元，无锡、镇江和常州、连云港、海门分别获批国家专利质押融资示范、试点城市。此外，苏州、南通、镇江等地还研究设计知识产权侵权责任险、专利权质押贷款保证险等知识产权新险种，自 2013 年开始，江苏省每年签订保单近千份，其中专利保险保单数量超过 500 件，保险金额累计达 2 亿元，南京、镇江获批全国首批专利保险示范城市。❶

四、专利运用支撑条件不断完善

政策、资金、平台、机构是支撑专利运用的重要条件。江苏从"搭平台、设基金、育机构"3 个方面推进知识产权运营工作，形成"一中心、一基金、一网络"的建设格局。（1）政策方面，江苏在省级层面制定了《专利转化实施资金管理办法》《关于专利质押贷款的合作协议》《关于扎实做好全省科技金融服务的实施意见》《关于共同推进专利权质押信用贷款工作的通知》；省科技厅进一步完善了《江苏省重大科技成果转化资金使用办法》。各省辖市也相继出台促进区域知识产权转移的政策措施。如镇江市出台《专利收储与运营资金管理办法（试行）》，泰州市出台《关于印发泰州市发明专利攻坚行动方案的通知》等，省市一系列促进专利运用政策的制定和出台，为江苏省开展专利运用和转移提供了良好的政策环境支撑。（2）资金方面，2015 年，江苏开始筹建省重点产业知识产权运营基金。2016 年，基金规模达 10 亿元，实现知识产权运营基金从无到有的突破，该基金重点面向专业知识产权运营公司等成果转化载体进行投资，为全省专利运用提供资金支持。（3）平台机构方面，先后建立国家级专利技术展示交易中心 4 个，定期举办中国（无锡）国际设计博览会、中国

❶ 江苏省知识产权局 2014~2016 年《江苏省知识产权发展与保护状况》。

（泰州）国际医药博览会、昆山国际发明展览会等，其中，昆山国际发明展览会成为永久会址。同时，推进成立常州佰腾等 10 余家知识产权运营机构。江苏（国际）知识产权运营交易中心成功获批建设，该平台正致力于与国家专利运营平台资源共享、互连互通，打造以知识产权展示交易为核心、线上线下相结合、立足华东、面向全球的一站式运营交易平台。此外，江苏在高校知识产权运营平台建设方面也有了突破。江苏共投入超过 1 亿元支持苏州纳米产业研究院技术有限公司等 20 余家高校、科研院所以及公司开展知识产权运营，其中南京理工大学建成国内首家高校知识产权运营交易平台。

第三节　江苏专利保护发展基础

专利保护是保障专利价值实现，激发创新者积极性的关键，因此，专利保护是整个专利制度的核心之一。知识产权战略实施以来，江苏不断加强专利行政执法体系和能力建设，在全国率先推进知识产权民事、行政、刑事"三审合一"改革，加强知识产权行政、司法保护的衔接机制构建，同时，加强知识产权保护监督，建立知识产权预警与维权援助机制，拓宽知识产权保护新渠道，形成司法保护为主导、行政保护为支撑、行业自律和社会监督为补充的专利多元保护机制，有效地依法惩治和遏制了专利权违法犯罪及侵权行为，优化了区域创新环境。

一、专利保护政策不断完善

有法可依是专利保护的前提，江苏围绕专利法修改、专利行政执法以及行政执法与司法衔接等，组织调研，着力完善专利相关政策，力图为现实的专利保护提供周延的制度依据。（1）省级层面，在专利司法保护方面，为推进包括专利在内知识产权案件审判技术力量建设，江苏印发了《知识产权审判技术专家库管理办法（试行）》，出台《侵犯专利权纠纷案件审理指南》，切实提高疑难复杂案件审理水平。在专利行政执法方面，制定《江苏省专利行政执法办法》《江苏省专利行政执法规程》《江苏省知识产权局行政执法考核评议暂行办法》《江苏省知识产权局行政执法监督检查办法（试行）》及《江苏省知识产权局重大行政处罚备案审查制度（试行）》等文件。为了配套专利行政执法政策文本，统一专利行政执法操作和规程，江苏省知识产权局还制定印发了《专利行政执法操作指南》《专利侵权行为认定指南》《专利行政执法证据规则》《专利纠纷行政调解指引》等指导性材料。（2）省辖市层面，除制定专利行政执法工作方案的政策文件，如《淮安市打击侵犯知识产权和制售假冒伪劣商品专项行动实施方案》《盐城市保护知识产权专项行动实施方案》《镇江市2017年度知识产权执法维权"护航"、"闪电"专项行动方案》，江苏的部分省辖市还围绕专利行政保护与司法保护衔接问题，相继颁布《徐州市知识产权局与徐州市公安局行政与刑事司法衔接协作协议》《徐州市知识产权局与徐州市公安局行政与刑事司法衔接协作协议》《徐州市中级人民法院徐州市知识产权局关于专利纠纷诉调对接工作实施细则》《南通市公安机关知识产权案件移送起诉工作指引》《关于建立专利等知识产权纠纷案件诉调对接的工作意见》等政策文本。此外，针对专利侵权高发事项和活动，江苏的部分省辖市还制定和颁布了专项的专利保护政策，如为加强2014年在南京召开的青年奥林匹克运动会知识产权的保护，南京市于2010年颁布《南京市青年奥林匹克运动会知识产权保护规定》。

二、专利司法保护主导作用日益凸显

战略实施以来，江苏省不断推进知识产权审判机构和队伍建设，建立健全知识产权司法保护政策体系，探索知识产权案件审判机制，在专利司法保护方面取得显著成效。截至2013年年底，江苏省具备部分知识产权案件管辖权的基层法院增至34家，占全国的1/6，其中具有专利案件一审管辖权的法院增至4个。2017年1月，为进一步集中审判力量，提升技术类案件的审判专业水平，最高人民法院批准南京、苏州挂牌成立跨区域集中管辖部分知识产权案件的知识产权法庭，实行专利、技术秘密、计算机软件、植物新品种、集成电路布图设计等案件的跨区域管辖。

随着拥有知识产权案件管辖权的法院数量明显增加，法官数量不断上升，2008 年以来，江苏知识产权案件受理量与结案量也呈逐年上升趋势（见图 3.3），2015 年审理案件数首次突破万件。2016 年江苏知识产权案件受理量与结案量再创新高，全省法院审理知识产权民事案件 11 189 件，审结 11 233 件。新收一审案件 10 040 件，其中专利权纠纷案件 931 件，知识产权合同类案件 777 件。

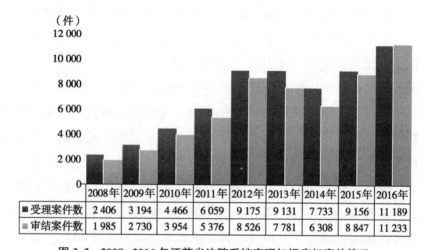

（件）	2008年	2009年	2010年	2011年	2012年	2013年	2014年	2015年	2016年
■ 受理案件数	2 406	3 194	4 466	6 059	9 175	9 131	7 733	9 156	11 189
▦ 审结案件数	1 985	2 730	3 954	5 376	8 526	7 781	6 308	8 847	11 233

图 3.3　2008~2016 年江苏省法院系统审理知识产权案件情况

数据来源：江苏省知识产权局 2008~2016 年《江苏省知识产权发展与保护状况》。

在知识产权案件的审判机制创新方面，江苏省在全国知识产权法院"三审合一"改革中也是最具代表性的，江苏是全国首个省域范围全面开展知识产权"三审合一"试点的省份，并且江苏省知识产权民事、刑事、行政案件已全部由知识产权庭审理。截至 2016 年 5 月，江苏法院在"三审合一"框架内审理的一审、二审知识产权刑事案件数量达到 2 668 件，一审、二审知识产权行政案件数为 153 件，通过知识产权"三审合一"审判机制的不断完善，江苏省知识产权民事、刑事、行政审判水平得到显著提高。❶

---

❶ 袁定波："知识产权审判'三合一'改革全省一盘棋"，载《中国审判》2016 年第 18 期。

三、专利行政保护力度不断加强

专利行政保护是专利保护的重要支撑。江苏在知识产权战略实施以来，一直从专利行政执法基础的执法队伍建设，到专利行政执法行动的开展以及新兴业态专利行政保护的拓展等三方面着力加强专利行政保护力度，从而保护专利权人的利益，优化江苏创新环境：（1）在专利执法队伍建设方面，江苏省知识产权局于 2014 年成立江苏省专利行政执法总队，苏州、徐州、南京、常州、泰州、南通、镇江等 7 个设区市相继成立专利行政执法支队（大队），全省知识产权局系统具有专利行政执法资格的人员达到 500余人。（2）在专利执法行动方面，在常态化的专利行政执法的同时，江苏还积极开展"护航""闪电""双打""剑网""清风"等针对侵犯专利权和假冒专利行为开展专项行动，有力地震慑了侵权行为，很好地保护了专利权人的利益，取得较好的效果。2016 年，江苏省知识产权局系统立案查处各类专利违法案件 6 390 起，案件数量全国排名第二位，其中假冒专利案件 5 078 起，专利纠纷案件立案 1 226 起、结案 1 131 起，其他纠纷立案 86起、结案 86 起，案件数量位居全国前列（见图 3.4）。在 2016 年全国"双打"工作评比中，江苏省综合得分位居全国前五位。在省知识产权局加强专利行政执法力度的同时，公安机关也加强了专利侵权以及犯罪案件的办案力度。2016 年，江苏省公安机关共立案侵犯知识产权犯罪案件 818 件，破案 289 件，抓获犯罪嫌疑人 727 名，挽回经济损失 1.18 亿元。江苏还深度加强专利国际保护的合作。如知识产权联席会议办公室组织南京海关等举办了德资企业知识产权海关保护和商标保护宣介会。南京海关派员参加中欧海关知识产权专家组各项工作，出席中欧海关知识产权专家会议，按照合作要求及时向欧方通报关区查获输往欧方的侵权货物信息，协助欧方查获知识产权侵权案件等。镇江海关在 2009 年会同商务局、知识产权局等部门联合发布推进知识产权海关备案工作细则，配合企业境外品牌保护需要，向韩国和日本特许厅发送有关海关证明和统计数据。连云港结合口岸特点，在加强对口岸进出境货物分析的基础上，明确提出案件查处的重点为输送至非洲、美国、中东等风险贸易国的侵权产品。（3）新兴业态专利行政保护拓展方面，针对新兴业态领域专利侵权的高发性、隐蔽性等特点，江苏还积极探索推进新领域新业态专利保护工作，开展电商平台、众创空间专利保护项目，2016年，江苏首个电商平台知识产权保护系统上线，电子商务领域专利执法维权协作工作得到加强。

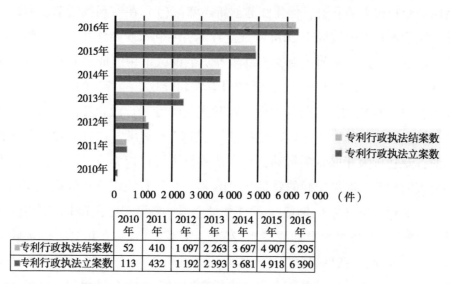

	2010年	2011年	2012年	2013年	2014年	2015年	2016年
专利行政执法结案数	52	410	1 097	2 263	3 697	4 907	6 295
专利行政执法立案数	113	432	1 192	2 393	3 681	4 918	6 390

图3.4 2010～2016年江苏专利行政执法结案与立案情况

数据来源：《江苏省知识产权局年报》（2010～2016）。

四、专利社会保护渠道不断拓展

专利的社会保护是专利保护的重要补充。江苏省在司法保护和行政保护之外，还立足社会保护渠道的拓展。在专利的维权援助方面，自2008年以来，中国（江苏）知识产权维权援助中心积极筹建，目前江苏省已建成包括省中心、无锡中心、常州中心、苏州中心、南通中心、盐城中心、镇江中心、泰州中心等在内的8个国家级知识产权维权援助中心，维权援助政策文本方面，江苏制定并完善《知识产权援助管理办法》《知识产权维权操作规程》，制定发布《江苏省企业境外知识产权维权指引》，颁布实施

《中国（江苏）知识产权维权援助中心维权援助暂行办法》，出台《中国（江苏）知识产权维权援助中心援助流程》，各中心相继制定出台维权援助暂行管理办法，知识产权维权援助工作逐步规范化、成熟化，维权援助业务量逐年递增，开辟了知识产权保护新渠道。2016年，江苏省51家知识产权维权援助机构共接听咨询热线7 037个，接收举报投诉483起，受理维权援助案件468件，调解知识产权纠纷401起，服务企业1 662家（见图3.5）。此外，维权援助中心还积极加强与产业、专利权相关部门的有效衔接和互动，中国（常州·机器人及智能硬件）知识产权保护中心于2016年12月获批成立，成为全国首个产业知识产权保护中心；中国镇江知识产权维权援助中心新区分中心是经国家知识产权局批准的全国唯一设在检察机关的知识产权维权援助中心；中国（江苏）知识产权维权援助中心挂牌成立省知识产权纠纷人民调解委员会。❶

图3.5　2013~2016年江苏省知识产权维权援助中心受理举报投诉

数据来源：《江苏省知识产权局年报》（2013~2016）。

❶　《江苏省知识产权局年报（2016）》。

第四节　江苏专利管理发展基础

专利管理是促进专利创造、运用、保护，保障专利合法权益而形成的制度执行以及经营活动。❶ 知识产权战略实施以来，江苏省从专利行政管理和企业专利管理两个维度，推进专利管理工作：专利行政管理方面，着力进行横纵两个面向的行政管理机构建设和加强对重大活动知识产权评议工作；企业专利管理方面，在全国率先开展知识产权管理标准化工作，推行企业知识产权管理标准化工作，取得明显成效。

一、专利行政管理机构建设成效显著

战略实施以来，江苏省专利行政管理机构从横纵两方面得到进一步加强。专利纵向行政管理机构方面，从省级层面来说，以 2010 年的机构改革为契机，作为全省专利行政管理部门的江苏省知识产权局增加了全省知识产权保护工作和组织知识产权战略实施工作等工作职能。为强化知识产权战略实施的管理，江苏省编办为省知识产权局新增一个处室，行政编制由 2008 年的 27 名增至 65 名，领导职数相应由 13 名增至 20 名。此外，为进一步加强江苏知识产权保护，2014 年，江苏省知识产权局成立江苏省专利行政执法总队，增设执法总队副总队长职务；各市县专利行政管理机构也得到加强。苏州知识产权局成为统管专利、版权的政府组成部门，泰州建立了二级局，南京、常州、南通和一批县（市、区）知识产权局新设专职正局长职数，南京、徐州、苏州等 7 个设区市成立知识产权行政执法支队，县（市、区）全部挂牌成立知识产权局，多数县（市、区）知识产权局人员编制得到相应增加（见表 3.3）。专利横向行政管理机构方面，为加强全省专利管理与商标、版权等其他知识产权在管理过程中的工作协同与协调，江苏省建立了由省政府分管领导主持，知识产权、工商、版权、公安、海

---

❶ 张伯友：“树立科学的专利运用观的思考”，载 http://ip.people.com.cn/n/2015/0129/c136655-26474320.html，最后访问日期：2018 年 3 月 2 日。

关等 32 个部门组成的知识产权联席会议制度（见表 3.4）。

表 3.3　江苏省各设区市知识产权管理机构设置情况

机构名称	隶属关系	性质	级别	成立时间	内设部门	编制人数
南京市知识产权局	科技局挂牌	行政	局级	2006 年	知识产权综合管理处 知识产权执法处	11
无锡市知识产权局	科技局挂牌	行政	处级	2003 年	政策法规处 综合处	8
徐州市知识产权局	科技局挂牌	行政	处级	2003 年	知识产权与成果处 政策法规处 专利执法大队	14
常州市知识产权局	科技局挂牌	行政	处级	2003 年	协调管理处 法政处	8
苏州市知识产权局	市政府组成部门	行政	处级	2002 年挂牌，2008 年独立设置	组织人事处 监察室 政策法规处 专利执法处 专利管理处 版权管理处	16
南通市知识产权局	科技局挂牌	行政	处级	2003 年	协调管理处 执法处 专利管理处	9
连云港市知识产权局	科技局挂牌	行政	处级	2001 年	知识产权管理处 专利执法处	10
淮安市知识产权局	科技局挂牌	行政	正科	2002 年	知识产权管理处 专利执法处	6
盐城市知识产权局	科技局挂牌	行政	处级	2008 年	知识产权管理处	3
扬州市知识产权局	科技局挂牌	行政	处级	2003 年	协调管理处 执法处	6
镇江市知识产权局	科技局挂牌	行政	处级	2003 年	协调管理处 政策法规处	8
泰州市知识产权局	科技局挂牌	事业	副处级	2002 年	综合处 专利管理处 政策法规处	8
宿迁市知识产权局	科技局挂牌	行政	处级	2003 年	知识产权处	2

资料来源：江苏省知识产权研究与保护协会：《江苏专利实力指数报告 2016》，知识产权出版社 2016 年版，第 91~92 页。

全省 13 个省辖市和部分县（市、区）也建立了联席会议制度，并在知识产权局设立联席会议办公室，形成多部门共同推动知识产权战略实施的良好体制。此外，江苏省还通过争创国家知识产权示范城市、国家知识产权强县工程、知识产权试点示范园区等工作加强区域知识产权管理机构建设，截至 2013 年 6 月，江苏省共有 6 个省辖市、2 个县级市被列为国家知识产权示范城市，12 个省辖市、14 个县级市、9 个园区开展了国家知识产权试点示范工作，14 个县（区）被列入国家知识产权强县工程试点示范县（区），总数列全国首位。❶

表 3.4 江苏省知识产权联席会议成员单位基本信息

序号	单位名称	序号	单位名称
1	江苏省人民政府办公厅	17	江苏省农业委员会
2	江苏省委宣传部	18	江苏省文化厅
3	江苏省委政法委员会	19	江苏省卫生厅
4	江苏省人大教科文卫委员会	20	江苏省人民政府外事办公室
5	江苏省高级人民法院	21	江苏省人民政府国有资产监督管理委员会
6	江苏省检察院	22	江苏省工商行政管理局
7	江苏省发展和改革委员会	23	江苏省质量技术监督局
8	江苏省经济与信息化委员会	24	江苏省广播电影电视局
9	江苏省教育厅	25	江苏省版权局
10	江苏省科学技术厅	26	江苏省统计局
11	江苏省公安厅	27	江苏省人民政府法制办公室
12	江苏省司法厅	28	江苏省知识产权局
13	江苏省财政厅	29	江苏省食品药品监督管理局
14	江苏省人力资源和社会保障厅	30	江苏省农业机械管理局
15	江苏省环境保护厅	31	江苏省林业局
16	江苏省商务厅	32	南京海关

数据来源：http://lxhy.jsip.gov.cn/zzjg/zz/。

二、建立健全重大项目知识产权评议制度

随着专利与经济建设、科技研发、投资贸易等活动之间的互动愈加紧密，专利风险问题已成为制约经济科技发展的重大安全性问题。特别是重

---

❶ 《江苏省知识产权局年报（2014）》。

大经济科技活动如果涉及专利侵权等问题，将会给政府的投资带来巨大的损害，因此，为提高政府科学决策水平和资金使用效益，发挥专利制度在推动创新驱动发展中的作用，江苏省于 2006 年启动开展知识产权分析评议工作，对财政资金投入数额较大以及对江苏省经济社会发展和公共利益具有较大影响的经济科技活动，围绕专利拥有状况、关键技术专利状况、技术或产品进口的专利保护状况等问题，对省委组织部"双创人才"引进、高新技术企业评定、百件优质发明专利评选活动、展会涉及专利、江苏省知识产权 20 强院校、知识产权百强企业、民间发明家、大学生创业项目等活动进行知识产权分析和评议。2011 年江苏省开展了国家知识产权局"重大经济活动知识产权审议试点"，培养了一批知识产权评议人才，建立知识产权评议专家库，当年共审查省重大科技成果转化 534 个申报项目中涉及的 4 753 件专利（申请）情况，其中，中国专利 4 582 件，国外专利 171件。2016 年，江苏省又制定《实施重大经济活动知识产权评议工作操作指南》，进一步明确了重大科技经济活动知识产权评议的意义、内涵和对象，对评议内容、方法和法律责任进行规定，为现实中重大项目的知识产权评议工作提供了明确的指引。截至目前，江苏省累计先后为省重大成果转化项目、高新技术企业复核、省双创人才评选等重大经济科技活动提供知识产权分析评议服务 30 余次，累计分析专利 5 万余件，有效为项目规划、管理决策、技术研发和市场竞争提供参考依据，规避了重大项目的知识产权风险。❶

三、企业专利管理能力不断加强

企业作为市场的创新主体，其对于专利的管理能力和水平是提升其专利综合实力的关键。江苏一直将引导企业加强专利管理能力建设作为提升企业专利实力的立足点和发力点，将企业知识产权管理标准化作为工作推进抓手，推进企业专利管理能力建设工作。2008 年，江苏在全国范围内率

---

❶ "《江苏省重大经济科技活动知识产权评议办法》正式印发"，载 http：// www. sipo. gov. cn/dtxx/gn/2016/201608/t20160802_ 1284169. html，最后访问日期：2018 年 3 月 2 日。

先制定和颁布《企业知识产权管理规范》，经《战略》的推动作用，企业知识产权管理标准化工作日益完善，2013年，省标逐步向国标进行过渡，贯标绩效评价工作日益规范化，形成流程统一、标准统一、科学规范的绩效评价体系，贯标培训工作积极开展，截至2016年，江苏省累计超过6 500家企业参加"贯标"备案，850家企业被评为年度"贯标"优秀企业，2017年，江苏省知识产权局分两批确认了1 757家企业为2017年度江苏省企业知识产权管理"贯标"备案企业，"贯标"备案企业数量创历史新高，有效提升了全省企业知识产权管理标准化工作水平（见图3.6）。

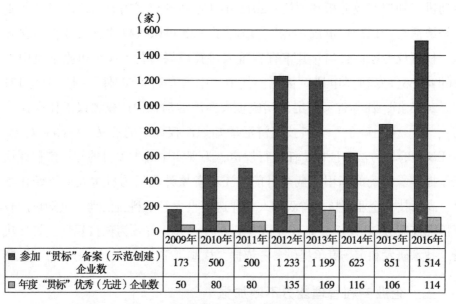

	2009年	2010年	2011年	2012年	2013年	2014年	2015年	2016年
■ 参加"贯标"备案（示范创建）企业数	173	500	500	1 233	1 199	623	851	1 514
□ 年度"贯标"优秀（先进）企业数	50	80	80	135	169	116	106	114

图3.6　2009~2016年江苏省企业知识产权"贯标"工作情况

数据来源：《江苏省知识产权局年报》（2009~2016）。

说明：《企业知识产权管理规范》正式颁布实施，2009年"贯标"示范创建申报工作才启动，因此，2009年才有该项指标的统计。

此外，为加强贯彻企业知识产权管理规范工作的科学性和可操作性，2016年，江苏编制印发了《江苏省企业知识产权管理标准化绩效评价指南》（以下简称《指南》），《指南》采取模块化管理模式，按照"低门槛进入、高标准培育"和"实施-改进-再实施"螺旋式上升的培育思路，引导企业结合自身实际自主选择几个模块进行知识产权管理体系的构建与运行并通过绩效评价，在取得"贯标"成效的基础上逐步推广为整个知识产权管理体系的构建与运行并通过认证。《指南》的颁布规范了江苏省企业知识产权"贯标"绩效评价工作，形成流程统一、标准统一、科学规范的企业知识产权管理规范绩效评价体系。❶

第五节　江苏专利人才发展基础

自知识产权战略实施以来，江苏省将专利人才队伍建设作为事关专利事业可持续发展的基础性、建设性和全局性工作予以推进和加强。通过知识产权战略实施，江苏知识产权培训基地建设、系统化专业人才培训、专业培训教材编撰、师资队伍建设、知识产权工程师职称评审、知识产权学科建设等工作体系逐步构建并快速发展。"十三五"时期，是江苏省实现经济转型升级、全面建成小康社会的关键时期，江苏省委省政府确立了"建设具有全球影响力的产业科技创新中心"和"具有国际竞争力的先进制造业基地"的战略定位，提出了"两聚一高"，加快知识产权强省建设的新要求，迫切需要专利人才的智力支撑。

一、专利人才队伍规模持续壮大

自 2009 年《江苏省知识产权战略纲要》颁布后，江苏省大力推动构建的全省专利人才培养体系培育之下，专利人才队伍规模得到持续壮大，有力支撑了江苏省知识产权战略的实施。截至 2015 年年底，江苏有 23 人入选国家知识产权专家库专家，15 人被列为全国知识产权领军人才，18 人被列为国家"百千万知识产权人才工程"百名高层次人才培养人选。江苏省知识产权领军人才 66 名、知识产权骨干人才 188 名。省内高等院校知识产权教职员工 400 余人，培养知识产权方向本科生及双学位本科生 2 904 人、

---

❶ 《江苏省知识产权局年报（2016）》。

硕士研究生 195 人、博士研究生 16 人。省内知识产权服务领域从业人员 4 000 余人，其中专利代理机构从业人员近 2 000 人，执业专利代理人 1 000 多人。企事业知识产权从业人员 3 万余人，其中取得高中级知识产权工程师职称的近 800 人，经系统培训的企业知识产权工程师 10 万名、企业知识产权总监 4 万多名、企业总裁 1 万多名、专利代理人 1 000 多名、行政管理人员 1 000 余人、行政执法人员 700 余人。2012 年，江苏省知识产权人员培训人数排名全国第二，2013 年跃升到全国第一（见图 3.7）。"十二五"末，全省知识产权从业人员达到 4 万余人。

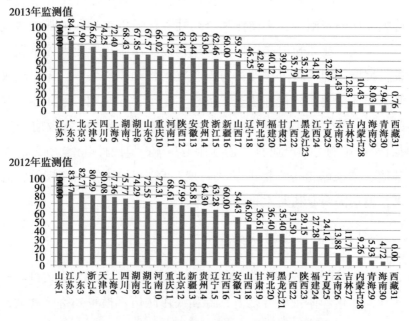

图 3.7　2012～2013 年全国知识产权人员培训人次

资料来源：国家知识产权局《2013 年全国专利实力状况报告》。

二、专利人才培养体系初见雏形

目前江苏确立了短期培训与长期学历教育相结合的多渠道、多向度的人才培养体系。学历教育是培养专利人才的主要途径。目前江苏全省共有

9 所高校先后开展了知识产权相关学历教育和学科建设工作，其中，江南大学、苏州大学、南京师范大学、南京航空航天大学等 6 所高校依托法学院培养知识产权法学人才，南京工业大学以国家级教学研究中心为载体开展知识产权学历教育。南京理工大学则通过建立独立的知识产权学院，构建"本硕博"国民教育全序列的教育体系，形成相对完整、颇具特色的知识产权学历人才培养机制。针对学历教育周期长、见效慢的特点，江苏还构建了系统性的知识产权人才培训体系。企业知识产权人员培训类别方面，2009 年，《江苏省知识产权战略纲要》颁布后，启动了知识产权工程师培训计划，依托南京理工大学知识产权学院按照统一课程、统一教材、统一师资和统一考核的要求，开展了系统化规范化的培训工作。2013 年以来，针对省内知识产权"贯标"企业和承担知识产权战略推进企业的知识产权高管普遍兼职、业务偏弱的现状，先后依托江苏大学和苏州独墅湖图书馆，按照定制服务、精准培训的思路，启动了企业知识产权总监培训计划。知识产权服务人员培训方面，2011 年，针对省内知识产权服务人才严重不足尤其是执业专利代理人匮乏的问题，依托南京工业大学国家知识产权培训基地，启动了专利代理人考前培训计划。在知识产权行政管理和执法人员培训方面，2010 年以来，针对省内知识产权局系统行政管理人员轮岗快、流动大的特点，为使新任干部尽快胜任本职，江苏省每年举办为期 3 天和7 天的知识产权行政执法业务普及班和提高班（见表 3.5）。

表 3.5　江苏省开展的部分知识产权培训项目情况

序号	培训项目名称
1	江苏省知识产权工程师培训
2	江苏省知识产权总裁、总监培训
3	江苏省专利代理人考前培训
4	江苏省专利代理人能力提升培训
5	江苏省专利行政执法培训
6	江苏省专利信息检索与分析实务培训
7	江苏省知识产权法务人员能力提升培训

数据来源：《江苏省知识产权局年报（2016）》。

三、专利人才培养载体建设成效显著

专利人才培养载体是培养专利人才的平台。江苏一直加强专利人才载体建设。自 2010 年起，先后分别在南京工业大学、江苏大学和苏州独墅湖图书馆设立国家知识产权培训（江苏）基地和国家中小微企业知识产权培训（苏州）基地，在南京工业大学成立全国唯一的国家级专利代理人教学研究中心。2013 年，工业和信息化部、国家知识产权局和江苏省人民政府签订共建协议，共建南京理工大学知识产权学院，在全国开创了培养复合型高层次知识产权人才的新机制。从 2009 年起，江苏积极利用江苏科教资源丰富的优势，先后在南京、苏州等 8 个设区市，建立起覆盖苏南、苏中、苏北的省级知识产权培训基地，并在南京理工大学、南京师范大学、江苏大学等高校和有关单位设立省级知识产权研究机构。截至 2016 年，江苏共建立知识产权培训基地 14 个（见表 3.6），并在南京工业大学、南京理工大学、江苏大学等 6 所高校设立知识产权学院、研究院以及知识产权专业（见表 3.7），形成以 1 个省部共建知识产权学院、1 个远程网络教育平台和 3 个国家级知识产权培训基地、1 个国家级知识产权研究中心为引领，11 个省级知识产权培训基地和 5 个省级知识产权研究中心为支撑，覆盖苏南、苏中、苏北，集知识产权人才培养、教育研究为一体的专利人才培养载体体系。

表 3.6　江苏省国家级、省级知识产权培训基地情况

序号	培训基地名称	级别	设立时间
1	南京工业大学国家知识产权培训（江苏）基地	国家级	2009 年
2	江苏省知识产权人才（南京工业大学）培训基地	省级	2009 年
3	江苏省知识产权人才（苏州大学）培训基地	省级	2009 年
4	江苏省知识产权人才（江南大学）培训基地	省级	2009 年
5	徐州培训中心江苏省知识产权培训基地	省级	2009 年
6	河海大学江苏省专利技术创造与运用实践基地	省级	2010 年
7	江苏省知识产权人才（江苏科技大学）培训基地	省级	2010 年

续表

序号	培训基地名称	级别	设立时间
8	江苏省知识产权人才（南京师范大学泰州学院）培训基地	省级	2010 年
9	江苏省知识产权人才（南京理工大学）培训基地	省级	2012 年
10	江苏省知识产权人才（江苏大学）培训基地	省级	2012 年
11	江苏大学国家知识产权培训（江苏）基地	国家级	2012 年
12	江苏省知识产权培训（苏州工业园区）基地	省级	2013 年
13	国家中小微企业知识产权培训（苏州）基地——苏州工业园区	国家级	2014 年
14	江苏省知识产权培训（盐城工学院）基地	省级	2016 年

数据来源：《江苏省知识产权局年报》（2009~2016）。

表 3.7 江苏省知识产权学院、研究院情况

序号	学院、研究院名称	设立时间
1	南京理工大学知识产权学院（工业和信息化部、国家知识产权局、江苏省人民政府共建）	2013 年
2	江苏大学知识产权学院	2014 年
3	三江学院知识产权管理学院	2008 年
4	苏州大学知识产权研究院	2013 年
5	江苏省知识产权保护与发展研究院——南京师范大学	2015 年
6	江苏知识产权研究院——南京理工大学	2016 年

数据来源：《江苏省知识产权局年报》（2013~2016）。

四、专利人才成长环境逐步优化

江苏还通过健全人才评价机制和提升全民知识产权意识，优化专利人才的成长环境。（1）健全人才评价机制方面：一是开创知识产权工程师职称评审。知识产权工程师是企业从事包括专利在内知识产权管理的实务人才。2007 年，江苏将知识产权专业高级、中级工程师职称纳入江苏的工程序列中单列，由江苏省知识产权局会同江苏省人事厅出台知识产权高级、中级工程师资格评审办法，增设知识产权高级、中级专业技术资格评审委员会，连续 9 年开展中高级知识产权工程师评审工作，共评出知识产权高级工程师 168 人，知识产权工程师 623 人，知识产权工程师职称的设立对

于稳定知识产权人才队伍，吸引高层次人才向知识产权专业聚集具有积极意义。二是启动省级知识产权人才库建设。2016 年，为深化知识产权人才评价机制，促进高层次知识产权人才培养，江苏省知识产权局先后制定出台《江苏省知识产权人才库与江苏省知识产权人才信息网络平台建设实施方案》《江苏省知识产权人才评选工作委员会章程》和《江苏省知识产权人才库与江苏省知识产权人才信息网络平台管理办法》，组建省知识产权人才评选工作委员会，制定人才评选方案和评选标准，评定江苏省知识产权领军人才以及知识产权骨干人才。(2) 提升全民知识产权意识方面：一是积极开展中小学知识产权教育试点。2015 年以来，江苏共有江阴华士中学、南京力学小学等 3 所中小学入选全国中小学知识产权教育试点学校。2016 年，江苏省知识产权局联合省教育厅出台《江苏省中小学知识产权教育试点工作方案》和《关于在全省开展中小学知识产权教育试点工作的通知》，计划每年认定 10~20 所试点学校，充分发挥知识产权教育优势学校的辐射带动作用，努力提升中小学生的创新精神和知识产权意识。❶ 二是探索开展大学生知识产权竞赛活动。在 2016 年南京工业大学、江苏科技大学等高等院校自发开展大学生知识产权竞赛活动的基础上，2017 年江苏省知识产权局联合团省委，在全省范围内开展了第一届大学生知识产权竞赛活动，全省有 33 所高校报名、660 名学生参赛。

第六节　江苏专利服务发展基础

专利服务是知识产权战略实施的一项基础性工作，是专利事业发展的重要支撑条件。知识产权战略实施以来，江苏创新思路，大胆探索，大力实施知识产权服务能力提升工程，从专利服务机构管理规范化建设试点、星级评定、评选优秀发明专利申请文件等活动和工作推进全省专利服务机构的发展，在知识产权服务能力提升工程的推动下，专利服务业得到快速

---

❶ 江苏省知识产权局《2016 年江苏省知识产权发展与保护状况》。

发展，在专利服务规模、服务能力、服务业务范围、服务队伍建设等方面均有较大突破，为江苏专利事业发展提供了有力支撑。

一、专利服务规模稳步扩大

专利服务可以区分为公共服务和市场化服务，知识产权战略实施以来，江苏的专利公共服务和市场化服务规模均有着稳步扩大的趋势。在专利公共服务方面，在国家知识产权局的支持下，先后有 5 个国家级的知识产权服务机构落户江苏（见表 3.8），为江苏专利服务业的发展起到强大的引领作用。2016 年，国家知识产权局专利局专利审查协作江苏中心全年审查标准件 14.5 万件，业务收入 4.4 亿元，业务量居全国审查协作中心前列。国家区域专利信息服务中心的分支机构达到 10 家，业务覆盖 12 个省（自治区、直辖市）。入驻苏州知识产权服务业集聚区的机构进一步扩大，累计达70 多家，从业人员超过 2 300 人，实现知识产权服务领域全覆盖，基本形成门类齐全、内容完整、服务高端的知识产权服务链，苏州知识产权服务业集聚区已经成为全国首批知识产权服务业示范区。专利公共服务机构对区域发展的辐射带动作用进一步显现。在专利市场化服务方面，江苏的专利代理机构自 2011 年起进入加速增长阶段，年增长率保持在 30% 以上。江苏专利代理机构及分支机构数量逐年增加，2016 年达到 251 家，机构数量位居全国第四，是"十一五"末的 5.7 倍，取得专利代理资格的人员达到2 230 人（见图 3.8）。

表 3.8 国家级知识产权服务机构落户江苏情况

序 号	服务机构名称	落户时间
1	国家知识产权局专利局专利审查协作江苏中心	2011 年
2	国家专利战略推进与服务（泰州）中心	2011 年
3	区域专利信息服务（南京）中心	2011 年
4	国家（无锡）外观设计专利信息中心	2012 年
5	苏州国家知识产权服务集聚区	2012 年

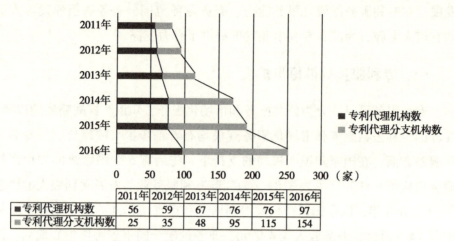

	2011年	2012年	2013年	2014年	2015年	2016年
■专利代理机构数	56	59	67	76	76	97
专利代理分支机构数	25	35	48	95	115	154

图 3.8　2011~2016 年江苏省专利代理机构及分支机构数量情况

数据来源:《江苏省知识产权局年报》(2011~2016)。

二、专利服务能力明显提升

在知识产权服务能力提升工程的推动下,江苏的专利代理机构管理标准化建设以及企业咨询、信息利用等服务新产品开发得到长足发展,全省专利服务能力明显得到提升,具体表现为:(1)专利服务的业务范围实现多元化发展。江苏的专利服务业务范围从传统单一的专利代理,逐步发展为专利信息检索、分析评议、质押融资、金融保险、评估运营、产业预警、战略咨询等多元化业务领域。(2)专利服务机构受理能力增强。国家知识产权局专利局还在江苏设立了南京专利代办处和南京代办处苏州分理处,2016 年,两个机构受理专利申请 32.5 万件,收缴专利费用 68.2 万笔、金额达 4.5 亿元,业务量连续八年保持全国第一。专利代理机构的专利代理能力明显增强,全省专利申请的代理率呈明显增长趋势(见图 3.9),2016年,专利申请的代理量为 328 020 件,专利申请代理率为 63%,是 2009 年的 1.47 倍。(3)知名度高、服务能力强、市场开拓性好的专利服务机构大量涌现。15 家知识产权服务机构获批全国知识产权服务品牌机构培育单位,6 家知识产权服务型企业被国家确定为首批专利运营试点企业。专利代理机构理服务质量规范化建设深入推进，22 家专利代理机构成为"贯标"试点单位。15 家专利代理机构通过招标方式遴选为 80 家小微企业开展知识产权托管服务，累计为 150 家企业提供了托管服务。星级专利代理机构达 42 家，其中，四星级专利代理机构 6 家，三星级专利代理机构 7 家，二星级专利代理机构 29 家。❶

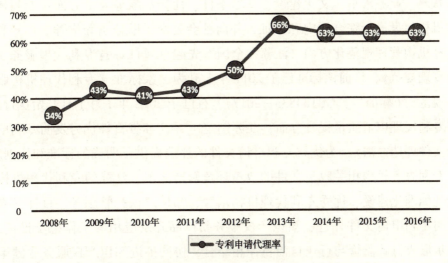

图 3.9 2008~2016 年江苏省专利申请代理率情况

数据来源：《江苏省知识产权局年报》（2008~2016）。

三、专利服务发展环境日益优化

江苏省专利服务业政策体系、标准体系和行业行为规范不断健全，专利服务的发展环境日益优化。从全省整体的专利服务能力提升方面，江苏省相继制定《江苏省知识产权服务业发展促进计划实施方案》（以下简称《实施方案》）和《江苏省知识产权服务能力提升工程实施意见》（以下简称《实施意见》）。《实施方案》从服务品牌机构建设、服务产品开发和推广、服务集聚区建设等 5 个重点方向，建设全省知识产权服务机构，提升

---

❶ 《江苏省知识产权局年报（2016）》。

知识产权服务机构服务能力。《实施意见》则从专利代理机构管理规范化建设试点、专利代理机构星级评定、百件优秀发明专利申请文件评选、知识产权托管服务等，为全省提升知识产权服务能力提供了行动指南。为配套《实施意见》，在专利代理机构建设方面，江苏省制定颁发了《江苏省专利代理机构星级评定暂行办法》，从组织管理、机构规模、人员素质、经营状况、业务水平、文化建设、基本条件、社会贡献等 8 个方面对专利代理机构建设进行综合评定和认证，并向社会公众予以公示和推荐。在专利代理机构管理规范化方面，江苏在全国率先起草《江苏省专利代理服务质量管理规范》，目前该标准已于 2017 年上升为国家标准《专利代理机构服务规范》（标准号：GBT34833—2017），且已于 2018 年 1 月 1 日开始执行。在专利代理申请质量提升方面，江苏制定了《江苏省百件优秀发明专利申请文件评选办法》，为优秀专利申请文件的评选提供了明确的标准和依据。在专利服务机构相关政策文件的政策环境营造之下，江苏的专利代理机构管理标准化建设、优秀专利代理机构培育、知识产权托管服务、百件优秀发明专利申请文件评选、知识产权服务新产品开发应用等工作稳步推进，初步形成行政监管与行业自治自律相结合，协同推进知识产权服务业健康发展的良好环境。❶

第七节　江苏专利政策发展基础

专利政策是政府通过相关制度配置和政策安排，对知识资源的创造、归属、利用以及管理等进行指导和规制，旨在维护专利创造、利用、归属秩序，实现专利传播效益目标，表现为法令、条例、规定、规划等的政策文本。❷ 知识产权战略实施的八年，是江苏专利事业发展历史进程中的一个战略黄金期，专利政策作为政府配置创新资源，促进专利创造、运用、

---

❶　江苏省知识产权局《江苏省"十三五"知识产权服务业发展规划》。
❷　吴汉东："中国应建立以知识产权为导向的公共政策体系"，载《中国发展观察》2006 年第 5 期。

保护活动的工具，在江苏知识产权发展的战略黄金期中起到重要的规范和引导作用，强有力地助推了江苏知识产权事业发展，为夯实知识产权大省地位提供了强有力的支撑。

一、专利政策量"质"齐升

专利政策作用的发挥有赖于不同类型专利政策之间的协同和衔接。目前江苏专利政策已经形成一定规模的政策群，政策类型涵盖专利本体政策、专利支持政策和专利关联政策。❶ 专利本体政策的类型主要涉及专利的各种发展规划、年度推进计划、实施办法等，2015 年，江苏专利本体政策数量已超过 80 个，与专利发展必要关联的科技创新、产业发展、财政金融投资、对外贸易、人才队伍建设等知识产权支持政策已达 110 个，并逐步与专利本体政策进行对接。专利已成为推动提升产品质量，扶持中小企业发展，生态环境建设，促进区域经济发展的重要政策工具，知识产权关联政策数量已近 50 个。❷ 除了专利政策数量的增长外，江苏专利政策的层级也得到一定的提升。《江苏省专利促进条例》《江苏省发展高新技术条例》《江苏省中小企业促进条例》《江苏省发展民营科技企业条例》《南京市知识产权促进和保护条例》《苏州市专利促进条例》等多部知识产权地方性法规颁布并实施。江苏省委、省政府发布了《江苏省知识产权战略纲要》《江苏省"十二五"知识产权发展规划》《关于加快建设知识产权强省的意见》《建设引领型知识产权强省试点省实施方案》《江苏省"十三五"知识

---

❶ 专利本体政策是指涉及专利本身的政策，包括涉及专利的规划、计划、办法，以及促进专利创造、运用、保护、管理的政策文件。专利关联政策主要是创新成果专利化促进政策、专利产业贸易化促进政策，包括科技进步法、促进科技成果转化法等法律法规，科技发展规划、产业指导目录、与专利有关的企业促进政策等。专利支持政策主要是财政政策、金融政策、税收政策、人才体系建设政策等，包括专利资产管理政策、专利质押融资促进政策、专利税收优惠政策、专利人才规划等。参见张鹏："知识产权公共政策体系的理论框架、构成要素和建设方向研究"，载《知识产权》2014 年第 12 期。

❷ 江苏省知识产权局软科学课题"江苏省建设知识产权强省的配套政策研究"（2015）研究成果。

产权发展规划》等文本，全省各级党委政府认真贯彻落实省委、省政府的决策部署，把专利放到实现"两个率先"的发展大局中谋划，放在创新型省份建设的总体布局中推进，各项推进专利建设任务有力、有序、逐项落实，专利政策的规范层级明显得以提升。

二、专利政策工具不断丰富

专利是一个多维度、多层级的复杂系统，政府需要综合性、多样性的政策工具才能实现对专利的有效治理。经过多年累积性的实践探索和理论创新，江苏逐渐发展出丰富的适应区域特色的专利政策工具：通过培育高价值专利实现专利质量的提升；通过提高企业知识产权管理标准化水平，增强企业知识产权战略运用能力实现企业专利综合能力的提升；通过加强专利市场建设，创新知识产权运营模式实现专利转化运用的促进；通过开展知识产权区域布局试点，打造专利优势区域，实现区域知识产权协调发展的统筹；通过强化专利人才培养载体建设和专利人才培养和引进，优化专利人才发展环境，实现知识产权人才队伍建设的加强；通过推进知识产权行政管理改革，深化专利权权益分配改革，加强重大科技经济活动知识产权管理，实现知识产权综合管理改革的深化。专利政策有效提升了区域知识产权试点示范标准，加强了专利创造目标管理和政策导向，促进了专利密集型产业和企业发展，强化了专利保护，推进了专利服务业发展，推动了专利人才队伍的建设，显著提升了江苏的专利综合实力。此外，目前江苏的专利政策已融入科技创新、产业升级、区域经济文化发展、生态环境保护等政策之中。具体来说，专利政策已涵盖经济社会发展的综合性政策、规划，如江苏省政府印发的《关于实施创新驱动战略推进科技创新工程加快建设创新型省份的意见》《关于促进沿海开发的若干政策意见》；促进产业发展的政策性文件，如江苏省政府印发的《江苏省轻工业整合振兴规划纲要》《江苏省钢铁产业调整和振兴规划纲要》；能源、环境、安全方面政策性文件，如江苏省政府颁布的《关于进一步加快发展循环经济意见》《关于印发江苏省新能源汽车推广应用指导意见的通知》；促进企业发展的政策性文件，如江苏省政府制定的《关于进一步加强企业技术改造的意见》《关于进一步扶持农业产业化龙头企业发展的实施意见》；财政金融投资方面的政策性文件，如江苏省政府印发《国家促进科技和金融结合江苏试点实施方案》《关于进一步加大财政教育投入的实施意见》等。专利政策已成为江苏区域转变经济增长方式，繁荣文化市场，保护生态环境的重要政策工具，对全省经济社会发展的贡献日益显现。

三、专利政策内容整体升级

随着相继制定颁布《加快建设知识产权强省的意见》《建设引领型知识产权强省试点省实施方案》，江苏正式吹响了建设引领型知识产权强省的号角。建设引领型知识产权强省既是一项系统工程，也是一项理论创新、实践创新，对江苏知识产权政策的系统性、创新性和协调性提出更高要求。对照知识产权强省的标准和要求，江苏的专利政策正逐步进行从发展目标到重点任务，再到保障措施的整体升级；专利事业战略发展目标的设定从着眼专利综合实力的提升，到专利对经济社会发展贡献的转变。专利重点任务的设置把发展专利密集型企业和产业作为主攻方向，加快推动各地经济发展由技术密集型向专利密集型转变。在培育高价值专利、着力发展专利市场、积极发展专利服务业等方面突出市场对资源配置的决定性作用。同时，把政府的职能重心放在创新专利管理体制、严格专利保护、促进专利创造运用、加强重点产业专利海外布局和风险防控、提升专利对外合作水平等方面，从而正确处理政府与市场的关系，使二者有效配合、优势互补，有效升级专利工作的核心举措。专利保障措施的安排以知识产权行政管理体制机制改革作为突破点，提升专利行政管理效能，突出专利工作的绩效考核，进一步加大专利投入力度，强调专利文化的营造，实现专利保障措施的升级，确保专利政策发挥实效。

第四章 江苏专利发展经验总结

知识产权战略实施以来，江苏立足自身发展优势，不断开拓创新，敢为人先，专利事业发展取得显著成效：专利申请量和授权量、企业专利申请量和授权量、发明专利申请量和授权量等六项创造指标领跑全国，自主知识产权成果加快转化运用，形成一批重大自主创新产品，专利执法总队数量达到 7 个，知识产权维权援助覆盖全省，国家级知识产权区域试点示范数量全国排名第一，区域知识产权综合实力跃居全国第二，为江苏建设知识产权强省奠定坚实基础。总结江苏专利事业发展的经验，是继往开来，开创江苏专利事业发展新局面的必要条件。总的来说，江苏专利事业发展之所以能够取得令人瞩目的成绩，与长期以来政府部门的高度重视、专利业务体系的纵深拓展、社会力量的全面参与以及专利工作举措的不断创新存在密切关系。

第一节 发展推力：政府部门大力推进

江苏专利事业的发展首先得益于政府部门的高度重视，江苏政府部门自上而下推动了全省知识产权战略的实施，为专利事业发展所需的要素资源的汇聚、技术成果的推广、全民意识的提升、创新环境的营造提供了强有力的推动作用。江苏政府部门对专利事业发展的重视，具体表现为：知识产权战略实施以来，特别是 2015 年江苏确立建设知识产权强省目标以来，专利相关法规、政策文件密集的制定、颁布和实施，专利被纳入政府考核目标和发展规划，政府对专利事业发展的经费投入也是逐年增长。

一、专利相关政策法规的相继颁布与实施

江苏专利事业的发展得到省、市、县政府部门的高度重视，其专利发展相关政策文件的制定和实施，把专利工作放到实现"两个率先"的发展大局中谋划，放在创新型省份建设的总体布局中推进。在省级层面，省委、省政府高度重视知识产权战略的实施，2009年1月江苏省政府以政府1号文件颁布实施《江苏省知识产权战略纲要》，在国家知识产权战略的基础上，确立了江苏知识产权战略，明确提出要加快建设创新型省份。为推进《江苏省知识产权战略纲要》的落实，省政府办公厅又印发了《实施知识产权战略纲要任务分解落实方案》，将战略纲要目标任务分解到各有关部门，每年制定并印发《江苏省实施知识产权战略纲要年度推进计划》，有序推进战略实施。此外，为推进知识产权战略实施的统筹协调和整体部署，省政府还建立知识产权联席会议制度，成立由分管省长召集和领导，省知识产权、工商、版权、省法院、海关等部门分管领导参加的知识产权联席会议领导小组，目前联席会议成员单位达到32家。

随着江苏知识产权战略实施步伐的加快，为适应创新驱动发展的新任务新要求以及江苏专利事业发展中的问题，江苏省委、省政府以问题为导向，立足江苏实际，高瞻远瞩，借鉴知识产权强国发展的先进经验，修订完善已有政策，并研究出台新政策，形成适应江苏特色的专利政策体系。地方性立法方面，省人大常委会于2009年颁布实施《江苏省专利促进条例》，按照"激励创造、有效运用、科学管理、合理保护"的原则，促进专利事业的发展。《江苏省知识产权促进条例》《江苏省著作权保护与产业促进办法》等文件列入省人大、省政府立法计划。2015年，江苏省委、省政府立足于江苏知识产权事业发展形势研判，制定并颁布了《关于加快建设知识产权强省的意见》，吹响了进军知识产权强省的号角。为支撑知识产权强省意见的实施，仅2016年，江苏省政府连续出台《江苏省引领型知识产权强省实施方案》《江苏省"十三五"知识产权发展规划》《江苏省区

域布局试点工作推进方案》《江苏省知识产权强企行动计划》《江苏省重大经济科技活动知识产权评议办法》《江苏省专利发明人奖励办法》等 10 个知识产权政策文件，构成支撑强省建设的"四梁八柱"。为更大力度推进知识产权强省建设，2017 年 3 月，江苏省政府出台《关于知识产权强省建设的若干政策措施》，提出 18 条高含金量的政策措施，进一步完善了强省建设政策体系。除了整体性的专利发展布局谋划外，政府部门还通过政策的制定和实施，着力加强创新环境的营造，全面优化江苏专利发展环境，进一步激发创新创业热情，江苏先后制定了《江苏省专利行政执法规程》《江苏省打击侵犯知识产权和制售假冒伪劣商品专项行动实施方案》《专利侵权纠纷处理技术鉴定规则》等一批规范专利行政执法工作的规范性文件，为江苏知识产权战略实施和加快推进知识产权强省建设提供了有力的政策支撑。

从市县层面来说，为形成与省级层面相匹配的知识产权战略实施协同推进的格局，目前，江苏 13 个省辖市和 85% 以上的县（市、区）均已建立知识产权联席（办公）会议制度，制定了知识产权战略纲要或实施意见，将知识产权战略实施上升为市、县（市、区）党委政府的重点工作加以推进。68 个县（市、区）、高新技术开发区、工业园区颁布实施了知识产权战略纲要或实施意见，形成共同推动知识产权战略实施的合力。知识产权强省意见出台后，南京、无锡、苏州、连云港、淮安、盐城、镇江、泰州等设区市相继出台强市意见或方案，昆山、江阴、宜兴、海门、邗江等县（市、区）出台《关于加快建设知识产权强市的意见》或贯彻落实《强省意见》实施方案。❶ 自 2009 年实施战略以来，江苏的市县共出台知识产权地方性政策法规、措施意见千余项，形成省市县联动推进知识产权强省建设的良好局面。

二、将专利发展纳入政府考核目标和发展规划

江苏始终把创新驱动战略确定为经济社会发展的核心战略，并将加强

---

❶ "江苏：真抓实干勇争先、强省建设马蹄疾"，载 http：//www.cipnews.com.cn/Index_ NewsContent.aspx？newsId＝103565，最后访问日期：2018 年 3 月 10 日。

专利工作列为政府重要内容加以推进，具体表现为：（1）专利发展被纳入政府工作推进计划。2011年，江苏省政府与国家知识产权局签订《创建实施知识产权战略示范省"十二五"合作框架》，成为全国首个实施知识产权战略示范省，与国家知识产权局共同推进30余项重点项目的顺利实施。此外，为加快推进知识产权强省建设，江苏省政府知识产权联席会议办公室每年印发知识产权强省建设工作要点，对知识产权强省建设年度重点任务合力推进。（2）专利发展指标被纳入政府考核目标。2015年，江苏省第十二次党代会将百万元GDP专利授权量、万人发明专利拥有量等专利指标纳入实施创新驱动战略和率先基本实现现代化评价考核体系，强化了依靠知识产权实现创新发展的鲜明导向。2015年2月12日，江苏省委、省政府出台《关于加快建设知识产权强省的意见》，提出建设知识产权强省的总体目标，明确知识产权强省建设的战略任务，赋予知识产权战略实施的新的内涵。（3）专利发展规划被纳入全省经济社会发展规划。2015年年底，江苏省政府首次将《江苏省"十三五"知识产权发展规划》列入政府重点专项规划，进一步明确了"十三五"时期江苏建设知识产权强省的目标、任务和举措，知识产权发展规划与江苏经济社会发展更加紧密融合。战略实施近10年来，江苏省政府知识产权联席会议各成员单位共制订700余项年度计划，目前基本完成。

三、持续加大专利经费投入范围和力度

为保障知识产权战略的顺利实施，促进专利事业的发展，江苏各级财政会同知识产权系统，围绕知识产权战略实施的新任务新目标以及重点任务，在对现有知识产权专项经费管理办法进行修订完善的基础上，持续加大对知识产权战略实施的经费投入，为专利各项事业发展的推进提供了重要的经费保障。从专利经费的投入范围来看，江苏省级财政先后设立专利专项资助、企业知识产权贯标、企业知识产权战略推进、知识产权运营、专利行政执法、知识产权服务能力提升、知识产权人才培养、知识产权软科学研究、高价值专利培育、知识产权区域试点示范、知识产权区域布局

试点、知识产权重大项目评议、知识产权宣传培训等一系列专利事业发展的专项资金项目。从专利经费的投入力度来看，知识产权战略实施以来，江苏专利战略专项资金投入呈逐年上升趋势，省级财政从 2008 年的 0.59 亿元增长到 2016 年的 1.83 亿元，经费增长超过 2 倍，年均增幅达 23%（见表4.1），增长率居全省各业务部门之首。各省辖市也充分依靠国家知识产权局和省级层面资源的支撑，遵循"共建共享、分工协作"的原则，充分利用现有科技基础设施、资源，逐年加大专利经费的投入，支持专利申请和授权、专利技术二次开发和产业化等各项工作，2016 年江苏省各设区市知识产权投入总和是 2012 年的 1.88 倍（见表4.2）。高投入带来了高产出，对专利事业发展逐年持续的高投入，为江苏专利创造、运用、保护、管理等工作的顺利、有效开展提供了强有力的支撑。

表 4.1　2008~2016 年江苏省省级财政知识产权投入情况　　　　（万元）

投入项目	2008 年	2009 年	2010 年	2011 年	2012 年	2013 年	2014 年	2015 年	2016 年	合计
知识产权创造与运用	5 250	5 250	6 650	7 600	9 300	13 300	15 380	13 740	14 000	90 170
知识产权保护	250	350	550	1 000	1 000	1 300	1 600	2 600	2 700	11 350
知识产权管理	328.12	850	850	750	870	820	2 832.2	891.1	895	9 086.4
知识产权服务	370	500	580	450	3 150	485	495	730	730	7 490
合计	5 898.1	6 950	8 630	9 800	14 320	15 905	20 307.2	17 961.1	18 325	118 096.4

资料来源：《江苏省知识产权局年报》（2008~2016）。

表 4.2　2012~2016 年江苏省各省辖市知识产权投入情况　　　　（万元）

地区	2012 年	2013 年	2014 年	2015 年	2016 年
南京	7 369.7	4 229.3	7 082.66	7 170.02	7 357.12
无锡	10 503.9	12 286.1	10 530.08	10 201.4	14 103.76
徐州	1 984.0	2 563.8	3 216.21	1 582.91	2 904.47
常州	4 128.6	4 536.1	4 449.49	3 792.29	3 592.46

续表

地区	2012 年	2013 年	2014 年	2015 年	2016 年
苏州	4 231.5	23 900.9	24 769.00	23 596	25 725.57
南通	6 363.0	7 890.8	13 812.4	10 644.54	10 219.19
连云港	713.8	1 592.8	1 283.8	1 242.76	3 115.08
淮安	689.5	933.1	1 071.46	1 424.57	2 266.89
盐城	3 092.6	1 804.6	2 135.38	2 725.29	2 841
扬州	1 901.1	2 125.7	1 673.3	1 977.532	2 310.1
镇江	2 472.5	5 021.0	4 971.00	5 520.28	6 003.19
泰州	2 347.9	2 831.8	3 149.80	3 487.13	5 146.33
宿迁	806.2	1 311.6	2 709.23	2 090.42	1 899.8
全省	46 604.7	71 027.5	80 853.81	75 455.14	87 484.96

资料来源:《江苏省知识产权局年报》(2012~2016)。

第二节　发展架构：业务体系纵深拓展

知识产权战略实施以来，江苏通过多年的研究和探索凝练在工作内容体系上，形成"四大工程、九项计划、十项重点任务"的专利事业推进业务内容体系；从工作业务组织体系上来看，为了形成上下一盘棋、合力推进战略实施的良好态势，江苏在业务横向组织体系方面，着力构建多部门联动的知识产权战略协同推进体系；在业务纵向组织体系方面，重点打造战略实施"三大工作平台"，积极加强国家、省、市、县（市、区）、园区五级联动。宽口径、多向度、厚基础的专利业务内容和组织体系的构建，形成强有力的开展专利工作的抓手和架构，为江苏专利事业的推进提供重要支撑。

一、专利业务内容体系的构建

经过不断的业务内容的探索和创新，并立足自身优势和实际，在省级层面的专利业务内容上，江苏逐渐形成"四大工程""九项计划""十项重点任务"的专利业务内容体系。所谓"四大工程"是指专利创造能力提升工程、运用能力提升工程、保护能力提升工程和服务能力提升工程。专利创造能力提升工程主要是通过增强企业自主知识产权创造能力、发挥高校院所在自主知识产权创造中的重要作用、培育高价值专利等工作提升知识产权创造能力；专利运用能力提升工程是通过发展专利密集型产业、打造专利密集型企业、建设知识产权密集型园区、活跃专利市场等工作提升专利运用能力；专利保护能力提升工程是通过创新专利保护机制、实施专利护航工程、强化知识产权维权援助等工作提升专利保护能力；专利服务能力提升工程是通过加快专利公共服务平台建设、扩大专利社会化服务业规模、提升专利服务水平等工作提升专利服务能力。"九项计划"即高价值专利培育计划、知识产权区域示范计划、企业知识产权贯标计划、企业知识产权战略推进计划、知识产权运营计划、专利行政执法推进计划、知识产权服务新产品开发计划、知识产权人才培养计划、知识产权软科学研究计划。"高价值专利培育计划"着力国际竞争力强、具有较强前瞻性、能够引领产业发展的高价值专利的培育；"知识产权区域示范计划"目标在于打造一批知识产权要素活跃、知识产权密集型企业集聚、知识产权密集型产业加快发展、知识产权综合实力处于全国领先水平、示范引领作用明显的城市和园区；"企业知识产权贯标计划"目标在于按照"低门槛进入、高标准培育"和"实施-改进-再实施"的培育思路，引导企业采用模块化、菜单式方法构建知识产权管理体系；"企业知识产权战略推进计划"目标在于培育知识产权战略实施基本能力，打造能够运用知识产权战略提升竞争力的知识产权优势企业；"知识产权运营计划"在于通过政府财政资金的引导，鼓励和支持各类知识产权运营机构开展专利收储、开发等服务，以在全省形成知识产权运营网络。"专利行政执法推进计划"旨在通过系列专利专项执法行动，加大专利侵权打击力度；"知识产权服务新产品开发计划"则是支持有条件的知识产权服务机构建立产品研发中心，不断开发出适合市场和企业需要的各类知识产权服务产品；"知识产权人才培养计划"是通过企业知识产权人才、知识产权服务人才、管理人才等培训项目的开展，加快培养各类知识产权人才；"知识产权软科学研究计划"则是整合省内外知识产权专家学者力量，立足经济发展大局，着眼发达国家和地区知识产权战略实施，结合江苏知识产权发展实际，开展一系列前瞻性研究工作。❶ 所谓"十项重点任务"即指专利奖励、知识产权密集型企业和产业培育、重大项目审查论证、发明人奖和优秀专利项目奖评选、知识产权工程师职称评审、专利技术展示交易、知识产权公共信息服务、知识产权预警和维权援助、知识产权国际合作、知识产权援疆。

除了省级层面在专利业务内容体系的建构外，江苏各设区市也根据知识产权战略实施统一部署，进一步拓展和延伸了专利业务内容体系。苏州以企业知识产权战略推进计划为抓手，启动了知识产权密集型企业培育工作，南通、扬州等市设立了市级企业知识产权战略推进计划，苏州、无锡等市积极开展专利质押融资、专利保险、专利运营等工作试点，淮安、连云港等市积极开展中小企业专利托管、知识产权服务能力提升等计划，全省上下已经形成相互衔接、相互补充的专利业务内容体系。

二、专利业务组织体系的打造

组织健全、执行有力的业务组织体系是顺利开展专利事业各项工作的重要保障。在专利业务纵向组织体系上，江苏着力于"三大工作平台"的打造：（1）打造部省合作平台。2009年，国家知识产权局与江苏省政府首次开展战略合作，签署创建实施知识产权战略示范省合作协议，共建全国唯一的实施知识产权战略示范省工作。此次部省合作围绕江苏省实施创新驱动战略、建设创新型省份大局，提出了推进知识产权管理体制改革试点、建设国家区域专利信息中心、培育知识产权优势企业、加快发展知识产权服务业、打造特色知识产权示范区域、构建知识产权市场交易机制、加强知识产权人才培养、优化创新创业环境等一系列重要举措，开创全国局省合作，共同推动知识产权战略实施的先河，为其他省份知识产权战略的实

---

❶ 江苏省人民政府《江苏省知识产权"十三五"发展规划》（2016年10月）。

施和推进提供有益经验。2016 年，在《关于新形势下加快知识产权强国建设的若干意见》颁布，我国明确提出建设知识产权强国背景之下，国家知识产权局再次与江苏省政府开展高层次合作会商，签订《知识产权高层次合作会商议定书》，共建引领型知识产权强省，印发了《江苏引领型强省试点省实施方案》。部省合作以来，国家知识产权局不断将优质资源向江苏集聚，共同推进 60 余项重点项目实施，为江苏知识产权战略实施提供了重要支撑。（2）打造省市共建平台。江苏省知识产权局先后与南京市、盐城、泰州、苏州、南通、扬州、徐州等 7 个设区市政府开展合作共建工作，推动知识产权战略实施，江苏省知识产权局根据各市经济发展特点，结合区域产业发展的特色以及知识产权工作发展状况，分别指导各市制订切实可行的共建协议和计划，加大工作的针对性支持。此外，江苏还通过加快建设国家级知识产权强市，推进南京、苏州、南通等国家知识产权示范城市积极开展专利工作的创新，为全省知识产权战略的全面顺利推进提供了路径参考和借鉴。（3）打造地方试点示范平台。为将专利工作进一步扎根基层，发挥知识产权优势区域的示范带头作用，江苏还在县（市、区）、园区层面开展区域试点示范工作，积极推进县（市、区）、园区党委政府加大战略实施力度。截至 2017 年 6 月，江苏有 79 个县（市、区）开展省级示范工作，覆盖 90% 以上县（市、区），共创建国家知识产权强县工程试点县 23 个、示范县 16 个，总数居全国第一，27 个园区成为国家知识产权试点示范区域，有力推动了知识产权战略在江苏省的"点上突破"，大幅提升了全省上下战略实施的意识和水平。❶

专利事业发展所涉各项工作的推进绝非孤立，有赖于与专利相关各个部门的相互配合、协同推进。为全面落实《关于加快知识产权强省意见》，推进专利事业发展所涉各项工作的顺利开展，在专利业务横向组织体系上，如上文所述，江苏在省级层面和市县层面构建了省政府分管领导主持，知

---

❶ 张巍："我省 10 个县（市、区）列入新一批国家知识产权强县工程示范县（区）名单"，载 http://www.jsip.gov.cn/zxzx/ywdt/201703/t20170322_38548.html，最后访问日期：2018 年 3 月 15 日。

识产权、工商、版权、公安、海关等 32 个部门组成的联席会议制度，形成政府领导、部门联动的战略实施格局。在专利工作开展上，各相关部门也是相互支撑，将专利纳入各个部门的重点工作之中，形成协同推进全省专利工作的良好格局：省法院推进知识产权司法审判体制机制改革，在全省法院系统全面开展知识产权民事、行政、刑事诉讼"三审合一"改革试点工作，集中审判力量、统一执法标准，高效率地审理专利类案件。省检察院出台了《江苏省人民检察院关于充分发挥检察职能加强知识产权司法保护的意见》，强化对专利司法保护工作。省教育厅出台《知识产权管理办法》，引导高校将知识产权战略作为学校发展的重要战略，将专利工作纳入高校科研管理全过程，全省高校知识产权意识和管理水平显著提高。省国资委将知识产权工作列入年度重点工作，加快推进省属企业商业模式创新，将专利纳入企业经营发展战略，加快向产业链、价值链高端攀升。省科技厅大力推进科技创新工程，支持企业和高校院所联合开展产业前瞻与共性关键技术攻关，推动具有自主知识产权的重大科技成果转化。省发展改革委开展制造业强国战略和工业强基战略研究，促进重点产业领域专利创造和运用。省商务厅增加进出口贴息，进一步提高社会创新能力。省经济和信息化委组织实施知识产权应用能力培育工程，培育了一批试点企业。省环保厅大力提高环保企业和科研机构的专利保护意识，促进环保领域专利创造和运用。南京海关切实履行知识产权边境保护职能，依法打击进出境侵犯专利违法行为，专利相关各职能部门工作上的协同配合、有机衔接、扎实推进，充实和丰富了专利业务横向组织体系的内涵。

第三节 发展支点：社会力量全面参与

专利事业发展是一项系统工程，从参与主体角度而言，除了需要政府力量的积极推进和正确引导外，主要还有赖于社会各方面力量的参与，社会力量是专利事业发展的原动力。从知识产权战略实施以来，江苏省政府部门高度重视，在顶层设计上，自上而下推动专利事业发展的同时，还非常重视对社会力量的引导，通过产业政策的引导和扶持、培训教育的宣传和灌输，培育社会各方面主体的参与专利事业发展的意识和积极性。事实证明，通过政府的积极引导，社会各方力量在江苏知识产权战略实施中的作用越来越明显，对江苏专利事业发展起到了重要的推动和支撑作用。

一、企业专利创新主体地位日益凸显

企业是市场创新的主体。知识产权战略实施以来，江苏通过启动实施知识产权强企行动计划，推进企业知识产权人才培养、互联网+知识产权工程、企业知识产权标准化管理、高价值专利培育、企业知识产权战略推进等五大工程，着力增强企业知识产权创造、运用、保护、管理能力，江苏企业专利创造活力得到了激发，企业专利综合实力得到明显增强。在专利创造方面，如上文所述，截至 2016 年，江苏涌现出一大批知识产权优势企业，知识产权示范优势企业凸显，全年新增国家知识产权示范企业 11 家、优势企业 62 家，数量位居全国第一。此外，知识产权优势企业数量优势还转化为成果优势，江苏有专利申请的企业突破 2.9 万家，其中申请量超 100 件的达到 495 家，企业专利申请量和授权量在全省专利申请、授权量占比，已经连续六年双双突破 60%，企业力量有力支撑了"江苏创造"；专利运用方面，以恒瑞、法尔胜等为代表的一大批新兴产业企业，徐工、洋河等为代表的一大批传统产业企业，凭借专利优势，扩大国内外市场份额，实现企业利润的稳步增长，在国内崛起。很多企业，专利已经成为其核心价值，成为参与市场竞争的核心竞争力。❶ 专利管理方面，参与知识产权贯标和战略推进计划的 3 000 多家企业基本上建立知识产权工作机构，健全了知识产权管理制度，制定了知识产权发展规划、建立了专利技术数据库和检索平台。专利保护方面，江苏很多企业专利保护能力明显加强，如江动集团、牛塘化工等企业在涉外专利诉讼中一改被动挨打的局面，化被动为主动，积极应对，赢得了国内外同行的尊重。

---

❶ 江苏省知识产权局《关于加快我省企业知识产权战略实施的调研报告》（2011年）。

二、高校、科研机构推进专利事业发展作用明显增强

高校、科研机构在专利创造、运用、保护以及人才培养方面具有其他社会主体难以比拟的智力优势。在知识产权战略实施过程中，江苏一直非常重视对于高校、科研机构潜力的挖掘、作用的助推，通过推进高等学校知识产权成果使用、处置和收益权改革，制定和完善知识产权成果转化奖励和收益分配办法，支持知识产权转化机构运行发展，开展高等学校知识产权管理标准化试点工作，着力提升高校、科研机构专利创造、运用、管理以及人才培养方面的能力，高校、科研机构在推进江苏专利事业发展中的作用不断增强。培养人才是高校的第一使命和功能。利用高校科研机构的教育资源，江苏在培养专利人才方面，在南京理工大学、南京工业大学、江苏大学等 9 所高校建立独立设置的知识产权学院、研究院，形成 1 个部省局三方共建的知识产权学院、15 个知识产权培训基地、1 个远程网络教育平台，构建了短期培训与学历教育相结合，覆盖全省，集知识产权人才培养、教育研究于一体的专利人才培养体系。目前江苏专利人才培养体系成效已逐步显现，累计培训 1.8 万名企业知识产权工程师、2 800 多名企业知识产权总监、4 000 余名企业总裁、1 000 多名专利代理人、行政管理人员 1 000 余人、行政执法人员 700 余人。学历知识产权人才方面，累计培养知识产权方向本科生及双学位本科生 2 904 人、硕士研究生 195 人、博士研究生 16 人。❶ 在专利创造方面，高校、科研机构作为重要的创新主体，对江苏的专利创造也作出了重要贡献，2008~2016 年，全省高校专利申请累计达 19 万多件，专利授权量累计达 9.5 万多件，年均增长率分别达 31.89%、32.16%。高校专利授权量 9 650 件，同比增长 7.98%（见图 4.1）。科研机构专利申请量累计达 3.1 万多件，专利授权量累计 1 万多件，年均增长率分别达到 31.37% 和 29.67%，2016 年全省科研机构专利申请量、授权量分别达到 5 846 件、2 366 件，是 2008 年的 8.87 倍、7.99 倍（见图 4.2）。在 2016 年的全国有效发明专利量前 50 名高校榜单

---

❶ 《江苏省知识产权局年报（2016）》。

中，江苏共有10所高校上榜，其中，东南大学有效发明专利4 665项，排名全国高校第4位；江苏大学、南京航空航天大学、河海大学、江南大学进入全国高校前30名；苏州大学、南京工业大学、中国矿业大学、南京大学、常州大学进入全国高校前50名，数量位居全国第一。❶

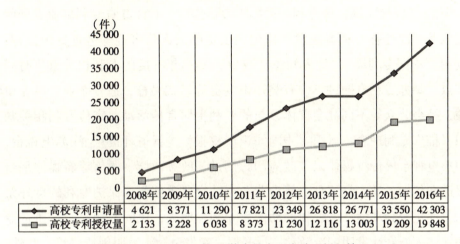

	2008年	2009年	2010年	2011年	2012年	2013年	2014年	2015年	2016年
高校专利申请量	4 621	8 371	11 290	17 821	23 349	26 818	26 771	33 550	42 303
高校专利授权量	2 133	3 228	6 038	8 373	11 230	12 116	13 003	19 209	19 848

图4.1　2008～2016年江苏高校专利申请、授权情况

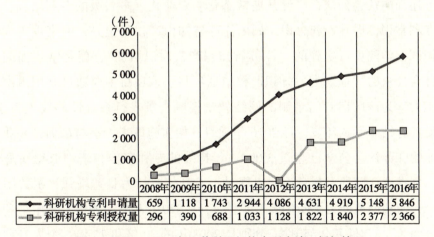

	2008年	2009年	2010年	2011年	2012年	2013年	2014年	2015年	2016年
科研机构专利申请量	659	1 118	1 743	2 944	4 086	4 631	4 919	5 148	5 846
科研机构专利授权量	296	390	688	1 033	1 128	1 822	1 840	2 377	2 366

图4.2　2008～2016年江苏科研机构专利申请、授权情况

---

❶　江苏教育："江苏10所高校有效发明专利量进入全国高校前50名"，载http：//www.ec.js.edu.cn/art/2017/3/23/art_ 7481_ 208509.html，最后访问日期：2018 年3月20日。

三、群众创新意识和能力不断提升

群众创新意识和能力提升是专利事业发展的根本和基础。江苏在知识产权战略实施期间持续加大对于专利的宣传力度，通过制作《勤耕不辍》《跨越》《侵权风暴》等专利相关影视宣传作品，对江苏省专利事业发展状况以及对江苏省专利事业发展作出突出贡献的人物事迹等进行宣传报道；利用"中国专利周""世界知识产权日"等一年一度的专利相关重要时间节点，举办专利专题讲座、有奖知识竞赛等形式多样，适合企业、事业单位、社会公众等不同社会群体参与的专利主题宣传活动，宣传专利相关知识，推广专利理念；运用《中国知识产权报》《新华日报》、江苏电视台、中央电视台等传统媒体以及政府门户网站、政务微博、微信等新媒体平台报道和传播各类专利信息，努力营造全社会尊重创新、保护专利的良好氛围，优化专利环境。组织和推动优秀专利发明人、民间发明家、高质量专利评选等群众性发明创造活动广泛开展，激发全社会发明创造热情。此外，江苏还面向社会公众，广泛开展常态化、专业化、多层级的专利培训，普及专利常识，提升专利意识，如由江苏省知识产权局主办，南京理工大学知识产权学院负责实施的"江苏省知识产权通识培训"，就是常年面向江苏社会公众的"通识类"知识产权培训项目。该项目主要通过利用由南京理工大学为该培训专门录制的网络教学视频资源进行系统性的线上教学，并设置有结业考试环节，自 2016 年项目开始实施以来，参与培训，并获得结业的江苏社会公众已超过 3 000 人。持续的专利宣传和培训取得明显效果，全省群众性的专利意识明显提升，专利创造活力日益增强，机关团体和个人专利创造能力不断提高（见图 4.3），2016 年机关团体专利申请和授权分别为 5 877 件和 2 850 件，分别是 2008 年的 30 倍和 25 倍；个人专利申请和授权分别为 119 677 件和 48 082 件，分别是 2008 年的 2 倍和 2.5 倍（见图 4.4）。群众创新意识和能力的提升为江苏知识产权战略的顺利推进及专利事业大阔步发展，提供了有力保障。

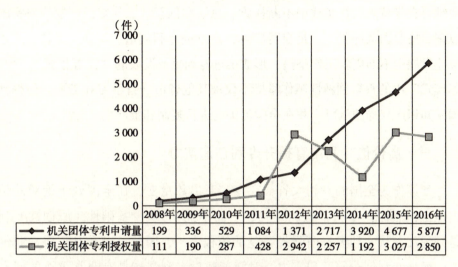

	2008年	2009年	2010年	2011年	2012年	2013年	2014年	2015年	2016年
机关团体专利申请量	199	336	529	1 084	1 371	2 717	3 920	4 677	5 877
机关团体专利授权量	111	190	287	428	2 942	2 257	1 192	3 027	2 850

图 4.3　2008~2016 年江苏机关团体专利申请、授权情况

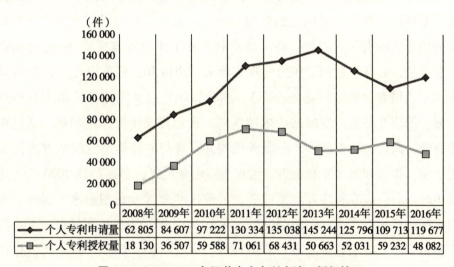

	2008年	2009年	2010年	2011年	2012年	2013年	2014年	2015年	2016年
个人专利申请量	62 805	84 607	97 222	130 334	135 038	145 244	125 796	109 713	119 677
个人专利授权量	18 130	36 507	59 588	71 061	68 431	50 663	52 031	59 232	48 082

图 4.4　2008~2016 年江苏个人专利申请、授权情况

第四节　发展模式：工作举措不断创新

专利事业发展的推进本身是一项无现存模式可供复制的创新性工作，需

要结合自身特点，在实践中不断探索、总结和创新。江苏知识产权战略实施以来，按照国家部署，立足自身实际，在推进专利创造、管理、保护、人才事业发展中不断创新工作举措，形成推进专利事业发展的"江苏模式"。"江苏模式"中的很多创新性工作举措不仅被其他省市进行学习和借鉴，还得到国家知识产权局的认可，并在全国范围内进行复制和推广。

一、高价值专利培育提升专利创造实力

江苏作为全国的专利大省，在专利产出数量上，在全国处于绝对的领先地位，然而，专利"大而不强，多而不优"，缺少基础性、原创性专利是制约江苏从专利大省向强省跨越的短板之一，因此，提升专利质量和价值，增强专利创造硬度和实力，对江苏建设专利强省具有非常重要的现实意义。在培育高价值专利过程中，虽然市场主体即企业对高价值专利的需要，是高价值专利培育成功的内因，但是，如果只有内因，没有适宜的政府外因积极的引导和支持，高价值专利培育工作也难言成功。❶ 面对加强专利质量，提升专利创造实力的现实诉求，2015 年，江苏出台《江苏省高价值专利培育计划组织实施方案》，在全国率先启动实施高价值专利培育计划，围绕江苏重点发展的战略性新兴产业和传统优势产业领域，通过构建企业、高校科研院所、专利服务机构共同参与的高价值专利培育协同发展机制，探索和创新专利创造、管理、运用新模式，目标是到 2020 年，建成 100 个高价值专利培育示范中心，示范带动全省专利创造水平提升，强力支撑江苏重点产业向中高端发展。截至 2017 年，江苏在新材料、生物技术和新医药、高端装备制造、节能环保、物联网和云计算、新一代信息技术和软件等领域，组建了省市级高价值专利培育示范中心 50 余家，示范中心发明专利申请量和授权量年平均增幅超过 20%，PCT 专利申请量增幅超过 50%。

---

❶ 曹新明："以'市场之手'培育高价值专利"，载 http：//www. sipo. gov. cn/ztzl/zx-hd/jjgjzzl/gjzzldjt/201708/t20170818_ 1317342. html，最后访问日期：2018 年 3 月 22 日。

二、企业知识产权"贯标""战推"促进企业专利运用管理能力

提升企业专利管理和运用能力是推进专利事业发展的重中之重。为全面提升企业知识产权管理水平，江苏省于 2008 年年底率先在全国推出第一个知识产权管理地方标准《企业知识产权管理规范》（DB32/T 1204—2008），在全国率先开展企业知识产权贯标工作，在推进贯标工作的过程中，江苏推出了推进企业贯标的推广、培训、咨询和评价四大工作体系。截至 2016 年，江苏累计推动超过 6 500 家企业参与贯标，其中，经绩效评价有 1 541 家企业被评为合格、940 家企业被评为优秀、1 113 家企业通过国标第三方认证，参与贯标企业和通过认证企业数量高居全国第一。通过企业知识产权管理规范的贯彻和执行，企业知识产权管理意识进一步提高，企业知识产权管理逐步正规化、标准化，企业专利创造能力大幅提升，专利保护和运用能力不断增强，企业专利工作对经济发展的支撑作用进一步凸显。江苏企业知识产权管理规范的制定和推进得到全国范围内其他省市和国家知识产权局的高度认可，特别是 2013 年，国家知识产权局制定实施了《企业知识产权管理规范》（GB/T 29490—2013），将江苏"省标"上升为"国标"，在全国范围进行推广和应用。

为进一步提升企业知识产权战略运用能力，2002 年，江苏出台《江苏省重点领域企业和行业知识产权战略推进计划》。2003 年，又印发《江苏省重点领域企业和行业知识产权战略推进计划项目管理办法》，在全国率先启动实施重点领域企业和行业的企业知识产权战略推进计划。企业知识产权战略推进计划实行省市县分层管理：省知识产权局不断加强对重点项目的考察审核，打造企业知识产权战略实施样板，而项目的管理权限则在设区市知识产权局，由各地加强对项目的组织实施，提高项目实施绩效。❶在推进任务内容方面，行业实施知识产权战略任务主要包括：建立行业知识产权保护与管理机制、构建面向行业的知识产权信息共享平台、加强决

---

❶ 《江苏省知识产权局年报（2008）》。

策咨询服务、开展知识产权工作者和专业人才培训；企业实施知识产权战略的重点任务主要包括：建立健全知识产权管理体系和管理制度、建立知识产权信息平台、构建符合本企业特点的知识产权进攻和防御体系、建立知识产权市场运作机制、大力开发自主知识产权，培育企业核心竞争力。自企业知识产权战略推进计划实施以来，项目承担企业数量稳步上升（见图 4.5），截至 2016 年承担省级战略推进计划的企业数已达 537 家，承担市级战略推进计划的企业千余家。通过企业知识产权战略推进计划的实施，江苏省重点产业领域相关行业和企业知识产权战略实施水平明显提高，核心竞争力明显增强，辐射示范作用明显提升，促进了江苏重点产业领域科技创新能力和经济竞争力的提高。

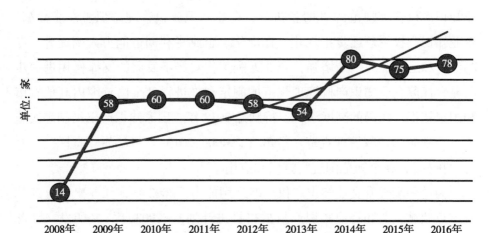

图 4.5 2008~2016 年江苏省企业知识产权战略推进计划项目单位情况

数据来源：《江苏省知识产权局年报》（2008~2016）。

三、人才评价体系和知识产权学院建设优化专利人才培养条件

拥有大量高素质的专利人才是开展专利创造、运用、保护和管理活动的必要前提条件，也是专利强国的标志之一。面对当前专利人才规模过小，水平素质参差不齐的问题，江苏开创性地从构建人才评价体系，建立知识

产权学院方面着手，在专利人才培养方面取得显著成效。人才评价体系建构方面，2006 年年底，江苏省在江苏工程系列中单列知识产权专业，制定出台知识产权高级工程师、工程师资格评审办法，形成江苏知识产权专业工程师的评价标准，在国内率先设立知识产权专业高级工程师、工程师职称，在全国率先开展知识产权工程师职称评审，鼓励和吸引热爱知识产权事业、懂业务、会管理、熟悉知识产权规则的人员从事知识产权工作并给予相应的待遇。评审工作按照个人申报、组织推荐、评委会评审、主管部门认定、单位聘任的程序进行。除了省级层面的评定之外，江苏还着力推进设区市知识产权工程师中（初）级职称评审委员会的筹建和评审工作体系的建设。目前，扬州、南京、苏州、盐城、泰州、无锡 6 市相继成立知识产权中级、初级专业技术资格评审委员会并开展了辖区内的知识产权工程师评定和助理工程师认定工作。截至 2018 年 6 月，江苏省经评审取得知识产权高级、中级工程师资格的有 791 人，其中知识产权高级工程师 168 人，知识产权中级工程师 623 人。职业化的专利人才职称体系的构建，对稳定专利人才队伍，吸引更多的优秀人才投身专利事业、保障知识产权事业健康、稳定的发展具有重要意义。江苏知识产权工程师职称评审体系的建立同样得到了全国其他省市的认可，很多省市对江苏知识产权工程师职称评审方案进行了学习和借鉴，如天津市 2016 年印发了《天津市工程技术系列知识产权专业高级工程师及工程师资格评审标准》、安徽也于 2016 年制定了《安徽省专利工程专业技术资格评审标准条件》开展专利工程师的评定。

为加大知识产权人才培养载体建设力度，江苏汇聚各方面资源，着力独立、高端的知识产权学院打造和建设。2013 年，江苏在 2005 年成立的南京理工大学知识产权学院的基础上，与工业和信息化部、国家知识产权局签订《共建南京理工大学知识产权学院协议》，在全国率先开展部省三方共建知识产权学院工作。南京理工大学知识产权学院实行理事会指导监督下的院长负责制。学院理事会由共建三方、世界知识产权组织、江苏省知识产权局、江苏省财政厅、江苏省科技厅、江苏省高级人民法院以及部分服务机构等单位构成。部省三方共建知识产权学院开创了知识产权高层次人才培养的新机制。为支持南京理工大学知识产权学院建设，2016 年，江苏省政府支持专项经费 2 000 万元，重点支持知识产权培训项目开发及人员培训、培训管理系统建设、学院高端知识产权师资人才引进和培养、教育培训基础条件建设等。目前，南京理工大学知识产权学院在共建三方的努力下，在学科平台建设方面，大力开展教育教学改革，建立了本、硕、博全序列的知识产权学历人才培养体系。本科阶段有知识产权创新实践班、知识产权二学位、双学位等类别；硕士阶段建立有知识产权管理、公共管理（知识产权方向）、法律硕士（知识产权方向）、民商法（知识产权方向）等类型；博士阶段取得管理科学与工程学科的知识产权博士授权。在科研平台建设方面，学院建成以区域知识产权战略研究和国防知识产权研究两个方向，江苏省知识产权发展研究中心、江苏省知识产权思想库、江苏省版权研究中心、江苏知识产权研究院、知识产权与区域发展协同创新中心、国防知识产权研究中心（工信智库）为支撑的科研平台体系。在师资队伍建设方面，建立了融法学、经济学、管理学、工学等多学科综合的师资队伍，现有专职教师 35 人，校外合作师资 53 人，专职教师中 3 名教师入选国家知识产权局"百千万知识产权人才工程"百名高层次人才培养人选，3 名教师入选首批国家知识产权领军人才。南京理工大学知识产权学院的建设为江苏全省，甚至全国专利人才的培养提供了新的思路和路径。

第三篇
问题篇：江苏专利发展目标
定位与面临困境

第五章 江苏专利发展战略定位与目标设定

为深入实施知识产权战略，支撑经济转型升级发展和创新型省份建设，江苏省按照国家知识产权局《加快推进知识产权强省建设工作方案（试行）》的任务要求，结合现有基础和实际，明确将建设引领型知识产权强省作为未来知识产权事业的发展目标。比照建设引领型知识产权强省的新任务、新要求，江苏的专利事业在很多方面仍存在发展中的困境。进一步明确江苏专利事业在新形势、新要求中的发展定位以及目标，在此定位和目标比照下，找准和梳理出江苏当前专利发展过程中遇到的瓶颈和问题，并探究这些瓶颈和问题存在的具体原因，是针对性地找寻化解发展困境对策和建议，从而让江苏专利事业发展再上新台阶，支撑江苏经济社会转型升级发展的必要前提。

第一节 江苏专利发展战略定位

知识产权战略实施以来，江苏专利综合实力明显得到提升，成为名副其实的专利大省。然而，当前江苏专利事业发展与建设创新型省份以及支撑创新成为经济社会持续健康发展主引擎的要求之间仍有一定差距，因此，面对新形势新要求，江苏明确将引领型知识产权强省作为新的发展目标，建设引领型知识产权强省首先应当明确引领型知识产权强省的基本定位。随着大省到强省的目标跨越，江苏专利发展的战略定位也应重新调整，从而为专利事业发展具体目标的设定提供方向性的指引。

一、江苏的专利发展应当对标"世界水平"

当前，江苏明确将建设引领型知识产权强省作为未来知识产权事业发展的目标，作为江苏知识产权事业重要组成部分的专利事业，也应相应将发展目标设定为引领型知识产权强省的标准。准确把握、全面认识引领型知识产权强省的内涵是建设引领性知识产权强省的基础和前提。引领型知识产权强省是一个比较概念，涉及对象的比较和内容的比较。笔者认为，引领型知识产权强省无论从比较的对象还是比较的内涵都应对标"世界水平"。

从比较的对象来看，既然被称为知识产权强省，首先，意味着该地区的专利事业发展在国内处于领先地位，这一领先可以是专利综合实力的整体领先，也可以是某一些主要衡量专利事业发展的指标在国内位于前列。❶其次，在专利强省之前附加"引领"，代表着"强中之强"，该地区的专利事业发展不仅在国内领先，还与国际接轨，能够与世界知识产权强国的发展水平等量齐观，专利事业中的某些方面或某一方面可以带动国内其他省份向世界知识产权强国的水平发展。国家知识产权局于 2015 年 10 月印发的《加快推进知识产权强省建设工作方案（试行）》也表明引领型知识产权强省需要达到"世界水平"标准，该方案明确将引领型知识产权强省的建设目标设定为："以运用知识产权提升区域经济发展国际竞争力为重点，对标西方主要国家知识产权发达区域，大幅提升知识产权对经济社会发展的贡献度，推动知识产权创造、运用、保护、管理和服务能力全面提升"。因此，江苏作为引领型知识产权强省建设试点省，其专利事业的发展定位不仅应着眼国内领先，更应放眼世界，以表征知识产权强国的"世界水平"作为衡量标准，专利事业发展指标应当在世界范围内具有客观性、相关性和可比性。

从比较的内涵来看，区别于知识产权大省，引领型知识产权强省不应

---

❶ 董新凯、田源："知识产权强省界定及其评价指标体系构建"，载《科技进步与对策》2015 年第 7 期。

该被理解为专利规模或总量上的"世界水平"，即专利规模居于世界前列，而应表现为专利实力的"世界水平"，因为专利规模大并非构成引领型知识产权强省的必要条件，即使专利规模不大，专利绩效水平高的国家或地区也可以被称为知识产权强国。引领型知识产权强省的专利实力之强不仅体现为专利创造力、运用力、保护力和管理力等硬实力的强，还表征为专利环境、服务、人才等方面软实力的优越；不仅体现专利实力本身的强，还应表现为专利能够为区域经济增长、社会发展提供有力的支撑，即专利对经济社会发展的绩效水平高。❶ 世界知识产权强国往往以专利实力为基础，最终将专利实力转化为专利绩效。突出专利绩效导向，是实施实现专利价值，体现专利支撑和引领经济社会发展转型发展的关键所在。专利对于经济社会发展的绩效，对内表现为通过激励创新提升自主创新能力，通过促进专利运用提高创新收益，通过加强专利保护营造良好创新环境，通过规范专利管理引导创新集群发展，提高经济社会贡献度；❷ 对外表现为区域内企业和产业利用专利构筑合法的贸易壁垒，维护经济利益和产业安全，实现对市场的强大控制力，构建国际贸易竞争优势。因此，江苏在引领型知识产权强省建设中，应将专利硬实力、软实力以及对经济社会发展绩效都纳入衡量事业发展水平的评价指标之中（见图5.1）。

二、江苏的专利发展应当凸显"江苏特色"

专利制度本是西方制度的舶来品，我国实施专利制度的历史实则是一个从"逼我所用"到"为我所用"的历史。❸ 当前，建立和实施专利制度无论从我国国家还是区域层面而言，都进入"主动决策期"，即根据自身实际需要和情况，做出理性的政策抉择，以实现跨越式发展，缩小与发达

---

❶　厉宁、周笑足："知识产权强省理念辨析"，见《专利法研究2011》，知识产权出版社2012年版，第14页。

❷　朱谢群：《我国知识产权发展战略与实施的法律问题研究》，中国人民大学出版社2008年版，第67页。

❸　吴汉东：《知识产权基本问题研究（总论）》，中国人民大学出版社2009年第2版，第140页。

国家或地区的差距，因此，决定了专利制度除了有"普世"的客观规律和原理，还应带有区域的特色和"烙印"。具体到江苏来说，创新能力不强、区域发展不平衡、资源环境承载力降低、社会分配不公等都是当前江苏的最大实际问题。新形势下从战略层级谋划江苏专利事业的发展，不能脱离现有实际情况，照搬发达国家的制度和模式，而是应紧紧围绕引领型知识产权强省建设，以重点突破带动全面提升，实现创新驱动发展，从而回应江苏经济社会发展提质升级、动力转换的需求，让江苏专利事业发展凸显明显的"江苏特色"。具体来说，就是通过推动专利创造由规模到质量的转变，培育高价值专利，提升自主创新能力；通过促进专利运用，完善专利转化交易体制机制以及渠道，增加知识产品的附加值，构筑产业发展的竞争优势；通过加大专利保护力度，构建和营造更好的创新创业环境；通过提升专利服务水平，助推更多的江苏企业"走出去"，有效参与国际市场的竞争。

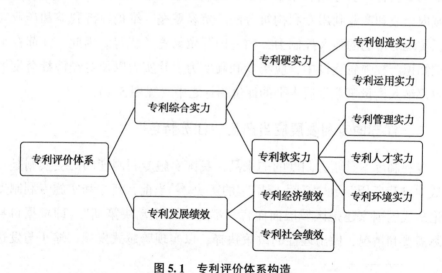

图 5.1　专利评价体系构造

　　江苏的专利事业发展除了应立足自身的发展需要外，还应发挥江苏的特色优势。相对于其他国家和地区来说，社会主义的制度优势是目前江苏各项事业发展的首要优势，这一优势在推进江苏专利事业发展中也得到了充分体现：（1）集中力量办大事。从江苏专利各项战略和政策的制定、颁布和实施，到战略重点任务的推进，无一不是政府领导高瞻远瞩、审时夺度，自上而下大力推动的结果。江苏省政府发挥集中各方面资源和力量的大力推进才让江苏专利事业发展在短时间内弯道超车、发展迅速。（2）形成上下一盘棋的工作局面。如上文所述，目前江苏专利行政主管部门已经在省辖市、县（市、区）实现全覆盖，同时涉及专利事务的横向部门之间还建立了协调联络机制——知识产权联席会议制度，这无疑为专利战略措施的协同推进提供了坚实的体制和机制保障。（3）有利于较快营造良好的创新文化和氛围。调动群众和社会各方面力量的积极性、主动性、创造性，对于专利事业的发展具有非常重要的意义，而特色社会主义制度有利于调动广大人民群众的积极性，通过开展宣传、普及专利知识、提升专利意识，能够较快在社会中营造创新文化和氛围。❶ 专利存量的规模优势是江苏专利事业发展的另一优势。当前，江苏专利质量虽然与发达国家和地区相比仍存在一定差距，但是三种类型专利存量规模上，一直排在全国前列，甚至超过一些发达国家。专利存量的规模优势不仅是知识产权强国的评价因素之一，也是参与国际合作与博弈，提升国际影响力的重要因素，是江苏从知识产权大省向强省跨越的重要基础。此外，专利存量规模优势是质量取胜的重要前提。数量可观的专利存量有利于开展周延的专利布局，而开展有效的专利布局是占领市场优势地位，构筑竞争优势的前提，当然有效的专利布局要消除行政不当干预，找准市场定位和方向，优化专利结构。"三创三先"的江苏精神是江苏专利事业发展的第三优势。"创业创新创优、争先领先率先"是新时期江苏精神的诠释。"三创三先"的江苏精神具有强大的价值引导力、文化凝聚力和精神推动力，是推进江苏省"两个率先"的不竭力量源泉。"三创三先"的江苏精神在江苏专利事业发展中也得到了体现，无论是提升专利创造质量的高价值专利培育，还是推动企业专利管理标准化的"贯标"，都是全国专利事业发展中的首创，并且相

❶ 邹谨、姜淑兰："'五个有利于'：中国特色社会主义制度的显著优势"，载《中央社会主义学院学报》2012 年第 6 期。

关经验在全国范围内进行了推广。江苏也正是弘扬"三创三先"精神,不断创新工作方式,攻坚克难,所以其专利事业取得了较快速度的发展,在全国形成特有的"江苏模式",为全国其他省市所学习和借鉴。

三、江苏的专利发展应当体现"以我为主"

从世界范围来看,对于专利综合实力的提升,总体来说,有以下五种不同的模式:❶ 第一种模式是美国模式,美国通过发展本国包括专利在内的知识产权密集型产业,让专利创造、运用、保护、管理和服务能力等综合实力得到全面提升,在全球处于全面领先的地位,以专利综合实力为基础,极大推进了美国经济发展和生产分配方式的优化。第二种模式是瑞典、芬兰模式。瑞典、芬兰模式的专利管理较强,通过专利管理能力推动专利创造、运用、保护和服务能力的提高。瑞典等国的政府在经济上扮演着重要的角色,通过支持产业发展的产业政策,推动产业高度的集群化发展,维持产业竞争地位。❷ 第三种模式是日韩模式。日韩模式突出体现为很强的专利运用能力,通过专利运用能力推动专利创造、保护和服务能力的提高。日本和韩国都是通过专利运用能力使本国经济有生产要素驱动转向为创新驱动导向,促进了本国经济发展方式的成功转型。第四种模式是瑞士、新加坡模式。瑞士、新加坡的专利保护水平较高,瑞士和新加坡都是小国,从而决定了其难以利用国内市场以及天然资源的自然禀赋发展本国经济,只能通过国际贸易打造本国的竞争优势,如瑞士产业的出口主力横跨消费性和工业性产品,同时也包含各类型的机械和设备,原因是瑞士在这些产业的贸易方面占有重要地位。❸ 这样的经济形态决定了专利保护水平和环境的重要性,因此,瑞士和新加坡模式是采取较高专利保护水平,推动专

---

❶ 国家知识产权局知识产权强国研究课题组:《知识产权强国建设:阶段判断、路径选择与政策体系构建》(2015)。

❷ [美]迈克尔·波特著,李明轩、邱如美译:《国家竞争优势(上)》,中信出版社 2012 年版,第 320 页。

❸ 同上书,第 279~280 页。

利综合实力的提升。第五种模式是德国、英国模式。英国是第一次工业革命的策源地，德国是第二次工业革命的代表性国家，英国和德国拥有较强的科技创新能力，世界上没有任何一个国家，能够比德国在如此丰富的产业类型中拥有领先的国际地位。据统计，1985 年，至少有 345 种德国产业的全球出口占有率，超过该国平均全球出口占有率的 10.6%。❶ 英国和德国通过专利创造能力的提升推动专利综合实力的提高。

从以上五种提升专利综合实力的模式和路径来看，专利强国建设路径具有复杂性和发展性的特点，即模式路径的选择通常与一国的自然禀赋、地理环境等经济优势有着密切的关联，并且随着时间的变化，相应的模式和路径也会有着不同的调整和修正，以适应经济社会发展的需要。江苏作为相对独立的经济体具有独特的禀赋，如产业发展不均衡性，过于偏重制造业，并且在区域发展上，特别是苏南与苏北之间，具有不平衡性，因此，决定了江苏在专利事业发展过程中对于国外模式的参鉴，既不能完全照抄照搬任何一种现有路径，也不能盲目排斥国外现有成熟的发展经验，而只能是秉持"以我为主，为我所用"的原则，立足江苏省情，汲取国外现有发展模式的部分经验。从近期来看，江苏可以借鉴日韩模式经验，通过专利运用作为切入点，实现弯道超车，带动专利创造、管理和服务能力的提升。从远期来看，江苏则可借鉴美国模式，通过全面提升专利创造、运用、保护和管理综合能力，发展专利密集型产业，全方位占据竞争市场。

第二节　江苏专利发展目标设定

建设引领型知识产权强省是实施知识产权战略"升级版"的战略谋划，"升级版"战略必然要求有着"升级版"的发展目标。立足江苏知识产权事业发展新的战略定位，新时期江苏专利事业发展目标可以分为总体目标和近期目标。

---

❶　［美］迈克尔·波特著，李明轩、邱如美译：《国家竞争优势（上）》，中信出版社 2012 年版，第 324 页。

一、江苏专利发展总体目标

江苏专利发展的目标设定首先应服从国家对于知识产权事业发展的整体战略部署。根据国家知识产权局知识产权强国课题组研究，将我国建设知识产权强国的总体目标设定为三个阶段。第一阶段：2020 年之前，知识产权强国建设的基础阶段，即在知识产权重要领域和关键环节上取得突破，知识产权创造、运用、保护、管理和服务能力大幅提升，知识产权大国地位得到全方位巩固。2015 年印发的《国务院关于新形势下加快知识产权强国建设的若干意见》对 2020 年知识产权强国建设目标的设定也印证了这一研究成果。第二阶段：2020~2025 年，知识产权强国建设的攻坚阶段，全面推进知识产权强国建设，知识产权强国建设政策体系得到全面实施，我国知识产权活动的可持续发展和国际影响力绩效得到重点提升，知识产权强国建设实质性推进。第三阶段：2026~2030 年，知识产权强国的突破阶段，这一阶段的目标是注重知识产权强国建设政策体系的全面落实与政策评估，初步建设成为知识产权强国。❶ 具体到江苏专利发展目标的设定上，江苏既然以引领型知识产权强省为作为未来知识产权事业发展建设的总目标，必然要求其专利事业发展应在全国专利事业发展中起到"引领"作用，因此，在专利发展目标的设定上应服从并领先于知识产权强国建设的阶段性部署。

江苏专利发展的目标设定还需匹配江苏区域经济社会发展总目标的实现。根据江苏省委、省政府对于江苏未来经济社会发展蓝图的描绘，到 2020 年，江苏全省要在全国率先全面建成小康，苏南有条件的地方在探索基本实现现代化的路上迈出坚实步伐，全省总体上达到中等发达国家水平，其表现为经济实力显著增强、创新型省份建设取得重要突破、产业国际竞争力大幅提升、城乡区域发展更加协调、改革开放进一步深化、人民生活水平和质量普遍提高、生态环境质量明显改善、公民文明素质和社会文明

---

❶ 国家知识产权局知识产权强国研究课题组：《挑战与应对：迈向知识产权强国之路》（2013 年）。

程度显著提高；到 2030 年，根据国家发改委印发的《苏南现代化建设示范区规划》中指出："苏南五市要成为发达国家全面实现区域现代化，经济发展和社会事业达到主要发达国家水平，成为经济发达、社会进步、生活富裕、生态良好、民主法治的现代化地区。"如上文所述，相较于专利大省，专利强省之强主要体现为专利对于经济社会发展的绩效释放和支撑作用，专利事业发展应回应经济社会发展的现实需求，因此，对于专利发展目标的设定除了体现专利本身实力要求外，更重要的是将专利对于经济社会发展的绩效释放作为衡量标准，江苏专利事业的发展目标设定应当与江苏经济社会发展的总目标相匹配和保持同步。

综合以上两个标准的因素考量，江苏未来专利事业发展的总体目标宜设定为两个发展阶段：第一阶段，2020 年之前，专利事业发展的攻坚期。在此阶段，专利创造、运用、保护和管理等综合实力继续保持全国领先，培育一批高价值专利、具有国际竞争力的专利密集型产业，专利对于经济社会的贡献度得到显著增长，专利强省的建设应当取得重大突破，专利整体实力达到英国、韩国等专利次强国水平，部分优势指标接近美国、日本等一流专利强国水平。第二阶段，2020～2030 年，专利事业发展的突破期。在这一阶段，江苏专利综合实力在全国的领先优势不断加大，专利成为经济社会发展的支撑力量，大多数专利指标接近，甚至达到美国、日本等世界一流专利强国水平，江苏成为引领全国专利事业发展的引领型专利强省。❶

二、江苏专利发展近期目标

根据江苏专利事业发展攻坚期的总体目标设定以及《关于加快建设知识产权强省的意见》《江苏省建设引领型知识产权强省试点省实施方案》《江苏省"十三五"知识产权发展规划》等政策文本中对于专利事业发展的目标要求，应将 2020 年之前江苏专利事业发展的具体发展目标设定为如

---

❶　钱建平等：《江苏省知识产权强省建设研究》，知识产权出版社 2015 年版，第 102 页。

表 5.1 所示。❶

表 5.1　江苏专利事业发展相关主要指标

一级指标	二级指标	三级指标	发展目标
专利综合实力	创造实力	专利产出主要指标	全国领先（定性指标）
		每万人口发明专利拥有量	20 件
		累计 PCT 专利申请量	25 000 件
	运用实力	知识产权许可贸易额	明显增长（定性指标）
		专利运营基金规模	10 亿元
		专利质押融资额	70 亿元
	管理实力	省辖市成为知识产权示范城市比例	70%
		省级知识产权强省建设示范县（市、区）、示范园区	70 个
		知识产权贯标企业数	10 000 家
	人才实力	知识产权领军人才数量	200 人
		知识产权骨干人才数量	2 000 人
		企业知识产权总监数量	3 000 人
		知识产权师资和研究人员	1 000 人
		知识产权专业人才	40 000 人
	环境实力	专利代理机构数量	360 家
		知识产权服务机构数量	1 800 家
		国内有影响力的知识产权服务品牌机构数量	20 个
		知识产权服务主营业务收入	70 亿元
		专利制度配套体系	比较完备（定性指标）
		省辖市建成专利执法强局比例	70%
		全社会知识产权认知度	75%
		权利人满意度	80%

---

❶　如在后文中没有进行具体测算的江苏专利事业发展相关主要指标发展目标的数据，均直接引自江苏省政府部门发布的知识产权规划、战略、报告。

续表

一级指标	二级指标	三级指标	发展目标
专利发展绩效	经济发展绩效	专利密集型产业增加值占 GDP 的比重	20%
		自主知识产权产品出口额占出口总额的比重	55%
	社会发展绩效	专利密集型产业平均工资与非专利密集型产业平均工资溢价率	35%
		专利密集型产业就业与全社会总就业的比例	10%

（一）专利创造质量显著提升

专利创造对区域地方经济发展具有明显的积极推动作用。新时期江苏的专利创造不再是数量、规模问题，而是要向由多向优、由大到强转变。具体来说，江苏专利创造要坚持"数量布局、质量取胜"的理念，完善专利创造激励政策，优化专利考核评价体系，提高全社会创新创造积极性，促进产出技术含量高、市场效益好的高价值专利。专利创造发展具体目标方面：2020 年之前，江苏专利创造主要指标❶保持全国领先，每万人口发明专利拥有量达 20 件，PCT 专利申请量累计达 2.5 万件。

（二）专利运用能力大幅增强

专利转化运用是专利实现价值，进而对经济社会发展发挥支撑作用的关键环节。新时期江苏专利运用应引导创新主体对专利资产进行系统运用，强化对于文化、技术、管理资源和优势的集成，推动专利运用从"单一效益"向"综合效益"转变。具体来说，江苏专利运用要积极营造专利转化运用的良好环境，强化企业专利运用主体地位，提升专利综合运用能力，多渠道盘活专利资产，加速专利价值实现，通过专利的转移转化、收购托管、交易流转、质押融资、分析评议等方式，提升专利运用综合效益。具体专利运用具体发展目标方面：2020 年之前，江苏专利许可贸易额明显增

---

❶　专利创造主要指标包括专利申请量、专利授权量、发明专利申请量、发明专利授权量。

长，专利运营基金规模达到 10 亿元，专利质押融资额达到 70 亿元。❶

（三）专利管理水平进一步提高

专利管理是确保专利强省建设顺利推进的重要力量。新时期江苏专利管理要通过进一步整合和优化管理资源，从行政管理、社会治理两个方面，推动专利管理从"多头分散"向"相对集中"转变。具体来说，江苏专利管理要积极推进知识产权管理体制机制改革，探索建立集中高效的知识产权管理体制改革，提高知识产权治理水平和管理效能。知识产权行政管理体制改革取得明显进展，形成"权责一致、分工合理、执行顺畅、监督有力"的知识产权行政管理机构，知识产权管理效能明显提升。专利管理发展目标方面：2020 年之前，江苏 70% 以上省辖市成为知识产权示范城市，省级知识产权强省建设示范县（市、区）、示范园区达 70 个。企事业单位专利管理能力显著增强，贯标企业数达到 1 万家，培育一批知识产权强企。

（四）专利人才量质齐升

专利人才是开展专利创造、运用、保护、管理活动的前提，也是专利强省建设的重要支撑条件。新时期江苏专利人才应通过加快专利人才培养载体建设，健全专利人才培养体系，健全专利人才成长环境，形成一支规模大、结构优、素质高的专利人才队伍，以实现专利人才规模与层次的齐头并进、量质齐升。专利人才发展具体目标方面：2020 年之前，江苏知识产权领军人才达 200 人，知识产权骨干人才达 2 000 人，企业知识产权总监达 3 000 人，知识产权师资和研究人员达 1 000 人，从事知识产权代理、运营、策划、信息等服务的专业人才达 4 万人。

（五）专利环境明显优化

专利保护是营造创新环境、培育创新能力、实现创新价值的重要条件，

---

❶ 2017 年，国家知识产权局印发的《关于抓紧落实专利质押融资有关工作的通知》中要求全国各省应以年均 20% 以上的增长目标制订全省推进专利质押融资工作方案，同年江苏专利质押融资额为 40 亿元，同比增长 20%，按照同比例递增，将 2020 年江苏专利质押融资额目标设定为超过 70 亿元。

也是专利强国软实力的重要标志。新时期江苏的专利保护要从"不断加强"向"全面从严"转变，应加大行政执法力度，加快快速维权援助，引导创新主体多渠道、低成本、高效率保护专利合法权益，推动形成行政保护与司法保护两条途径"优势互补、有机衔接"的保护模式，不断提升全社会对知识产权保护的满意度，优化专利环境。专利环境优化具体目标方面：2020年之前，专利制度配套体系比较完备，专利保护严格高效，70%以上的省辖市建成专利执法强局。专利行政执法、刑事司法、维权援助和举报投诉工作绩效继续保持全国前列，全社会知识产权认知度超过75%，权利人满意度超过80%，外商在江苏省投资、设立研发机构的积极性明显提升。专利服务是专利事业发展的重要保障，也是专利环境的重要组成部分。新时期江苏专利服务应改变目前专利代理"一统天下"的局面，建成一批技术先进、功能完备、服务优质、覆盖全省的知识产权公共服务平台，形成一批专业化、规模化、品牌化的知识产权市场化服务机构，鼓励开展专利战略策划、法律咨询、托管运营等多样化的高端增值业务。专利服务发展具体目标方面：2020年之前，江苏专利代理机构超过360家，知识产权服务机构数量超过1 800家，培育国内有影响力的知识产权服务品牌机构20家，主营业务收入超过70亿元。

（六）专利对经济社会发展的支撑作用不断加强

新时期江苏专利事业发展必须在推动经济社会发展上有着更为明显的表现，通过研究制定知识产权密集型产业发展规划，定期发布知识产权密集型产业发展指南，部署推动知识产权密集型产业发展。在以新材料、物联网、新能源汽车、生物技术与新医药等战略性新兴产业为重点产业和技术领域培育和聚集一批核心关键技术的专利权，开展专利预警分析，把握产业发展态势，确立产业专利布局，引导专利创造和集聚，培育和引导知识产权密集型产业的发展壮大。专利对经济社会发展具体目标方面：到

2020 年之前，江苏专利密集型产业增加值占地区生产总值的比重超过 20%，❶ 自主知识产权产品出口额占出口总额的比重达 55%，专利密集型产业平均工资与非专利密集型产业平均工资溢价率达 35%，❷ 专利密集型产业就业与全社会总就业的比例为 10%。❸

---

❶ 《关于加快建设知识产权强省的意见》《江苏省建设引领型知识产权强省试点省实施方案》均将 2020 年江苏知识产权密集型产业增加值占地区生产总值比重设定为超过 35%，根据《江苏省知识产权密集型产业统计报告（2017）》统计显示，2016 年江苏知识产权密集型产业增加值占地区生产总值比重为 32.10%，专利密集型产业增加值占地区生产总值比重为 18.51%，因此，按照成比例增长，2020 年，专利密集型产业增加值占地区生产总值比重宜设定为 20%。

❷ 欧盟 2013 年专利密集型产业相对于非专利密集型产业的溢价率为 69%，2014 年的美国为 74%，根据《江苏知识产权密集型产业统计报告（2017）》统计显示，2016 年江苏专利密集型产业平均工资与非专利密集型产业平均工资溢价率仅为 17%。2020 年之前，江苏专利事业的发展虽然只是巩固期，部分接近美国、日本等知识产权强国，但是作为衡量专利强国重要指标的专利发展贡献不能距离太过遥远，因此，将 2020 年江苏专利密集型产业平均工资与非专利密集型产业平均工资溢价率确定知识产权强国的中值，35%。

❸ 根据《知识产权密集型产业与欧盟经济表现》报告统计显示，2011~2013 年作为知识产权次强国的法国、英国、瑞典专利密集型产业占总就业比重分别为 9.3%、8.3%、12.8%，平均值为 10%，而根据《江苏知识产权密集型产业统计报告（2017）》统计显示，2016 年江苏专利密集型产业就业与全社会总就业的比例为 7.86%，2020 年江苏应达到知识产权次强国水平，因此，2020 年江苏专利密集型产业就业与全社会总就业的比例应设定为 10%。

第六章　江苏专利发展困境及原因分析

自知识产权战略实施以来，江苏专利各项事业发展成效显著，专利综合实力得到明显提升，知识产权大省地位牢固确立。然而，对照江苏建设引领型知识产权强省战略定位和目标设定，目前江苏专利事业发展在创造、运用、保护环境、政策、发展绩效等方面仍存在不同程度的困境和问题，这些问题的存在严重制约了江苏从知识产权大省向强省的跨越。梳理江苏专利事业发展中问题，并分析困境形成原因，是有针对性地找寻破解当前江苏专利发展困境对策，让江苏专利事业再上新台阶的必要前提。

第一节　江苏专利创造发展困境及原因分析

当前，与发达国家，甚至国内部分省份相比，江苏在专利创造、运用、人才、保护、政策和绩效等事业发展方面仍存在一定差距，面临发展困境，这些困境的存在为江苏专利综合实力进一步的提升，以更好地支撑经济转型发展，提出了严峻的挑战。

一、江苏专利创造的发展困境

在专利创造方面，江苏的专利创造产出规模虽然在全国处于领先地位，然而，在创造产出效率、创造产出质量、企业、高校、科研机构专利创造活力等方面，与引领型知识产权强省的标准要求仍存在明显差距。

（一）专利创造产出的效率偏低

根据发达国家的经验表明，专利创造与经济发展水平、研发投入以及人口规模等创新资源投入通常呈正比例的关系，两者的比值关系，即产出效率，是衡量知识产权强国的一个重要标准，然而，从目前江苏专利创造产出现状来看，存在明显的"产出效率不高"问题。2011~2016 年，江苏每亿元 GDP、每千万元研发经费投入、每百万人口发明专利授权量、拥有量总体上低于上海、北京，远低于世界发达国家的水平。2016 年，江苏每亿元 GDP 发明专利授权量、拥有量分别为 0.54 件、1.93 件，分别低于 2016 年韩国的 0.96 件、8.40 件，日本的 0.66 件、6.47 件（见图 6.1）；每千万元研发经费投入对应的发明专利授权量、拥有量分别为 2.06 件、7.40 件，分别低于 2016 年日本的 10.52 件、102.64 件，韩国的 11.88 件、103.69 件（见图 6.2）；百万人发明专利授权量为 511.96 件，分别低于 2016 年美国、日本、韩国的 937.85 件、1 599.24 件、2 124.39 件（见图 6.3）。

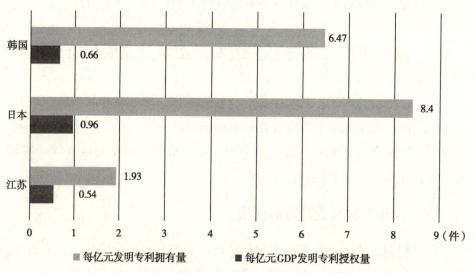

图 6.1　2016 年江苏与韩国、日本亿元 GDP 发明专利授权量、拥有量

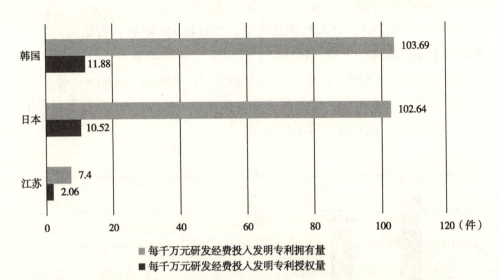

图 6.2　2016 年江苏与日本、韩国千万元研发投入发明专利授权量、拥有量

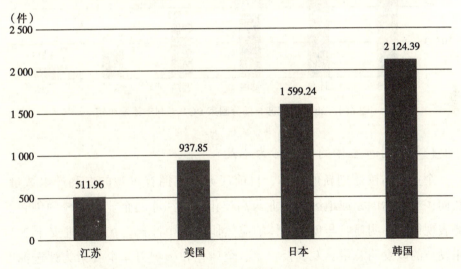

图 6.3　2016 年江苏与部分国家百万人发明专利授权量

（二）高质量专利创造产出较少

　　知识产权强国的特征还体现在大量的高质量水平专利创造数量上，而目前江苏的专利创造产出普遍存在"多而不优"的问题。2016 年，江苏发明专利授权占全省专利授权总量的 17.73%，分别低于 2016 年上海、北京

的 31.27%、40.37%；万人有效发明专利拥有量 18.40 件，而法国和韩国 2016 年分别高达 80.05 件、185.47 件；PCT 专利申请量为 3 213 件，占全省发明专利申请量的 1.74%，仅为 2016 年韩国的 20.66%、德国的 17.55%、日本的 7.10%、美国的 5.68%（见图 6.4），与江苏省专利申请量占全国 15.50% 的地位严重不相匹配。

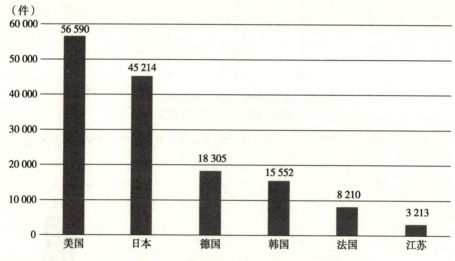

图 6.4　2016 年江苏与部分国家 PCT 专利申请量比较

（三）创新主体的创造活力不足

企业和高校是创新的主体，目前江苏虽然拥有可观的专利产出数量，然而，与发达国家或地区的企业与高校相比，江苏的企业与高校的创新优势表现得并不明显，与创新主体的应然地位不相符合。在科睿唯安于 2017 年发布的以发明总量、专利授权率、全球化和影响力 4 个要素为评选标准的"中国大陆创新企业百强"榜单中，江苏仅有宝时得、徐工集团、恒瑞制药等 3 家企业上榜，而北京上榜企业有 43 家，广东则有 27 家。❶ 从龙头企业在专利创造的表现上来看，江苏与广东、北京等省市存在更为明显的

❶ 科睿唯安："2017 年中国大陆创新企业百强榜单"，载 http：//www.maigoo.com/news/495565.html，最后访问日期：2018 年 3 月 25 日。

差距。2015～2016 年，江苏没有一家年发明专利申请量超千件的企业，而广东有 9 家。2016 年，江苏本土企业中发明专利申请量排名第一的无锡小天鹅股份有限公司为 626 件，而同年广东有 5 家企业入围全国企业发明专利申请受理量前十，其中华为公司排名第一，发明专利申请量为 4 906 件，优势明显。专利是企业开展国际贸易的战略资源，目前从外贸企业的创造产出上来看，江苏企业的表现同样差强人意，在实施"走出去"战略中竞争力偏弱，专利创造能力与行业龙头企业相差甚远。2014 年上半年，江苏核准境外投资项目 343 个，涉及对外投资额 38.3 亿美元，高新技术产品出口额 603 亿美元，但 PCT 专利申请量仅 599 件；广东省同期对外投资资金约 42 亿美元，高新技术产品出口额 995 亿美元，PCT 专利申请量达 5 937 件。❶ 此外，在江苏，高校作为另一创新主体，其创新优势也未能得到充分发挥。2016 年，江苏高校共有 166 所，排名全国第一位，但高校专利创造并不占优势。2016 年，江苏高校专利申请量和授权量分别为 42 303 件、19 848 件，仅占同年全省专利申请量和授权量的比例分别为 8.25%、8.59%，与江苏教育大省的地位不相匹配。在教育部科技发展中心公布的 2016 年全国发明专利授权量前 30 名高校中，江苏仅有东南大学、江苏大学、河海大学等 3 所高校入围，相对于浙江、西安、北京等其他省市，并未有明显优势。这些数据说明，江苏高校的科教优势并未转化为创新优势，促进江苏地方经济发展的效应还未能得到充分体现。

二、江苏专利创造发展困境的原因分析

当前，江苏专利创造面临的"多而不优、大而不强"困境，主要源于目前江苏在创新支持政策、利益分配机制以及导向机制等支撑专利创造方面均存在不同程度的问题。

（一）专利创造激励政策"以质为重"的导向转型较慢

为推动专利创造产出，江苏从省级层面和地市层面均颁布了相应的专

---

❶ 江苏省知识产权局《深入实施知识产权战略调研报告》（2013 年 10 月）。

利产出的激励和支持政策，如《江苏省知识产权创造与运用（专利资助）专项资金使用管理办法》《连云港市市级知识产权创造与运用（专利资助）专项资金使用管理办法》等。虽然目前江苏的专利创造激励政策贯彻建设知识产权强省的精神，加强专利产出的质量建设，一定程度体现了对于质量的强调和导向，如省级层面，江苏专利资助政策改变了传统对发明、实用新型和外观设计三种类型专利全面资助的做法，仅对质量水平较高的发明专利和国外专利申请进行资助，但是在省辖市层面，该导向并没有得到全面的贯彻和推行，大部分省辖市为了保证专利创造的产出规模，仍然保留了对实用新型和外观设计专利的资助，如连云港在对提交实审后的发明专利每件奖励 3 000 元；实用新型专利每件 1 000 元；外观设计专利每件 400 元。专利授权后发明专利、实用新型专利授权后每件奖励 1 000 元；外观设计专利授权后每件奖励 400 元。对促进专利产出增长为政策导向专利资助政策的实施，会使社会创新主体为追求政府的资金奖励，片面追求专利数量和规模，而忽视专利质量和价值，导致很多专利创造出来后由于质量低下，缺乏转化运用的基础，而沉睡在专利数据库中。❶

（二）产业在全球产业链中的整体层次不高

江苏作为全国的经济大省，尽管在实体经济和制造业的总量上位居全国前列，但是从全球产业布局情况看，产业发展整体还处于中低端水平，具体表现为：（1）产业关联度很低。目前江苏产业发展正处于"单维度、链条式发展阶段"向"多维度、立体式发展阶段"的转型期，产业的关联度较低，特别是生产性服务业与制造业的生产能力需求之间存在严重的不匹配。（2）产业集聚水平不高。虽然江苏的创新集聚平台数量在全国处于领先地位，据统计，江苏拥有省级以上的科技创新平台近 4 000 家，其中国家级的近 100 家，省级以上高新区 39 家，其中国家高新区 16 家，数量全国第一。然而，这些创新集聚平台对于创新资源的聚集，主要还是限于对

---

❶ 张红漫、朱振宇、毛祖开："我国专利申请资助政策分析——以河南、江苏为例"，载《知识产权》2011 年第 1 期。

于生产要素的聚集，而对于创新要素的聚集偏少，这也导致江苏创新平台研发和创新水平不高，优势并不明显。❶（3）产业参与全球产业分工还属初级阶段。根据全球产业链的微笑曲线，处于产业链两端的是从事技术研发、设计和销售的企业，这些类型企业居于产业链的高端，获取产业链中绝大多数的价值，处于产业链中低端的是从事加工制造的企业，这些企业产品附加值较低。目前江苏省产业在参与国际产业分工内容来看，大多数企业从事的还是加工组装等产业链低端环节，绝大部分产品是来自对跨国公司产品的模仿、来料加工或 OEM，核心技术主要靠的是进口。据统计，2015 年，江苏全省大中型企业引进技术与消化吸收经费之比为 1：0.34，而日、韩是 1：8，说明制造业对外技术依存度仍然非常高。❷ 正是因为江苏产业层次整体不高，决定了江苏企业整体对于专利创造的内生需求不足。

（三）创新激励机制对研发人员的激励作用不明显

创新激励机制是通过一定手段提高创新主体从事新产品、新技术、新方法等创新活动的方法和举措。根据哈佛大学詹姆斯教授研究证实，人在受到激励时，其潜能可以发挥到 80%～90%，而在没有受到激励时则只有20%～30%，因此，激励性的措施能够大幅提高人内在的潜能。❸ 目前江苏企业、高校和科研院所的创新利益分配和奖励机制还比较落后，绝大多数企业、高校和科研院所规定专利授权后的利益分配与奖励往往采取一次性支付金额的方式，而很少采用股权分配或按实施效益一定比例提成给付，由于创新者个人利益获得与企业收益间的不平衡，对创新者积极性调动不够，加之专利有时得不到有效保护、专利转化困难等原因，很大程度上影响了科技创新和专利创造的积极性。此外，目前江苏高校院所的专利应用导向机制也存在很大问题。绝大多数高校和科研院所的职称评定、职位晋

---

❶　丁荣余："创新引领如何胜人一筹"，载《群众》2018 年第 2 期。

❷　杭春燕："世界智能制造大会花落江苏　经济转型升级再添动能"，载《新华日报》2016 年 10 月 27 日。

❸　冯晓青："促进我国企业技术创新与知识产权战略实施的激励机制研究"，载《社会科学战线》2013 年第 2 期。

升等人才评价的标准仍是论文发表、期刊分量、课题研究、影响因子等，导致科研人员在申请课题、发表论文、鉴定成果的循环中打转，而忽视对于技术的专利申请，即使有专利申请，也是为了完成课题研究或者奖励评定的任务，而不是着眼于市场需求以及运用转化需要。据调查，江苏高校研发经费中，用于产品开发的经费占比仅 14.8%，低于全国平均水平。正是这一机制上的短板，导致江苏高校、科研机构的专利创造整体质量和价值不高的问题。❶

第二节　江苏专利运营发展困境及原因分析*

近年来，美国、日本、德国等发达国家及企业凭借在专利领域的强势地位，纷纷组建专利运营风险投资公司，通过专利投资、许可、转让、诉讼等运营方式，加快了专利的战略性布局，进行全球产业链整合，抢占市场先机，对发展中国家及企业形成战略合围之势。发达国家及其企业的频频作为，已逐渐让发展中国家及企业认识到专利运营的重要作用和价值。江苏虽然是专利创造大省，但是从专利运营情况来看，江苏情况不容乐观，极大地抑制专利对于经济社会发展效应的释放。

一、江苏专利运营的发展困境

江苏专利运营存在的问题主要体现在专利信息利用率低、运营效能低下、运营手段单一等三个方面，具体表现在以下方面。

（一）专利信息利用率低

专利信息的利用是开展专利运营活动的重要内容和基础。借助专利信

---

❶　所谓高价值专利，从市场的维度进行评判，就是"卖得出价钱"的专利，"卖得出价钱"既可以是现实的价值变现，也可以是未来的坐地收银。参见何炼红："多维度看待高价值专利"，载 http：//www.sipo.gov.cn/ztzl/jjgjzzl/gjzzldjt/1080063.htm，最后访问日期：2018 年 3 月 28 日。

＊　该节内容部分摘选自郑伦幸、牛勇："江苏省专利运营发展的现实困境与行政对策"，载《南京理工大学学报（社会科学版）》2013 年第 4 期。

息，不仅可以为技术创新者提供科学的技术创新决策，让技术创新者避免盲目重复研发无市场价值的技术，还可以为创新者寻求技术产业化的合作伙伴提供路径信息，加速专利技术的推广和利用。麻省理工学院就是通过"工业联系项目"与一批公司建立固定的技术合作关系。❶ 目前江苏企业对于专利信息的利用率与知识产权强国仍存在较大差距。据统计，江苏省企业信息利用率和充分利用率分别只有 35% 和 1%，目前有 1 500 家企业建立了企业知识产权数据库，仅占 5 013 家有专利申请企业的 30%，而美国、日本等发达国家企业专利信息利用率和充分利用率分别在 90% 和 60% 以上，有研发活动的企业几乎都建立了不同形式的专利数据库，供研发和运营所用。❷

（二）专利运营效能低下

专利运营的效能是衡量知识产权强国的一个重要标准。世界知识产权强国无一不是专利运营高效能国家，而目前江苏的整体专利运营效能还不尽理想，处于初级阶段。从专利运营的比例来看，据统计，江苏省 80% 的企业和 90% 的高校对专利缺乏科学有效的运用和管理，难以将专利进行技术转移和商业化。江苏省高校的发明专利中 36% 已经失效，有效专利中60.2% 尚未实施，发明专利存活周期大于 5 年的仅占有效发明专利总量的31.6%，一些具有良好的潜在价值和市场前景的专利，由于权利人无力或怠于实施，最终成为"沉睡专利"，造成大量资源的闲置和浪费。从专利运营的效益来看，2015 年，江苏百万元 GDP 中技术合同认定登记金额为1.03 万元，低于全国平均值 1.43 万元，更低于北京和上海的 15.00 万元和2.82 万元。2015 年，江苏技术输出成交额与技术吸纳成交额比为 56.37%，低于北京的 301%、上海的 130%、广东的 102%（见图 6.5）。2013 年，江苏省高校通过知识产权运营获取的收益约为 9 000 万元，而美国康奈尔大学仅 2012 年通过专利转让、转移等商业化行为实现的收入就达到了 1.2 亿美

---

❶　石兴广、路平："利用专利信息，推进技术创新"，载《现代情报》2003 年第11 期。

❷　《江苏省知识产权局 2016 年年报》。

元。据不完全统计，2015 年江苏知识产权运营总收入为 3 亿元，而日本仅 2014 年 5 月从海外获取的知识产权收入折算为人民币就达到 196 亿元。

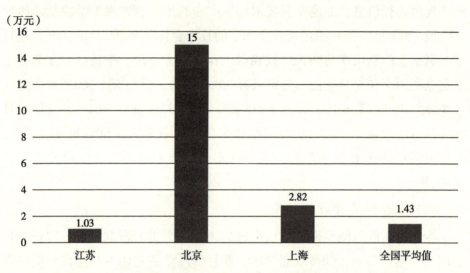

图 6.5　2015 年江苏与部分省市百万元 GDP 技术合同认定登记金额

（三）专利运营手段单一

专利价值的实现在于依据专利技术方案本身特性、按照专利权利主体主观需要，参考不同时期市场客观需求，作出不同方式的专利价值挖掘与开发。由于江苏创新主体在专利运营意识和能力上的欠缺直接导致专利运用的单一化问题。目前江苏企业对专利的利用主要还在于自行实施上，对专利进行风险投资、交叉许可形成专利联盟、以进行战略性布局诉讼等专利运用活动少之甚少，如 2008 年，以苏州工业园区企业为目标调研问卷调查显示，在企业知识产权的应用方式上，83.33% 的样本企业为自行实施，3.33% 的样本企业为转让实施，而通过许可实施的样本企业为 0。❶

---

❶ 唐恒、朱宇：《区域知识产权战略的实施与评价——江苏之实践与探索》，知识产权出版社 2011 年版，第 60 页。

二、江苏专利运营困境的原因分析

专利运营涵盖专利技术申请、专利信息检索分析、专利风险投资、专利转让、专利许可、专利诉讼等多项内容，❶ 因此它是一项系统工程。专利运营体系的构建需要充足的资金作为支撑，有市场前景的专利作为内容，功能健全的机构作为载体，复合背景的专利技术人才作为依托。反观目前江苏省专利现状，造成目前专利运营困境的原因，笔者认为主要有以下几个方面。

（一）企业专利运营意识不强

江苏虽然是我国 GDP 总量排名第二，仅次于广东的经济大省，但江苏的大部分企业长久以来，仍沿袭着我国其他省份企业类似的传统粗放式增长模式，从表象上看，这些企业产能巨大，产品的市场占有率高，但由于忽视了技术研发和技术运用，其产品的技术附加值极低。这些企业往往处于"微笑曲线"的底端，仅是靠卖产品或卖劳动力获取低廉利润的贴牌加工工厂。即使是在近几年，随着知识产权战略的实施，专利行政部门的政策引导之下，一些企业开始关注专利，但由于"经营惯性"以及目前专利行政评价指标欠缺科学，即过多偏重专利量的增长，也没有强调专利质的提升以及技术商业价值的转化，因此绝大多数企业的注意力仅仅局限在专利申请上，专利授权后往往被束之高阁，甚至有的企业为了追求专利申请的行政资助，臆造毫无价值的所谓"非正常性专利"进行申请。据统计，2004 年 1 月至 2009 年 4 月的三类专利申请中，江苏共查出非正常专利申请5 951件，高居全国首位，比位列第二的北京高出 82%。没有市场创新主体的专利运营需求，专利运营也就成了无源之水、无本之木。

（二）专利运营人才匮乏

专利运营人才是开展各项专利运用和管理活动的保证和支撑。由于专

---

❶　王承守、刘仲平等：《智慧财产权管理》，元胜出版公司 2005 年版，第 125～128 页。

利运营涉及投资、转让、许可、诉讼等活动，因此专利运营人才通常需要以理工科为背景，具备相关法律、经济以及管理知识的复合型人才。但从目前江苏省的知识产权人才培养机制以及知识产权人才数量和结构来看，对专利运营活动的开展都起到严重的制约作用：（1）在人才培养机制上，目前江苏只有2所高校成立知识产权学院，7所高校成立知识产权培训基地和研究中心，24所高校开设知识产权相关课程。除1所高校（南京理工大学）在理工科毕业生中开展知识产权相关教育之外，其他院校基本是在法学专业学生中开设知识产权相关课程。由于知识背景单一，难以适应专利运营活动对多学科交叉知识的需求。（2）从人才数量上看，截至2010年，江苏从事专利信息开发、知识产权维权援助等公益性及社会中介服务人员180多人，专利代理机构从业人员467人，其中取得专利代理职业资格的301人。专利运营服务从业人员数量与发达国家相比差距较大，无法满足专利运营人才数量的需要。（3）在专利运营人才结构上，江苏专利运营人才主要集中在专利代理申请领域，专利创造、专利信息分析、专利战略管理、代理涉外专利诉讼的人才极度匮乏。专利运营人才的结构与专利运营所包含的多种类内容要求严重不符。

（三）专利运营功能链运转不灵

专利运营功能链条的正常运转主要靠专利运营机构提供物理支撑，以政府专项资金或市场化融资来供应动力驱动。但从这两个方面发展状况来看，江苏的专利运营功能链目前运转不灵：（1）从专利运营机构来看，江苏现有专利服务大多局限于专利申请和无效、商标注册、版权登记、知识产权诉讼代理等业务，自2012年9月江苏才成立首个专利运营公司，缺乏专利转化运营、价值评估、信息分析、交易代理等具有高附加值的专利运营服务提供能力，难以满足创新主体、市场主体对专利运营服务的迫切需求，而北京的知识产权运营管理有限公司、智谷科技有限公司、集智慧佳知识产权管理咨询有限公司以及上海盛知华知识产权服务公司，已经在专利运营模式上做出很好的探索和尝试。此外，江苏还缺乏市场化、规范化、专业化运作，缺乏具有知识产权展示、信息发布、转让交易、融资服务等多功能的知识产权交易平台，以知识产权代理、法律、资产评估、投融资等为支撑的专利运营服务链尚未构建。（2）在专利运营的资金获取路径上，目前江苏省财政以及专利行政管理部门虽建立有政府的知识产权运营专项资金，但是资金规模极其有限，并且市场无形资产融资体系建设尚处于起步阶段，很多无形资产融资所必需的机构、规范、机制仍为空白，并且由于无形资产相较于有形资产更具有风险不测的属性，因此，企业或者专利运营机构从金融机构获取专利运营开发的融资亦是困难重重。

（四）专利运营配套政策缺位

公共政策是专利运营健康快速发展的制度保障，而从目前江苏专利运营配套政策来看，还处在空白和缺位的状态，主要表现在：政府规章制定方面，仅就规范专利代理机构于 2012 年出台了《江苏省专利代理机构星级评定暂行办法》，对专利运营公司活动的规范无章可循；专利工作行政评价指标方面，片面注重专利的创造，如专利申请量授权量、发明的申请量和授权量、万人发明专利拥有量、PCT 申请量，而专利运用、转化方面的指标没有纳入其中；专利资助方面，目前江苏专利资助的对象仅限于专利的申请和授权，专利运营的政策资助在财政立项来看暂为空白状态。

第三节　江苏专利管理发展困境及原因分析

自知识产权战略实施以来，江苏专利管理能力建设取得显著成效，然而，建设引领性知识产权强省目标的确立，对江苏专利各项事业发展提出了更高的要求，相应地对专利管理水平和能力也有更高的要求，目前江苏专利管理能力水平与推进专利创造、运用、保护事业发展的管理需求之间仍存在明显的矛盾和冲突。

一、江苏专利管理发展的困境

当前，江苏专利管理发展中出现的问题，主要体现在专利行政管理能力不强、企业专利管理机制不健全、高校专利管理能力偏弱等方面。

（一）专利行政管理能力不强

如上文所述，目前江苏专利行政管理机构从横纵两个方面的建设取得了显著成效，但从管理能力来看，相对于引领性知识产权强省建设的能力要求，仍存在明显的不足，具体表现为：（1）管理成本过高，资源利用率较低。当前，虽然江苏省的专利行政管理工作统一由知识产权局负责，但是专利事业发展是一项系统工程，整体推进专利事业所涉创造、运用、保护、人才等工作的向前发展，一方面需要与专利工作相关的科技、商务、司法、财政、海关、公安等部门的密切配合；另一方面需要商标、版权工作的协同推进，如专利密集型产业的升级发展，不仅需要专利实力的提升，还需要商标品牌，甚至版权实力的跟进。目前江苏省涉及知识产权管理职能的部门多达十几个，还有多个协调和联合执法机构。每个机构都由独立的人事编制、机构组织以及相应的配套保障，如此庞大、分散的机构组织运行，不利于资源的合理分配和集中利用，整体运行需要耗费大量的人力、物力和财力资源。（2）信息沟通不畅，效率偏低。效率原则是行政管理工作的重要原则。根据效率原则，不同部门之间的信息交流与传递，一般需要进行统一的管理和统筹，否则很容易形成信息传递上的无效率。目前虽然江苏省市层面均建立了知识产权联席会议制度，但是该制度并非常设性机构，且对联席会议各方并没有实质性的强制力和约束力，无法起到高效的统筹管理作用。因此，目前统一江苏知识产权行政管理机构的缺失，增加专利行政管理协同推进的难度和成本，降低了行政管理的效率。（3）容易产生权益冲突和灰色地带。知识产权很多职能之间存在内生的联系，人为地将其条块化的分割，很容易导致管理职能的交叉重叠，对于同一主体就同一事项进行重复的资源分配，导致资源的错配，如高新技术企业与知识产权密集型企业的评定、对于同一专利重复多次给予专利资助经费等。此外，各部门对知识产权行政管理进行条块分割，很容易让相关部门出于责任承担上的考虑，产生有利争办、无利推诿的局面，进而导致知识产权管理上灰色地带的出现，不利于知识产权人合法利益的保护。❶（4）难以形成专业人才成长的稳定环境。目前江苏省除了苏州之外，知识产权局并没有独立设置，而是作为科技局下的二级局存在，因此，人员轮岗频繁，队伍稳定性差，难以培养出专业化的管理队伍，不能满足专利行政管理需要较高的专业知识和技能的需求，造成诸多行政管理部门形同虚设，难以履行职责。

（二）企业专利管理机制不健全

江苏省自 2008 年开展企业知识产权标准化贯标以来，虽然已有 8 000 余家被列入省级企业知识产权管理标准化示范创新单位，企业专利管理能力有了较大提高。然而，从全省企业整体专利管理状况来看，情况不容乐观。目前江苏省参与"贯标"仅占全省规模以上工业企业的 16%，还有相当多的企业处于无管理机构、无管理制度、无管理人员的"三无"状态。根据对江苏有专利申请的企业进行抽样调查显示，江苏 37.3% 的企业拥有专门的专利管理部门和专职管理人员，39.2% 的企业专利管理由其他部门，如科技部门、内部人员兼职专利管理，23.5% 的企业无专利管理机构、人员和制度。即使是在有专门专利管理机构的企业中，江苏企业的一般专职或兼职人员也基本在 1~3 人，最多不超过 10 人。❷ 很多江苏企业在管理机构的架构设置上将专利管理职能设置在科技部门之下，并由企业负责技术的副总分管，相比国外企业对于专利管理部门的重视，差距明显，如 IBM 公司专门设置知识产权管理总部，总部内设专利部和法务部，专利部下还区分不同技术领域下设 5 个部门，每个部门都有一名专利律师担任专利经理。❸ 江苏一些企业正是由于专利管理机制的欠缺，导致企业出现较大的

---

❶ 杨美琳："我国知识产权行政管理体制的改革与完善"，载《金融教学与研究》2012 年第 3 期。

❷ 江苏省知识产权局《关于加快推进我省企业知识产权战略实施的调研报告》(2011)。

❸ 熊英："国外企业知识产权管理机制比较与启示"，载《现代企业》2008 年第 3 期。

经济损失。如苏州某光电科技股份有限公司,由于企业内部缺乏相应的专利管理制度及相关人员,导致该公司 4 项外观设计和 1 项实用新型专利无效,2 项发明专利公布后视为撤回,对其在深圳创业板上市造成不良影响。

(三) 高校专利管理能力偏弱

高校是重要的专利创造主体,建立专利管理体系是有效维护和运营专利创造成果的前提条件。从目前江苏高校专利管理的实际情况来看,专利管理能力严重不足,还处于粗放式管理的发展阶段,难以满足高校专利管理的现实需求:(1) 在专利管理理念方面,大部分高校尚未将专利管理制度和发展规划融入学校整体发展规划,导致专利管理在高校发展中的层级过低,不被重视。(2) 在专利管理机构设置上,大多数高校没有设置专门的专利管理部门,部分设置专利管理部门的高校,也是直接将专利管理职能合并到科技处或科学技术研究院,管理机构的非独立化设置,不利于对专利进行申请、维护、转化、运用等系统化管理。(3) 在专利管理人员的配备上,一些设置专利管理职能的高校也仅专门配备 1~2 名管理人员,且这些管理人员大多由科技管理人员转行,缺乏专业的专利知识,仅有少数学校的管理者有专利代理人资格证书,专利管理人员的非专业化,且规模过小,导致高校无法科学系统地对专利做出管理。相比美国、欧洲高校中一般都设有专门的、独立的专利管理机构,配备 10~30 名甚至更多的专利高级专职管理人员,形成高校知识产权的专业化、规范化管理,差距较为明显。❶

二、江苏专利管理发展困境的原因分析

(一) 专利行政管理体制不够顺畅

专利事业发展的系统性特点,要求专利行政管理的系统性,即不仅要求专利行政管理体制自体具有系统性,机构建制健全,政令实施畅通,同

---

❶ 高光珍、张永伟:"高校知识产权管理现状与对策研究——以江苏高校为例",载《中国教育技术装备》2017 年第 22 期。

时还要求专利行政管理机构与相关部门保持有机的衔接和联系，形成外部协同系统，保证部门之间的工作交互通畅。为了形成工作合力，方便服务创新者，便于整合资源，世界发达国家基本上均建立了专利、商标二合一的知识产权管理体系，部分国家建立了专利、商标、版权三合一的知识产权管理体系，国内北京、上海、天津、广东、湖南等省市都已成立一级局建制的知识产权局，而江苏的知识产权管理职能目前由知识产权、工商、新闻出版、农委、经信委等多部门分管。主管专利的知识产权局系统目前在江苏省13个设区市，除苏州市成立统管专利和版权的一级局建制知识产权局以外，其余各市都是在科技局增挂知识产权局牌子或设科技局下属二级局。100个县（市、区）虽均挂牌成立知识产权局，但大部分没有相应的知识产权职能机构和专职管理人员，也没有相应的协调机制。主管版权的版权系统，省级层面，省版权局与新闻出版广电局合署办公，12个设区市版权局与文广新局合署办公。因此，目前江苏专利行政管理能力的缺陷主要源于落后的管理体制。

（二）企业、高校专利管理意识淡薄

目前江苏企业和高校专利管理机制的不健全以及能力的不足，还主要基于专利管理意识的缺乏。从企业层面来说，专利管理意识的淡薄主要体现为以下两方面：（1）专利管理缺乏主动性和积极性。目前大部分的江苏企业还只是片面地注重产品质量和生产线规模，缺乏主动的专利管理意识，只是在知道自己的专利被他人侵权或被其他企业起诉侵权时才意识到专利管理的重要意义，如在专利申请过程中，大部分企业没有主动进行专利布局的意识，并且由于专利获权与技术人员的研究开发没有业绩上的关联，造成企业自主创新能力较弱，被国外公司不断高筑的技术壁垒所包围，最后沦为全球产业链的最底层。（2）专利管理缺乏战略规划。目前江苏绝大多数企业还没有现代化的专利管理理念，没有从战略上将专利管理规划融入企业整体发展规划，由于缺乏专利管理战略规划，很多企业的成果或者没有申请专利，或者仅申请中国专利，并没有在国外进行布局，因此造成技术的国外流失，并且还很容易陷入国外企业所设置的专利"陷阱"，做出侵犯他人专利权的违法行为，不仅可能造成高额经济损失，更甚者还可能导致企业的直接破产。从高校层面来说，拘于利益分配和激励机制的限制，目前高校缺少市场竞争意识，专利的管理者由于缺少系统性、专业化的专利管理知识，难以对高校的专利进行有效、科学的管理，而对于科研人员，由于人才评价机制的"指挥棒"影响，对于所申请的专利也大多仅仅为了职称、奖励的评定和课题结项的需要，并没有后续的管理意识和需求。❶

（三）专利管理工作投入力度不大

专利管理各项工作的推进需要由大量经费投入作为保障和支撑。省级层面，目前虽然江苏省级知识产权专项经费已列入省财政预算，但是与国内其他省市相比，在财政预算中的占比仍有一定差距，与引领型知识产权强省建设的目标和需求不相匹配。2014年江苏省级专利专项经费总额为1.7亿元，占省级公共财政预算支出的0.15%，而同年广东、上海分别为0.20%、0.18%（见图6.6）。专利管理工作投入的有限性直接导致了专利转化、数据库开发、知识产权运营、执法、人才培养等重要工作推进过程中经费短缺问题。从省辖市层面来看，江苏省13个省辖市，除苏州外，其余12个市知识产权工作经费都没有纳入财政预算，102个县（市、区）财政预算也没有知识产权专项经费，严重影响专利事业发展的纵深推进和开展。此外，目前江苏专利经费财政投入的结构也存在不平衡，即在专利创造方面的投入力度较大，但对于专利价值实现的专利技术产业化、企业知识产权战略推进计划、专利人才培养、专利服务业发展等投入力度和增幅相对较小，如2010年江苏支持知识产权创造的财政投入约为4 500万元，而支持企业知识产权战略和促进专利技术产业化的投入分别为1 200万元和300万元，❷专利财政投入的结构性问题，将不利于江苏专利事业的整体性推进。

---

❶ 陈亚芬、陈依元："高校知识产权管理中存在的问题及对策"，载《福建论坛·人文社会科学版》2009年第3期。

❷ 钱建平等：《江苏省知识产权强省建设研究》，知识产权出版社2015年版，第137页。

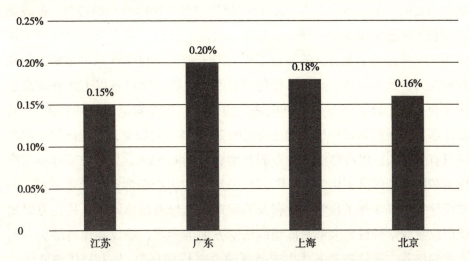

图 6.6　2014 年江苏与部分省市省级知识产权工作专项经费占财政预算比情况

第四节　江苏专利人才发展困境及原因分析

专利人才是专利事业发展的基础性、战略性资源，是开展专利事业所涉各项工作的支撑性条件。自知识产权战略实施以来，江苏专利人才队伍建设虽然取得了较大进展，但与发达国家和先进省市相比，与实施创新驱动核心战略对知识产权专业人才的需求相比，人才紧缺的矛盾十分突出。

一、江苏专利人才发展的困境

目前江苏专利人才所处的困境主要表现为专利事业发展的数量需要与市场人才的供给不足之间的供求矛盾，这一矛盾既反映在专利高层次以及专业人才的规模过小，还体现在供给人才的能力参差不齐的问题上。

（一）高层次专利人才严重缺乏

高质量的专利创造、高价值的专利培育、高效能的专利管理、高水平的专利保护均需要各种类型高层次专利人才的支撑，而高层次的专利人才

143

具有明显的"知识复合型""能力应用型""视域国际型"的特点，即高层次专利人才通常需要具有理工、法律、管理、外语，甚至市场运作等方面的知识，并且对于复合型的知识不仅局限于理论还包括熟练运用知识的经验和能力，此外，还应有国际化的视野和适应性，而具备以上条件的高层次专利人才，目前江苏处于严重缺乏的阶段，如在知识产权师资人才中，在江苏目前开展知识产权教学与研究的24家高等院校中，知识产权专职教师只有150人，仅占样本高校专职教师总数的0.52%，且其中复合型、应用型和国际型师资不到10人。❶ 高校高层次知识产权师资的严重不足，一方面导致难以在理工科学生中普及知识产权选修或必修课程，另一方面知识产权专业学科设置大都只能组织法学方面的学习，难以实现高层次专利人才的培养，导致高端人才供求问题的"恶性循环"。从专利代理队伍结构来看，缺乏具有专业技术背景、熟悉知识产权法律法规和国际规则，以及懂外语的高层次、复合型人才。据统计，2010年，江苏取得专利代理职业资格仅有301人，其中具备硕士以上学历的只有25人，有律师执业资格证书仅有21人，符合英语口语好的不到10人。❷

（二）各类型的专利专业人才规模过小

各项专利事业的开展除了高端人才外，更重要的是还需要一定规模的各类型专利专业人才的基础支撑，然而，目前江苏专利专业人才的规模过小，还难以满足专利事业快速发展的需要。从企业、高校、科研院所知识产权管理人才来看，知识产权管理人才全程介入创新活动，可有效提高创新研发起点，避免重复研发和侵权风险。目前江苏企业、高校、科研院所专职知识产权管理人员与研发人员的比例仅为0.86%，而发达国家专职知识产权管理人才与研发人员的比例一般在2%～10%。从专利信息开发人员来看，江苏设有国家知识产权局区域专利数据中心，专利数据达8 000多万条，为利用全球创新资源提供了广阔的空间，但江苏从事专利信息开发利用的人员总计不足200人，其中专业人员不足80人。

---

❶❷ 江苏省知识产权局《加快我省知识产权人才队伍建设的调研报告（2011）》。

专利信息开发人员的缺乏，导致大量的专利信息资源无法得到充分应用，与创新经济发展对专利信息的需求存在很大差距。从知识产权服务人员来看，截至 2016 年，江苏的执业专利代理人为 957 人，仅占全国的 7.18%，而北京为 5 972 人、广东 1 743 人，人才规模差距明显（见图 6.7），无法满足占全国 14.8% 的巨大专利申请量需求，其他领域如专利价值评估、保险等服务领域的人员数量更少；❶ 从专利管理和行政执法人才来看，目前，江苏省仅有知识产权（专利）行政管理人员 500 余人。近年来，虽然有 300 多位知识产权行政管理人员经培训取得了专利行政执法资格，但一线从事专职行政执法人员不足 50 人，按《江苏省专利促进条例》赋予县（市、区）专利行政执法权限，以及《行政处罚法》《行政复议法》的规定，专利行政执法机关开展执法活动至少应有 3 名具有执法资格的人员，赋有行政复议职能的机关至少应有 5 名以上具有行政执法资格的人员，以此测算，尚有近 400 人的缺口。

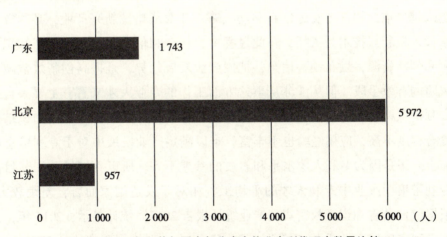

图 6.7　2016 年江苏与国内部分省市执业专利代理人数量比较

数据来源：国家知识产权局《全国专利代理年报（2016 年）》。

---

❶ 国家知识产权局《全国专利代理年报（2016 年）》。

（三）专利人才水平和素质参差不齐

复合型、应用型是目前市场对于专利人才能力水平的基本期待和要求，然而，由于目前江苏只有 2 所高校成立了知识产权学院，7 所高校成立了知识产权培训基地和研究中心，24 所高校开设了知识产权相关课程，基本是以知识产权选修课形式开展。除南京理工大学知识产权学院是在理工科毕业生中开展知识产权相关教育以外，其他院校基本是在法学专业学生中开设知识产权相关课程，而作为法学专业的知识产权本科生和研究生，由于其知识结构过于单一、有法学理论而缺乏理工科背景，难以适应市场对专利人才的需求。复合型市场能力要求的专利人才供给不足问题的存在，导致目前大部分市场上的专利人才直接是由其他门类的人才临时转行或者根据工作岗位需要临时接手，如目前江苏很多企业的专利管理部门是挂靠到科技部门，企业专利管理职责都是临时由科技部门的行政管理人员兼职完成。随着建设知识产权强省的逐渐深入，这种现象如不解决，后果将会越来越严重，如江苏实施创新驱动战略，开发战略性新兴产业，必须要以掌握未来新兴技术为依托，在此过程中，从专利信息角度利用全球知识资源和创新资源，发布预警信息，把握产业发展趋势，是提高创新效益减少风险的有效手段。但从江苏从事这方面工作的专业人才来看，主要来自省专利信息中心、省情报所和常州佰腾公司，人员年龄结构年轻，知识结构复合程度不高，应用经验也不丰富，难以满足产业发展中对于专利信息的需求。正是因为专利人才水平和素质的参差不齐，所以直接导致江苏目前专利密集型产业中专利人才的平均工资相对于发达国家而言，差距较大，根据《江苏省知识产权密集型产业统计报告 2017》统计显示，2016 年，江苏专利密集型产业平均工资为 6.81 万元/人，平均周工资为 1 309.62元/人，2014 年美国专利密集型产业平均周工资为 1 560 美元，2013 年欧盟专利密集型产业平均周工资为 895 欧元，按当年汇率折算后，美欧专利密集型产业平均周工资分别是江苏专利密集型产业平均周工资的 7.74 倍和4.85 倍。

二、江苏专利人才发展困境的原因分析*

专利人才培育与成长需要符合规律的人才培养机制和良好的人才成长环境。目前江苏专利人才发展中存在的问题，究其原因主要有以下三个方面。

（一）专利人才培养周期长、要求高

市场需求决定人才培养的质量标准。目前全国包括江苏对专利人才的需求主体主要集中在企业，如根据2016年深圳智诚知识产权人才服务有限公司所作的《全国企业知识产权人才需求分析报告》显示：全国需求知识产权人才岗位的单位占比中实体产业和专业服务企业合计占到91%（见图6.8），且在所有需求岗位中专利岗位占比达33%。❶ 由于企业专利管理和服务过程中，涉及专利阅读、撰写、检索、运用、保护等综合性内容，因此首先决定了专利人才应具备知识结构上的复合型要求，即专利人才应掌握法律、技术、经济、管理等多学科知识，并有交叉运用的能力。对于"复合型"的理解，有学者认为专利人才必须是同时具有法律、技术、经济、管理等知识复合的"全能型"人才。❷ 笔者对此观点持保留态度：当然，"全能型"的专利复合人才是一种适应各种专利工作需要的"理想模式"，但是无论从高校人才培养角度还是个体成长规律来看，均缺少现实性，并且专利人才类别本身具有多样性，并非局限于企业专利管理人才，还包括专利研究人才、经营人才、评估人才、外贸人才等，因此，笔者认为专利人才之"复合型"应是一种从广义角度理解的"现实模式"，即其既包括法律、技术与管理的复合，还包括法律与管理的复合、法律与经济

---

　　* 部分内容摘选自郑伦幸："理工科高校知识产权人才培养路径探析"，载《工业和信息化教育》2018年第2期。

　　❶ 高航："全国企业知识产权人才需求分析报告"，载 http：//www.gaohangip.com/news/detail/4735.html，最后访问日期：2018年3月28日。

　　❷ 杨德桥："理工类高校知识产权人才培养方略"，载《高等理科教育》2012年第1期。

的复合、法律与外语的复合等多种类型。此外，企业专利管理与服务工作是一项推动企业强化对专利有效开发、保护、运营而对企业专利进行有计划的组织、协调、谋划和利用的系统性工程，且该项活动具有法律性、市场性、动态性、从属性和文化性特征，❶ 对企业专利管理和服务的有效开展除了要求专利管理者具备复合型的知识背景外，更强调其对专利相关知识的实际运用能力，因此，知识产权人才往往还应是熟练掌握知识实际运用技能的实践型、应用型人才。正是基于专利人才的复合型、应用型的高标准，因此，决定了专利人才的培养，相对于其他人才，具有周期长、要求高的特点，从而导致目前江苏专利人才，特别是高层次专利人才供给不足的问题。

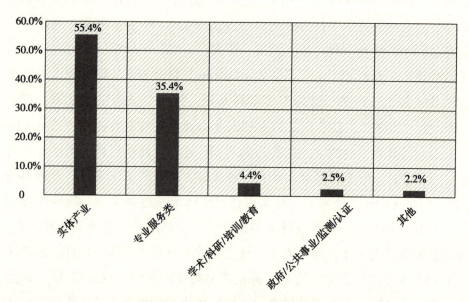

图 6.8　知识产权岗位需求各行业占比

数据来源：智诚人才分析报告。

（二）专利人才学历培养机制不完善

基于在职教育在培养专利人才方面的培养周期短、知识系统性差等弊

---

❶　朱雪忠：《企业知识产权管理》，知识产权出版社 2001 年版，第 2~5 页。

端，决定了学历人才培养模式是目前培养专利人才的主要方式。然而，目前江苏省大多数培养专利人才的高等院校，基本还是沿袭法学人才的培养路径在培养专利人才，甚至很多理工科高校，虽然努力想在培养机制安排上体现复合型的特点，但是在知识复合方面，要么以短击长，没有释放在培养知识产权人才方面的比较优势，仍然在法学院的框架下固守传统的"法学人才培养模式"，导致培养学生知识背景欠缺复合型，且与法律院校培养知识产权人才相比毫无就业竞争力；要么罔顾人才成长规律，在知识复合模式方面，片面强调复合知识的多样性，开设大量的理工、管理、经济、法律方面的课程，导致学生在既定的修业年限内欠缺某一学科知识的系统构建，对所学知识仅涉猎皮毛、通而不精，❶ 导致培养出来的专利人才的知识复合效果不理想，达不到专利人才的复合程度要求。此外，目前大部分江苏省内高校在知识产权人才的培养方式上，仍然主要依靠的是传统教材讲授方式，而对于学生实践能力的培养方面则局限于传统流于形式的"毕业实习"，缺少科学的实践教学体系的构建和应用，从而导致培养出来的学生"重理论、轻实践"，即对于知识的掌握更多偏重理论方面，而对于专利工作所需的实践能力则欠缺系统性训练和培养，达不到专利人才的实践能力水平要求。正是目前在学历人才培养机制上存在的问题和缺陷，导致江苏即使现有较少的专利人才供给也难以达到市场的能力要求。

（三）专利人才的评价与激励机制不健全

江苏虽早在 2009 年在全国就率先实行企业知识产权工程师职称评定制度，对通过知识产权工程师培训，达到评定条件的企业事业单位专利管理人员进行中级和高级职称的评定，并给予相应配套的待遇。2016 年又启动了江苏省知识产权人才库建设，对全省各领域的包括专利在内的知识产权人才进行评价，并向国家和社会公众进行推介，初步建立专利人才的评价和激励机制。然而，目前江苏的专利人才评价和激励机制还存在以下问题：

---

❶　朱一飞、陶丽琴、周泛海："理工科高校知识产权人才培养的模式选择——以中国计量学院为例"，载《江苏商论》2011 年第 2 期。

（1）层次不高，社会认同度不够。目前江苏对于专利人才的评价与激励机制并未从省级层面进行普遍推广，基本还局限在知识产权系统内部，特别是知识产权人才库建设由于启动于 2016 年，起步较晚，尚未被社会公众普遍了解和知悉，因此，专利人才评价机制的社会认同度不高。（2）衔接不畅，社会影响度不够。目前专利人才评价和激励制度普遍存在与其他制度衔接不畅的问题，没有被其他相关部门及其制度纳入统筹范围，由于没有强制力保障实施，因此，导致目前的专利人才评价制度没有对从业人员起到充分的激励作用，很多单位业并未兑现对于知识产权工程师等专利人才的特殊待遇。正是因为专利人才评价和激励机制目前存在的以上不健全问题，致使江苏专利人才的生长环境不佳、专利人才职业认同感不强、吸引力不足、平均待遇不高等问题。

第五节　江苏专利环境发展困境及原因分析

专利发展环境是一个区域专利软实力的重要体现，也是建设引领型知识产权强省的重要内容。专利发展环境主要由保护环境、服务环境构成，而目前江苏在保护环境和服务环境两方面均存在不同程度的困境和问题，积极回应这些问题，是江苏营造良好的专利发展环境，发挥专利支撑经济社会发展积极作用的必然要求。

一、江苏专利环境发展的困境

专利保护环境和服务环境是评价一个区域专利整体环境的重要标准，目前江苏在专利发展环境方面的问题集中体现为专利保护环境不优和专利服务能力不强两个方面。

（一）专利保护环境不优

目前江苏的专利保护环境问题，本质而言，还是在于专利保护的供需矛盾上，即从保护需求来看，随着江苏专利保护的压力倍增，社会对于专利保护的需求不断增大，而从保护的供给角度来看，由于专利保护的能力存在明显不足，所以难以满足社会不断增大的保护诉求。

1. 专利保护压力倍增

2008 年以来，江苏专利侵权、假冒专利等案件数量呈逐年增长趋势，2016 年再创历史新高，全省专利行政执法共受理专利案件 6 390 起，结案 6 295 起，分别是 2008 年受理和结案数量的 125 倍、190 倍，案件数量居全国前列；南京海关共查处涉嫌侵权案件 233 件，查获涉嫌侵权货物 594.43 万件，涉案货物价值达 2 187.29 万元；公安机关共立案侵犯知识产权犯罪案件 818 件，破案 289 件，抓获犯罪嫌疑人 727 名；各级法院共审理知识产权民事案件 11 189 件，审结 11 233 件，新收一审知识产权案件 10 040 件，同比增加 9.6%，其中专利案件 931 件。受理知识产权"三合一"改革试点刑事案件 271 件，审结 228 件。❶ 根据国家知识产权局发布的《2016 年中国知识产权发展评价报告》统计结果显示，2016 年，江苏省知识产权司法案件数量已从 2015 年的全国第五跃升为第二。

2. 专利保护能力不足

目前江苏专利保护能力的不足体现在执法、社会保护和企业三个层面：（1）从执法层面来说，由于目前江苏专利执法机构还不健全，全省仅南京、苏州和徐州三个省辖市建立了独立的执法机构，县级市中 80% 的执法人员不足 3 人，且执法人员流动较快，队伍不稳定，专业化程度不高，因此，导致日常的专利执法多以各种"专项"行动开展，尚未形成常态化的监管机制，违法成本较低，较少次数的执法行为也拘于执法人员数量以及能力的问题，效率较低，打击专利违法行为的作用有限。特别是在网络环境下，跨境专利违法行为不断增多，使专利执法机构能力缺陷表现得愈加明显。（2）从社会层面来说，虽然江苏在全省设置有知识产权维权援助工作体系，但是由于维权援助机构之间缺乏沟通联络和协调机制，导致机构之间存在大量保护职能上的交叉与重叠现象，以致社会公众在遇到专利问题时难以及时找到相应机构进行咨询和服务。此外，由于目前维权援助机

---

❶ 江苏省知识产权局《2016 年江苏省知识产权发展与保护状况白皮书》。

构普遍存在专业人员稀少、工作经费不足、服务内容有限等问题，导致面对海外风险预警防范、海外诉讼应急处置等高端保护诉求时，往往由于能力方面的限制，难以提供高质量、高水平的维权援助保护服务。（3）从企业层面来说，目前江苏大部分企业对于专利还没有全面正确的理解，缺乏对于专利申请的基本常识和策略，导致大量专利得不到应有的保护，发挥不了应有的"市场垄断"作用，正是在专利保护能力上的欠缺，导致江苏企业在"走出去"的过程中，面对专利纠纷时，缺乏应对策略和方法，处于被动挨打局面，损失惨重。据统计，截至 2012 年，江苏遭遇美国"337调查"已高达 22 起，涉案企业 31 家。目前已结案 18 起，败诉达到 11 起，多数企业遭遇调查后因诉讼成本高、风险大以及缺乏资金支持等放弃了维权，造成严重后果，部分企业最后受排除令影响，企业产品被禁止进入美国市场，经济损失惨重。

（二）专利服务能力不强

专利服务体系由公共服务和市场化服务构成，目前江苏专利服务能力的不足在两种服务类型上均有不同程度的体现，难以为专利事业所涉各项工作的开展提供良好的服务环境支撑。

1. 专利公共服务能力不强

自 2010 年以来，虽然相继有 5 个国家级的知识产权公共服务机构落户江苏，为江苏省的专利公共服务发展起到一定的引领作用，但是由于社会整体利用专利信息支撑技术创新的意识不强、导向不够、投入不多，导致公共服务机构所能提供的服务质量和层次与发达国家或地区仍差距明显。如 2010 年开始，在国家知识产权局和江苏省政府的支持下，江苏省建立了区域专利信息服务（南京）中心，拥有了基本与国家专利局同步的数据资源，但目前江苏在知识产权信息利用开发方面的手段还不够丰富，三级知识产权公共服务体系还不够健全，所提供的社会化公共服务类别极为有限，层次相对较低，与发达国家或地区相比有明显差距。此外，目前江苏虽然建设了一些集成专利、商标、版权、集成电路布图设计、植物新品种等信息资源的综合性知识产权公共服务平台，但由于资源集成高度不够，各部门信息共享机制不健全，导致社会对专利信息资源的利用不方便，利用效率较低。

2. 专利市场化服务能力有限

目前江苏专利市场化服务的规模有一定程度的扩大，但是相对于专利事业发展的需要来说仍规模偏小，与北京、广东相比，江苏知识产权服务机构在规模和数量上均存在明显差距。截至 2016 年，江苏省专利代理机构仅 103 家，拥有 30 名专利代理人以上的专利代理机构有 5 家，执业专利代理人 991 人，仅占全国 7.18%，全省专利代理率为 62.7%，而同年北京、广东的专利代理机构数、专利代理人数和专利代理率分别为 444 家、5 972人和 78.5%，216 家、1 743人和 74.3%，广东拥有 30 名专利代理人以上的专利代理机构有 7 家，另外，广东还拥有华进、粤高等一批超亿元产值的规模化知识产权服务机构。江苏过小的专利市场化服务机构以及代理人的规模，无法满足占全国 14.8% 的巨大专利申请量的服务需求。此外，目前江苏专利市场化服务领域比较有限，绝大部分的专利服务机构局限于专利申请代理、知识产权诉讼代理等基础性业务，而高附加值的专利战略策划、专利布局与导航、托管融资、价值评估、专利运营等服务产品提供能力严重不足，难以满足创新主体对高端化专利服务的迫切需求。低端化、同质化的竞争使得江苏专利服务市场的价格竞争较为严重，一定程度上影响了专利整体服务质量的提升，导致"劣币驱逐良币"的恶性循环。

二、江苏专利环境发展困境的原因分析

目前江苏专利环境发展存在的问题，究其原因，主要在于专利保护体系不健全，服务业发展不发达两个方面。

（一）专利保护体系的构建不完善

目前江苏在专利保护环境中存在的问题，主要是源于专利保护体系构建中在保护政策、保护机制、保护力度方面的不完善。

（1）专利保护政策建设滞后。知识产权战略实施近十年来，江苏的专利保护和促进政策已经形成一定规模的政策群，政策群的实施有效指

引和规范了全省专利保护活动，但仍应清醒地认识到，从公共政策的科学性、合理性角度来看，江苏的专利保护政策尚未形成有机的政策体系，专利保护政策内容尚缺少相互的协同和配套，没有为专利执法和保护活动提供充分的政策依据和指引，具体表现为：一是专利保护政策整合性不高。目前江苏专利领域地方立法仅有整体层面的《江苏省专利促进条例》一部，专利有关工作的地方立法尚属空白，与依法行政、建设法治江苏的目标要求不相适应。二是专利保护政策协调性不优。政策与政策之间缺乏协同推进措施，并且相互之间仍存在越位、缺位以及落位现象，如目前对于专利司法保护与行政保护机制衔接方面的规定，很多地方虽然制定了相关办法，但是缺少公安机关、法院和检察院的政策回应和配合，导致司法保护与行政保护机制的衔接不畅。三是部分专利保护政策操作性不强。部分专利保护政策仅停留在原则性的规定，缺乏具体政策实施指南的配套，如《江苏省专利促进条例》规定鼓励企业、事业单位和个人依法采取专利权入股、质押、转让、许可等方式促进专利实施，但是在现实中如何引导企业将专利权质押融资，整合各方面资源支撑专利质押融资的配套政策是缺失的。

（2）专利保护机制不畅。目前江苏对于专利违法行为的打击效率问题，主要产生于专利保护中行政执法与司法审判的衔接机制不畅，突出表现为专利行政执法的程序规范和司法审判的程序规范不统一，专利行政机关与司法机关对侵权判断的标准不统一，专利行政机关与公安机关对知识产权犯罪行为的判断标准不统一。行政执法与司法审判的衔接机制问题往往导致专利管理机关在行政诉讼中败诉或专利违法犯罪案件得不到及时的移送和处罚，一定程度降低了专利违法犯罪的机会成本。

（3）对专利违法行为制裁力度较小。在我国现有的法律框架下，由于专利法采用的是"填平原则"来确定赔偿数额，对权利人保护力度较弱，以致专利违法行为的违法成本过低，据统计，我国专利侵权实际赔偿额平均只有 8 万多元，❶ 另有学者曾对我国 1988~2013 年东部地区人民法院受理的一审、二审专利侵权诉讼案件的判赔数额进行过统计，根据统计显示，东部地区专利侵权案件的平均判赔额度也仅为 9.492 2 万元。❷ 此外，由于江苏行政执法队伍不稳定，行政执法力量薄弱的问题，导致专利行政执法力度过小，所以导致江苏目前对于专利违法行为无法形成有力的震慑，这也是现实中专利违法行为不断增加的原因之一。

（二）促进专利服务业发展的政策和机制尚不成熟

目前江苏服务环境存在以上问题主要是由于目前江苏促进专利服务发展的政策和机制尚不成熟所致。

（1）专利服务业发展的内生驱动力尚未发力。企业对于专利服务的市场化需求是专利服务业发展的内生动力。目前江苏由于企业对于专利的整体意识不强，专利发展尚未成为很多企业发展的重要组成部分，因此，很多企业对于专利服务的内在市场需求没有激发，专利服务机构的服务开展大部分针对的是企业申报政府项目的服务需求。以市场为导向的专利服务需求的缺失，一方面不利于专利服务业服务质量的提升，另一方面会让服务业缺少快速发展的内生动力。

（2）鼓励专利服务业发展的政策措施尚不健全。近年来，江苏为鼓励包括专利服务业在内的知识产权服务业发展，相继制定了《江苏省知识产权服务业发展促进计划实施方案》《江苏省知识产权服务能力提升工程实施意见》等政策，但是以上政策举措无论从规范范围，还是从规范效应来看，仍处在探索阶段，除了专利代理机构建设方面有具体政策支撑外，其他内容均没有具体政策的配套和落地，此外，由于以上政策缺少对于服务市场需求原动力的激发，因此，对于专利服务行业发展的促进作用非常有限。

---

❶　宋河发："科技成果转化与知识产权运用"，载 http://ip.people.com.cn/n/2015/0206/c136655-26519125.html，最后访问日期：2018 年 4 月 1 日。

❷　刘强、沈立华、马德帅："我国专利侵权损害赔偿数额实证研究"，载《武陵学刊》2014 年 9 月。

（3）专利服务业发展的行业自律体系尚未形成。行业自律是规范行业竞争行为，协调行业利益冲突，维护行业发展正当利益，促进行业健康发展的重要手段。江苏的专利服务业起步较晚，机构数量不多，尚处于发展的初步阶段，因此，由于缺少开展工作的条件和手段，尚未建立起行业自律机制和相应的行业自律机构，导致在行业竞争中不乏一些服务机构为了眼前利益，恶意压低价格，低价竞争，甚至恶意诋毁竞争对手等恶性竞争行为，这些行为的存在严重破坏了服务行业的良性发展秩序。

第六节　江苏专利发展绩效困境及原因分析

区别于知识产权大国比较注重专利的规模化发展，知识产权强国更为强调专利发展的绩效释放，即专利对于经济社会发展的推动作用，目前与欧美等知识产权强国相比，江苏专利对于经济社会发展的推动作用仍较为有限，与引领型知识产权强省建设目标的要求差距明显。

一、江苏专利发展绩效的困境

目前江苏专利绩效存在的困境，主要在经济方面，表现为专利密集型产业附加值对 GDP 的支撑和对对外贸易推动作用方面不强；在社会发展方面，主要体现为专利密集型产业对社会就业的吸纳和提升就业人员工资方面能力不足。

（一）专利对经济发展的贡献度不强

作为以专利聚集为特征的产业形态，专利密集型产业是专利作用于经济发展的杠杆和桥梁。❶ 欧美发达国家的经验表明，专利密集型产业不仅是推动经济创新发展的重要引擎，也是发达国家创新成果在全球各地转化为国家财富的基本载体，同时还是各国经济发展的新增长极。❷ 2010 年，

---

❶ 所谓专利密集型产业是指单位就业人数发明专利数量高于所有产业整体平均水平的产业。

❷ 王英：“推动知识产权密集型产业发展”，载《北京观察》2016 年第 6 期。

美国知识产权密集型产业创造了 5.06 万亿美元的附加值，占美国 GDP 比重的 34.8%，其中专利密集型产业以 7 630 亿美元的附加值，占 GDP 比重为 5.3%；此外，知识产权密集型产业对美国的对外贸易有着重要的支撑，2010 年，知识产权密集型产业的出口总额达 7 750 亿美元，占美国当年商品出口总额的 60.7%。2014 年美国知识产权密集型产业对于经济贡献又有大幅上涨，创造了 6.6 万亿美元的附加值，相对于 2011 年上涨近 30%，占美国 GDP 比重已由 2010 年的 34.8% 上涨到 38.2%，其中，专利密集型产业的附加值由 7 630 亿美元上升到 8 810 亿美元，涨幅达 15%，知识产权密集型产业的出口总额更是上涨到 8 420 亿美元。2008~2010 年，欧盟在所有行业中约 50% 属于知识产权密集型行业，平均每年创造产值约 4.7 万亿欧元，对 GDP 的贡献率达 39%，其中专利密集型产业的产值为 1.7 万亿欧元，对 GDP 贡献率达 13.9%。在欧盟的出口产品中 90.4% 均为知识产权密集型产业，70.6% 来自专利密集型产业。2011~2013 年，欧盟的知识产权密集型产业对于经济的贡献出现大幅提升，产业附加值达到 5.6 万亿欧元，对 GDP 的贡献达到 42.3%，其中专利密集型产业以 2.03 万亿元的附加值，占比达到 15.2%。对外贸易方面，出口占比更是达到了 93.2%，其中专利密集型产业产品占比上涨到 71.4%。❶ 从江苏专利密集型产业对于经济贡献来看，与美国、欧盟等发达国家和地区相比差距明显，根据《江苏省知识产权密集型产业统计报告（2017）》统计显示，2016 年江苏专利密集型产业的附加值为 14 080.48 亿元，按当年汇率折算后，美国、欧盟专利密集型产业的附加值分别是江苏的 4.07 和 10.26 倍。专利密集型产业出口交货值占工业总出口的比重为 35.85%，与欧盟相比，相差 35.65 个百分点（见图 6.9）。

---

❶　*Intellectual property rights intensive industries and economic performance in the European Union*、*Intellectual property rights intensive industries：contribution to economic performance and employment in the European Union*、*Intellectual Property and the U.S. Economy：INDUSTRIS IN FOCUS*、*Intellectual Property and the U.S. Economy：2016 Update.*

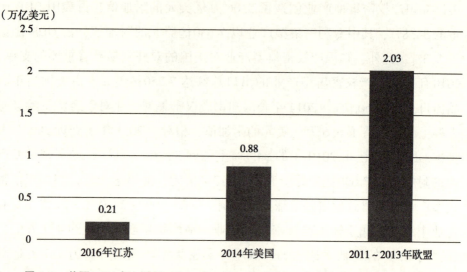

图 6.9　美国 2014 年、欧盟 2011~2013 年、江苏 2016 年专利密集型产业附加值

（二）专利对社会发展的贡献度不足

专利不仅对于经济发展有着重要的推动作用，对吸纳社会就业以及提升工资收入水平等社会发展面同样具有不可替代的支撑作用。2010 年美国知识产权密集型产业直接或间接提供 4 000 万个就业岗位，相当于美国员工总数的 28%，平均周工资为 1 156 美元，比非知识产权密集型产业平均 815 美元的周工资高出 42%，知识产权密集型产业平均工资与全社会平均工资比例为 142%，其中，专利密集型产业直接或间接提供 714.5 万个岗位，平均周工资为 1 407 美元，比非知识产权密集型产业高出 72.6%。2014 年美国知识产权密集型产业对于社会发展的支撑作用进一步彰显，知识产权密集型产业直接或间接提供了 4 550 万个，占美国员工总数的 30%，专利密集型产业吸纳就业岗位 749.5 万个岗位，平均周工资上涨至 1 560 美元，比非知识产权密集型产业周工资高出达 74.1%。2008~2010 年，欧盟知识产权密集型产业每年直接或间接提供的就业岗位约为 5 649 万个，占欧盟全部就业岗位的 25.9%，就业人员平均周薪为 715 欧元，较其他行业平均高出 40%，知识产权密集型产业平均工资与全社会平均工资的比例为 140%，其中专利密集型产业提供了 2 244万个就业岗位，平均周工资为 831 欧元，相较于非知识产权密集型产业高出 64%。2011~2013 年，欧盟知识产权密集型产业直接提供的就业岗位相较于上一次统计年度上升 6%，达到 6 003万个，占欧盟就业人数的 27.8%，平均周工资上涨至 776 欧元，比非知识产权密集型产业高出 46%，其中专利密集型产业直接间接提供岗位上涨至 3 602万个，占总就业人口的 10.3%，平均周工资上涨至 895 欧元，相较于非知识产权密集型产业高出 69%。江苏专利对社会发展的贡献同样与美国、欧盟差距明显。根据《江苏省知识产权密集型产业统计报告（2017）》统计显示，2016 年，江苏专利密集型产业从业人员数占江苏全部从业人员数的比重为 7.86%，比 2011~2013 年欧盟专利密集型产业年平均从业人员数占欧盟全社会从业人员数的比重低 2.44 个百分点。专利密集型产业从业人员平均周工资为 1 309.62元，仅分别为美国、欧盟的专利密集型产业平均周工资的 12.88%和 20.55%（见图 6.10）。

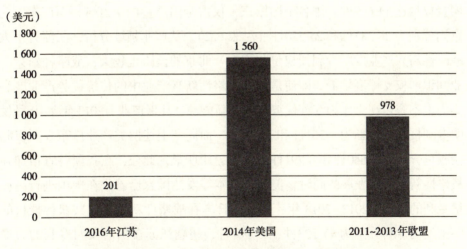

图 6.10　美国 2014 年、欧盟 2011~2013 年、江苏 2016 年
专利密集型产业平均周工资

二、江苏专利发展绩效困境的原因分析

从目前江苏专利对推进经济社会发展的绩效来看，与欧美发达国家和地区，甚至国内的广东、北京等经济发达省市相比还有较大差距，专利无论对经济还是社会发展的作用都有待大幅提升，究其原因，主要有以下几个方面。

（一）专利密集型产业的专利实力不强

战略性新兴产业是以物质性能源消耗少、综合效益好为特征，对经济社会发展具有重要引领和带动作用的产业。战略性新兴产业由于同样具有知识密集的特点，因此，与专利密集型产业存在很大程度的重合度。从目前江苏战略性新兴产业的发展来看，虽然产值总量较大，但是产业整体的专利实力不强。2011~2013年，新兴产业产值分别占年度GDP的比重达到54%、75.9%、81.4%，然而，拥有的发明专利占全省总量的比仅为38.6%、43.9%、43.1%（见表6.1）。2012~2013年，江苏省战略性新兴产业领域发明授权量达14 609件，排名全国第三，仅占全国总量的7.10%，而广东、北京则分别为24 387件和25 520件（见表6.2）。从产业领域分析，江苏省十大战略性新兴产业发明专利授权量与广东、北京的差距也较大，战略性新兴产业知识产权支撑度偏低。即使是江苏战略性新兴产业中的传统优势产业专利实力也不容乐观，作为江苏优势产业的新能源、环保产业，2013年1~9月发明专利授权量分别为1 361件和5 930件，而同期上述两类产业广东发明专利授权量分别为3 640件和8 791件，江苏差距明显。此外，在我国各省市加强战略性新兴产业发展的同时，美国、日本等发达国家已着手在中国进行高质量专利的布局，2012~2013年，美国、日本在战略性新兴产业共获得授权的中国发明专利分别为17 323件、19 961件，超越江苏在国内发明专利的布局数量（见表6.3）。专利实力的差距直接导致江苏专利密集型产业核心竞争力偏弱，在全球产业链中的发展档次不高的问题，从而难以为经济社会发展提供强有力的支撑。

表 6.1　江苏战略性新兴产业产值与发明专利申请、授权占比　　（%）

年份	战略性新兴产业产值占 GDP 比例	战略性新兴产业发明专利申请公开占全省发明专利申请公开的比例	战略性新兴产业发明专利授权占全省发明专利授权的比例
2011	54.0	34.5	38.6
2012	75.9	34.8	43.9
2013	81.4	33.7	43.1
2014	/	41.0	40.0

数据来源：江苏省知识产权局《深入实施知识产权强省战略调研报告》（2013 年 10 月）。

表 6.2　全国部分省市及国外来华战略性新兴产业发明专利申请、授权量　　（件）

区域	2012 年		2013 年	
	发明专利申请量	发明专利授权量	发明专利申请量	发明专利授权量
江苏	28 855	6 966	36 169	7 643
广东	27 395	13 118	30 684	11 269
北京	26 763	12 462	30 899	13 058
美国	16 547	8 151	15 206	9 172
日本	16 771	10 859	15 411	9 102
韩国	4 130	2 280	4 677	2 150

数据来源：江苏省知识产权局《深入实施知识产权强省战略调研报告》（2013 年 10 月）。

表 6.3　全国部分省市及国外来华战略性新兴产业发明专利授权量　　（件）

区域	新能源	新材料	生物技术和新医药	节能环保	信息技术和软件	物联网和云计算	高端装备制造	新能源汽车	智能电网	海洋工程	合计
江苏	897	2 354	4 068	2 720	902	1 860	1 043	81	393	291	14 609
广东	543	2 128	3 820	2 283	1 994	12 554	552	108	270	135	24 387
北京	1 250	2 442	4 967	2 998	2 948	8 351	1 304	119	294	847	25 520
美国	528	1 714	4 027	1 127	1 862	6 527	821	376	122	219	17 323
日本	442	5 030	2 903	1 840	1 718	5 882	1 100	762	201	83	19 961

注：统计时间为 2012~2013 年。

数据来源：江苏省知识产权局《深入实施知识产权强省战略调研报告》（2013 年 10 月）。

（二）政府对专利密集型产业的政策扶持力度不够

近年来，江苏虽然在研究和制定专利密集型产业统计指标体系，推进特色产业知识产权集群管理等方面已经形成初步成效，但是总体对于专利密集型产业的政策扶持还不够。目前江苏对于企业技术创新的政策涵盖税收优惠、金融扶持、财政引导、人才激励等，但是其中涉及知识产权的政策并不多，特别是扶持专利密集型产业的政策，虽然在知识产权相关规划文件中有所提及，但是缺少税收优惠、金融支持或人才激励等相关政策的配套和落地。相比之下，其他省市为引导和鼓励专利密集型产业的发展，制定了较为完备的引导扶持政策。如广东省于 2015 年在全国率先实施专利密集型产业集聚区培育工程项目，并将其纳入广东省政府制定的《广东省工业企业创新驱动发展工作方案（2016~2018 年）》重点任务予以推进，以促进专利密集型产业的集聚化发展。此外，广东省还制定颁布了大力扶持和引导新兴产业实施知识产权战略的相关文件，如《广东省百家知识产权优势民营企业培育和认定工作方案》《广东省重奖中国专利奖获奖企业事业单位实施办法》等。政府对于专利密集型产业扶持政策的缺乏，导致对于专利密集型产业发展的引导和激励力度不够，推动产业中企业开展专利创造、运用、管理、保护活动的手段不足，一定程度上影响了专利密集型产业的发展。

（三）专利密集型产业的专利人才缺乏

如上文所述，江苏虽然是全国的教育大省，但是专利人才，特别是高端人才不足和缺乏问题是目前制约江苏专利事业发展的重要瓶颈之一，这一发展瓶颈表现在专利密集型产业的发展中也同样明显：目前江苏从事企业专利运用、管理、保护和服务的专利专业人才规模总体偏小，特别是通晓专利国际规则、能够熟练开展企业专利战略规划、处理涉外专利诉讼的高端服务人才更是严重缺乏。江苏专利密集型产业缺少专业的专利管理人员已成为普遍现象。正是专利人才的不足直接导致专利密集型产业发展中对于专利创造、运用、保护的管理和服务需求难以得到满足，造成专利密集型产业中的企业管理和信息利用能力较弱，研发水平较低，重复研发现象严重，严重阻碍了江苏专利密集型产业的向上攀升、发展壮大的进程。

第四篇
对策篇：江苏专利发展路径借鉴与对策建议

第七章 江苏专利创造发展路径与对策

专利创造的质量和价值是知识产权强国的首要表征。世界各发达国家一贯通过加强技术创新能力，提升技术创新水平，促进经济发展，提升国家核心竞争力。特别是近年来，为适应新形势的发展，美国、德国、日本、韩国等知识产权强国在提升本国技术创新和专利创造水平方面"频频作为"，从国家层面，制定并实施多项支持创新的政策和举措，取得良好效果。发达国家在加强技术创新能力建设、提升专利创造水平的系列政策和举措可以为江苏找寻破解专利创造发展困境和难题的方法提供路径借鉴和参考。

第一节 江苏专利创造发展路径借鉴

进入 21 世纪以来，为巩固和扩大在全球竞争的技术创新和专利创造优势，知识产权强国采取了一系列加强技术创新能力建设，提升专利创造水平的政策和措施，这些政策和措施主要包括以下几个方面。

一、不断加大对于创新要素投入和经费资助

技术创新的公共产品性质、溢出效应及不确定性，决定了政府对技术创新扶持的必要性。2011 年和 2015 年的"美国创新战略"均将对于科研、教育、基础设施等创新要素的投资作为促进创新能力的重要内容之一，特别是 2015 年的"美国创新战略"作为 2011 年的延续，明确表示研发投入

将在 GDP 的 3% 以上，并将周期长、风险大、应用广的基础应用研究的预算经费从 183 亿美元提升到 670 亿美元。❶ 德国在工业 4.0 背景之下，为提升企业创新动力和创新精神，缩短与创新热情较高国家的差距，近年来研发投入也是不断增加，根据德国联邦政府发布的《2016 联邦研究与创新报告》显示，2014 年，德国联邦政府、企业以及科技界的研发投入总额达到 839 亿欧元，已接近它 GDP 3% 的目标，在此基础之上，德国联邦政府仍持续加大对于研发的投入，2016 年，联邦政府的研发预算达到 158 亿欧元，相较于 2005 年的 90 亿欧元，增长 75%。作为 "引进创新型" 国家的韩国，更是将创新投入视为支撑创新能力建设的关键，2014 年，韩国研发投入占国内生产总值的 4.29%，超越第二位的以色列 4.11%，排名全球首位。此外，韩国政府还通过对国外申请的优秀发明专利进行申请费用补贴、维权低息贷款的方式进行激励高质量专利的产出和维持。

二、明确政府研发经费投入和资助的 "质量" 导向

专利从本质而言是市场竞争的产物。政府有责任保障专利制度的有效和良好运行以及对市场主体有效利用专利制度的引导，但不宜过分干涉市场主体的创造。因此，世界发达国家一般仅将公共研发经费投入到基础性、高质量、高投入的技术研发上，而对于企业、社会的技术研发活动不做太多干涉。例如，无论是美国先前的 "先进技术计划"，还是由美国商务部 2007 年制订的 "技术创新计划"，均将政府对于科研的经费投入聚焦于 "对国家产业竞争力具有重大潜在影响的技术研发活动"，特别是最新的 "技术创新计划" 对于政府研究公共经费的获取秉持更为审慎的态度，明确只有符合关键国家需求，解决社会挑战，成果可以转化，并可以通过高风险高回报的研究方式解决的研究才能获得国家资助，主要优先确保对高级能源计划署能源计划、美国国防先进项目研究局、国际卫生研究所、美

---

❶ 昌忠泽、孟倩："美国创新驱动战略的内涵特征、动力机制和举措"，载《战略与管理》2016 年第 5 期。

国航天局的财政投资。❶ 韩国政府则一直推进"先计划、后研究"的制度构建，建立民间专家团和规划组，通过项目的选定、了解和掌握项目技术派生关系、专利战略指导、预算分配等步骤，选定可创造高附加值的"未来核心专利项目"进行研发支持。❷ 日本也在每年的科学技术基本项目中，明确核心专利产出为主的战略目标，以推进政府经费支持下的最先进"知识"财富的创造。

三、通过完善和改革创新激励机制激发社会创造活力

创新激励机制是激发各创新主体创新热情和活力的重要条件保障。世界发达国家正是通过完善和改革创新激励机制，探索激励创新的有效路径。德国制定《雇员发明法》，通过明确雇主与雇员之间的对于雇员发明的界定、权利分配、权利应用、收益计算方式、数额补偿办法等重要内容，形成对于雇员和雇主的推进创新的双赢机制。正是在该创新机制的激励之下，德国的职务发明数量庞大，每年90%的专利均来自于企业、研发机构。美国开创的"众包"新机制，吸引和挖掘创新人才，推动社会创新活动的纵深发展。所谓"众包"是指一个公司或机构把过去由员工执行的工作任务，以自由自愿的形式外包给非特定的大众网络的做法，在美国，很多科学领域正在将"众包"机制引入其科学研究领域。此外，美国还通过广泛建立企业、联邦机构、学校等创新主体的深度合作机制的方式，一方面为社会公众提供机会和条件，促进公众创新活动；另一方面推进科学难题的联合攻关。日本政府则对《产业技术力强化法》进行修正，旨在通过打造创新高速公路来促进日本的持续创新，其中一大举措便是将"国家委托研究成果相关知识财产归属于经营者"。此外，日本政府还鼓励和推动企业构建发明人奖励制度，给予发明人丰厚的奖金和报酬，如佳能研发中心要

---

❶　蔺楠、李世超、于岩岩："美国技术创新资助政策的调整及启示"，载《中国科技论坛》2010年第11期。

❷　"韩国政府推出知识财产新举措"，载 http://china.findlaw.cn/chanquan/zccqdt/guojidongtai/31.html，最后访问日期：2018年4月2日。

求其员工每年提交 8~10 件的专利申请，如果申请获得注册，每一件专利申请将会获得 3 000 日元以及一定数额的奖金。❶

四、注重对于创新文化和环境的培育

创新文化和环境是产生创新成果的土壤。营造和培育良好的创新文化以及环境是世界各国提升创新能力重要途径。韩国为成为亚洲知识经济最活跃的地区，转变传统的知识产权战略主攻方向，着力打造"知识经济生态系统"，通过建立"全球名校大学城"，提升教育与科研的国际化，营造良好创新环境，打造本国的专利创造能力。❷ 德国也非常重视对于社会各界的创新意识和文化的培养。对于高校和科研机构，德国鼓励科研人员和学生参与公司研究或向企业流动，开办技术型公司的方式，鼓励政府公共资助的研究所转化成为技术创新机构；对于社会公众，德国通过加强技术发展与社会公众的对话，广开渠道，让科学家、雇员、消费者和公众参与技术发展的研讨，增加公众对于技术创新的接受程度。对于发明家群体，德国从 1997 年就开始建立发明家俱乐部，为发明家提供专利发明方面的咨询和服务，并为技术的商品化提供方便。❸ 美国政府在 2015 年"创新驱动战略"中开创性地提出"创新生态环境"理念，区别于传统简单的产学研互动，该理念旨在聚合创新相关的一切要素，如资源、机构、基础设施和人才，以促进创新的发展。2015 年，美国通过发起"清洁能源孵化器计划"，在全国范围内建立 5 个商业孵化器，帮助企业家尽快商业化清洁能源技术。与该计划相似还有"熔炉技术转化加速中心""创新兵团计划"等。通过创新兵团计划，已培训 600 个科学家和工程师团队，使他们的研发更

---

❶ 丁衡龙、王卫星："日本知识产权制度的变迁与启示"，载《科学管理研究》2009年第 6 期。

❷ 中国高技术产业发展促进会知识产权战略研究课题组："韩国知识产权创造能力建设对中国知识产权创新战略的启示"，载《科技促进发展》2014 年第 2 期。

❸ 徐凌："德国技术创新的宏观机制"，载《昆明理工大学学报（社会科学版）》2006 年第 1 期。

加专注于市场需求。❶ 为在社会大众中树立创新意识，日本还将知识产权课程纳入中小学的教学体系，通过从小对大众的创新意识启蒙，在社会中培育创新文化，为创新营造良好环境。

五、侧重对中小企业的创新支持

中小企业基于创新机制灵活、创新效率高、创新速度快的特点，相对于大企业，往往具有难以比拟的创新优势，然而，现实中中小企业普遍存在的研发资金不足的问题，很大程度制约了其创新优势的发挥，因此，为提升整体创新能力，中小企业一般是世界各国政府投入研发经费的重点支持对象。美国早在 1982 年就出台《小企业创新法案》，建立了"小企业技术创新技术奖励计划"，规定所有研发预算在 1 亿美元的联邦机构都应当划拨一定比例的研发经费参与该计划，鼓励对于小企业创新的支持。此外，由于政府直接对于中小企业的财政补贴往往在对对象的选择存在缺乏市场竞争机制的问题，因此，美国目前更加侧重对于中小企业的间接资金支持，即通过以财政担保政策提升中小企业信用等级的方式，为中小企业获得商业银行的融资提供方便。❷ 德国政府同样重点关注到了中小企业的创新成本和风险问题，联邦政府各项创新政策都向中小企业进行了倾斜和支持，德国联邦政府每年为中小企业专门提供了 7.5 亿欧元的研发经费，并通过税收减免等方式，让员工数量低于 1 000 人的中小企业中的研发部门用工成本下降 10%。❸ 正是对于中小企业的创新支持，给予其与大企业同样的创新机会，保证社会创新的活力，以此让德国中小企业在 2010 年后迅速从欧债危机中崛起，强力推进了德国整体的经济复苏。❹

---

❶ 昌忠泽、孟倩："美国创新驱动战略的内涵特征、动力机制和举措"，载《战略与管理》2016 年第 5 期。

❷ 王心如、马骥："美国支持中小企业科技创新的政策体系及其借鉴"，载《商业研究》2009 年第 5 期。

❸ 朱晟："德国计划加大投入促创新"，载 http://world.huanqiu.com/hot/2017-04/10499213.html，最后访问日期：2018 年 4 月 2 日。

❹ 白锡庆："德国的创新体系及保障机制"，载《经济与管理》2015 年第 1 期。

第二节　江苏专利创造发展对策建议

新时期，面对发展中的困境和问题，江苏专利创造发展应秉持"数量布局、质量取胜"的理念，推动江苏专利创造由多向优、由大到强的转变。为匹配这一观念的转变，江苏应在参鉴知识产权强国推进专利创造发展路径的基础上，在具体推进专利创造发展政策和举措方面应做到以下三个方面的转换。

一、专利创造政策措施的支持重点由激励产出向营造环境转换

知识产权战略实施以来，江苏在促进专利创造产出相关政策和措施的激励和推动下，专利创造产出数量和规模得到快速发展，然而，全而不优、大而不强是江苏专利创造发展中存在的突出问题。在目前已经拥有大规模专利创造数量的基础上，江苏要提升专利创造产出效率、质量和价值，应适时调整专利创造政策和措施所立足的重点和方向，推进专利创造的政策措施由强调专利创造产出和规模向通过对专利创造环境的营造，加强技术创新能力和专利创造能力建设的方向转换，具体来说，未来江苏专利创造的发展可从以下三个方面政策作出调整。

（一）大力发展国际化的知识经济特区

构建完善的创新要素体系是培育高质量、高水平专利创造的重要基础。为打造和构筑全要素的创新体系，营造良好创新环境，江苏可以参考韩国的做法和经验，在经济发达的县级市，打造"知识经济特区"，建立诸如韩国仁川式的"全球名校大学城"。江苏的县级市地方财政实力较为雄厚，2017 年全国中小城市综合实力百强县市中，全国前十名中，江苏占据 6 席，2016 年江苏 GDP 超过千亿的县级市就有 18 个，因此，江苏的很多县级市已经具备建立"知识经济特区"的经济基础。这些具有雄厚经济实力的县级市，与其将财政收入投入大量处于产业链低端，从事加工制造的工商企业上，不如引导它们建立"知识经济特区"，并且在经济特区中全方

位引入国外知识资源，建立科研产业集群，推行全英文的教学、科研，让特区成为生活、教育、科研的英语高普及率的"社会主义新城"。❶ 具备完备国际化创新要素的"知识经济特区"能够为江苏产出高价值、高质量的技术创新和专利创造提供良好的环境和条件支撑。

（二）贯通专利交易市场和机制

专利的生命在于传播和扩散。专利如果没有传播和扩散的渠道，不仅不会给创新者带来收益，由于专利维持成本的存在，还会给创新者带来负累，由此让创新者的创新积极性受到抑制。因此，在当前拥有庞大专利数量和规模的现实场景下，江苏应通过贯通和丰富专利交易市场，为专利的价值变现打通渠道、提供便利，让专利"流动"起来，变现成价值，以此激发创新主体进行专利创造的活力和热情。具体而言，江苏应整合现有专利技术市场、产权交易所等资源，建设江苏（国际）知识产权交易中心，打造功能完备、交易活跃、具有国际影响力的知识产权展示交易平台。为顺应"互联网+"时代的发展，江苏还应通过完善专利信息服务网络，创新专利交易模式，推进线上专利交易市场建设，形成网上交易与现场交易相结合的交易服务机制。线上专利交易市场的构建既可以简化交易程序，还可以降低交易成本。此外，江苏还应着手专利市场交易的外围环境建设。对具有潜在价值、基础性、高质量的专利进行筛选和评定，以政府信用担保的方式间接资助，鼓励金融机构支持对以上专利进行创新金融产品，扩大信贷规模。探索建立专利证券化交易机制，支持和鼓励拥有自主知识产权的企业通过资本市场直接融资，建立健全多元化、多层次、多渠道的专利投融资体系。

（三）探索专利权益分配机制改革

当前，江苏专利创造活力的释放问题很大程度受制于缺乏市场导向的权益分配机制，因此，虽然江苏存在立法权限的限制，但仍然可以从以下

---

❶ 中国高技术产业发展促进会知识产权战略研究课题组："韩国知识产权创造能力建设对中国知识产权创新战略的启示"，载《科技促进发展》2014年第2期。

两个方面对专利权益分配机制的改革进行探索：（1）在职务发明的权益分配方面，可以参考德国雇员发明的做法，鼓励和引导企、事业单位通过依法建立健全发明报告、权属划分、奖励报酬、纠纷解决等制度，完善企业职务发明分配制度，提高骨干团队、主要发明人收益比重，保障职务发明人的合法权益，充分激发科研人员创新活力；（2）在专利权益分配方式方面，可以积极创新和尝试专利入股、股权期权奖励、在资本市场上的变现等新型分配方式，增加科研人员合法收入。此外，还可以按照相关政策规定，鼓励国有企业将专利处置和收益分配权下放至下属科研院所。推进高校院所对专利成果使用权、处置权和收益权进行改革，提高科研人员成果转化收益分配比例。

二、专利创造政策措施的施惠对象由"普惠"向"特惠"转换

目前江苏促进专利创造的政策和措施一大特点是扶持对象的"普惠制"，即不区分专利创造主体，仅区别专利类型（发明、实用新型、外观涉及）给予不同额度的资助或奖励。这种类型专利创造政策和措施的最大问题在于重点不突出，应当扶持的专利创造主体没有得到支持，而不应被支持的专利创造主体获得了不应得到的公共财政资源，不仅没有让政策和措施起到导向和激励作用，还可能间接破坏了市场的公平竞争秩序。因此，未来江苏促进专利创造的政策和措施应从"普惠制"过渡转换到"专惠制"，明确对于专利创造扶持的主体导向，具体来说，江苏的专利创造政策措施应从以下方面做出调整和完善。

（一）普遍资助向特别资助调整

江苏目前在专利创造发展中存在的多而不优的问题，很大程度是由于"普惠制"的专利资助政策所产生的负"外部效应"，即很多企业、专利代理机构通过申请大量低技术含量、低技术价值的实用新型和外观设计专利获得高额的专利资助，因此，江苏省市层面促进专利创造的资助政策应改变目前的做法，将专利资助的重点从普遍资助型向特别资助型转变，即从以前资助三种类型专利调整为仅资助发明专利，特别是具有重大技术突破

或者制约产业集群发展的发明专利。此外，专利技术如果不能够投入产业化应用，就不能产生积极的社会效益，江苏促进专利创造的资助政策还应由资助专利申请调整为资助专利的产业化应用上来，使专利技术通过转化运用产生实际的价值。❶

（二）一般产业向新兴产业调整

新兴产业是随着新的技术发明和科研成果的产生和应用，而出现的新的产业部门。发达国家的经验表明，由于新兴产业是科技发展与产业发展相互融合的产物，决定了新兴产业往往是具有商业应用前景、高价值专利创造的产出重地，因此，受到政府创新支持政策措施的重点扶持。目前江苏对于产业发展的支撑政策包括财政引导政策、金融扶持政策以及税收优惠等不同类型，但是专门针对新兴产业发展的政策措施并不多，针对这一政策导向不明的问题，未来江苏应重点关注新兴产业的发展，在政策举措方面做出以下调整和完善：（1）建立新兴产业实施知识产权战略推进计划的专项资金。应由江苏财政部门在现有知识产权战略推进计划政策框架下，设立扶持新兴产业的专项资金，通过推动新兴产业企业的知识产权战略实施，提升新兴产业整体的专利创造能力，增强产业的核心竞争力。（2）制定出台自主知识产权产品的税收减免政策。通过制定和实施针对自主知识产权产品的税收减免政策，对新兴产业在生产、销售等流通环节的自主知识产权产品的税费进行减免，以此鼓励和引导新兴产业更多发明创造的产出，并形成一批拥有自主知识产权的产品。（3）研究建立新兴产业专利发展统计指标体系。为科学、客观地评估新兴产业专利发展以及对经济社会发展的贡献，政府部门应牵头研究建立包括产业研发投入、专利投入、专利产品产值以及占工业总产值比重、专利产品出口额等内容的新兴产业专利发展统计指标体系，定期对新兴产业的专利发展状况进行评估，并对社会进行发布，为产业发展和政府政策举措制定提供决策参考依据。

---

❶　董涛："我们究竟需要什么样的专利'扶助'政策——兼论知识产权创造者的社会责任"，载《科学学研究》2009 年第 3 期。

（三）大型企业向中小企业调整

大型企业由于本身拥有一定的资金规模和实力，且运行成本较高，所以政府投入一定量的财政补贴，并不能产生太大的专利创造"溢出效应"，而对于中小企业而言，基于本身在创新方面的优势，资金体量偏小，一定量的财政补贴扶持往往能够产生更大的价值和效应。因此，对于技术创新过程中缺乏一定资金和渠道的中小企业，政府有责任为其专利创造和研发活动提供专项的财政补贴，帮助其降低专利技术创造风险和投入成本，让其有机会开展或参与各项专利创造活动。除了直接的财政补贴，江苏还应通过完善无形资产和收益权抵质押登记公示制度，研究制定知识产权质押融资与评估管理办法，缓解科技型中小微企业等创新主体融资难矛盾；通过发展知识产权执行保险和侵权责任保险，支持担保机构提供相关担保服务，降低企业经营活动中的知识产权风险等系列间接扶持措施，让中小企业手中拥有的"知本"向"资本"转变，从而使其在政府专利服务体系下释放更大的技术产出效益。

三、专利创造政策措施的考核标准由数量向质量以及价值转换

江苏的专利创造之所以能够取得飞速发展，主要原因之一应是长期以来"政府之手"通过各方资源的汇聚，自上而下强力推动的结果。为了建设引领性知识产权强省的需要，随着专利创造发展的目标定位由规模数量向质量价值的转换，对于"政府之手"本身的绩效考核方式和内容也应随之做出调整，具体涉及以下三个方面。

（一）强化以质量价值为导向的政府专利创造考核指标体系

虽然江苏确立了建设引领型知识产权强省的目标，在省级层面知识产权专项的发展规划和意见中均调整了质量、效益优先的新的专利创造发展方向和重点，但是政策的推广毕竟具有延迟性，政府的很多工作开展具有路径依赖性，因此，目前有必要以质量价值为原则，对现有的政府考核指标及时进行调整和优化，确立以质量价值为导向的专利创造考核指标体系，如在实施创新驱动战略和率先基本实现现代化评价考核体系中将原设计专

利创造指标调整为：PCT 专利申请量、万人发明专利拥有量、自主知识产权产品出口额占出口总额的比重、专利密集型产业增加值占 GDP 比重。此外，强化科技创新政策与专利政策的衔接，在政府所设立的各个科技计划支持项目中，将专利质量价值指标纳入科技计划项目申报评定、技术创新绩效评价等指标体系，将高价值专利产出作为科技创新计划项目立项的重要指标，同时，提高高价值专利在科技计划项目和重要创新载体建设绩效评价中的权重，促进重大科技计划项目中高质量、高价值专利的产出。

（二）进一步明确鼓励高质量、高价值专利产出的政策导向

为促进高价值专利的产出，江苏专门制订了"培育高价值专利计划"，然而，目前该计划无论从推进深度，还是推广范围上都存在一定局限，江苏应进一步加大对于高质量专利的奖励力度，以加快高价值专利的产出速度和数量，具体推进措施包括：研究制定高价值专利评价指标体系，重点围绕战略性新兴产业和特色优势产业，汇聚各方面资源，培育一批国际竞争力强、具有较强前瞻性、能够引领产业发展的高价值专利。制定出台《江苏省专利发明人奖励办法》《江苏省知识产权创造与运用专项资金管理实施细则》，明确将高价值、高质量专利作为奖励资助对象纳入其中。省政府设立专利奖，各市县建立本级政府专利奖励制度，对获国家奖及省内专利奖的项目、单位、个人给予重奖。通过一系列加大高质量、高价值专利奖励和培育政策举措的出台和实施，突出政府鼓励高质量、高价值专利创造产出的政策导向，促进高价值专利的产出。

第八章　江苏专利运营发展路径与对策*

当前，专利运营能力提升问题已成为江苏实现从知识产权大省向强省转变的关键性问题，也是江苏变现专利存量价值，支撑产业结构转型升级的迫切需要。要化解目前专利运营困境，江苏应立足产业发展实际，并借鉴发达国家及企业专利运营的成功经验，最终选择符合现阶段实际情况的解决方案。

第一节　江苏专利运营发展路径借鉴

专利运营其实并非新生事物，从专利产生的那一刻起就存在对专利的运用，只是专利制度产生初期的专利运营水平和程度无法与现在同日而语。因此，对专利制度拥有数百年运作经验的美国和欧盟现存范式的专利运营模式进行梳理和研究，或许能为解除和突破江苏目前专利运营所处的困境，提供一些可资借鉴的思路和经验。

一、国外专利运营典型模式

（一）私营性运营公司模式

运作私营专利运营公司模式最成功的典范是美国的高智公司（Intellectual

　　* 本章内容部分摘选自郑伦幸、牛勇："江苏省专利运营发展的现实困境与行政对策"，载《南京理工大学学报（社会科学版）》2013 年第 4 期。

Ventures），该公司由微软公司两位前高管内森·米尔沃德、爱德华·荣格于 2000 年创办，是全球最大的知识产权投资运营公司。目前，该公司拥有超过 50 亿美元的投资基金，管理着超过 4 万个知识产权投资运营项目，员工 800 余人，其中 1/3 为技术专家、1/3 为法律专家、1/3 为经济专家，每年的许可收益在 10 亿美元左右。

高智公司的商业运行模式主要可划分为四个步骤：（1）构建专家库。通过世界顶尖级的技术、法律、经济专家团队建设，一方面，找寻富有市场前景的专利投资机会；另一方面，在高智研究实验室对世界急需解决的问题从事技术研发。（2）购买专利。通过设立的三支基金，即发明科学基金（Invention Science Fund）、发明投资基金（Invention Investment Fund）、发明开发基金（Investment Development Fund），❶ 对个人发明人、各类单位发明人手中的专利进行购买。（3）专利包装。对自创或者购买的专利，根据专利本身的技术属性以及市场预期，将专利进行重新包装组合，建立专利池。（4）专利授权。将专利及其组合推向公司在全球建立的专利交易平台，缩小专利权人与专利买家之间的信息鸿沟，以达到促成专利交易，赚取高额服务佣金的目的（见图 8.1）。❷ 总体来说，高智公司的商业模式实质就是以专利制度为基础和依据，建立专利发明的资本市场，把专利当作一种产业来运营获利。

（二）公益性运营公司模式

公益性运营公司模式是一种由政府、协会和企业共同参与的专利运营模式。政府支持是公益性公司运营模式的最大特色。运行公益性运营公司模式比较成熟的是德国。如为推动国内高校和企业知识产权运用，德国联邦经济科技部专门出台《关于促进高校和企业创新思想经济化运用和法律

---

❶ 这三支基金的业务方向虽然各有侧重，但主要目的都只有一个，即购买获取高质量富有市场前景的专利，并进行重新排列组合，通过许可、转让、诉讼等运营方式进行营利。

❷ Intellectual Venture：载 http：//www.intellectualventures.com/index.php/about，最后访问日期：2013 年 9 月 20 日。

保障的指南》（SIGNO），并据此设置专项资助资金，以项目资助的方式，促进高校、中小企业和自由发明人对创新成果进行知识产权保护，并推动技术转让使知识产权得到有效运用。

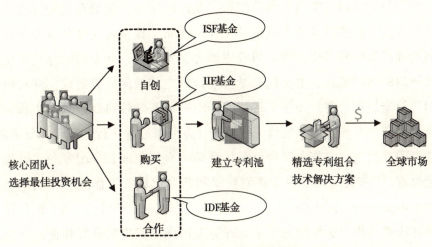

图 8.1　高智公司商业运行模式

资料来源：中国专利运用问题分析研究报告。

SIGNO 的资助对象主要包括三类项目：（1）高校专利应用项目。此项目旨在促进高校、科研机构的创新成果及时获得知识产权并进行市场化应用，要求项目申请人是与专利运营机构形成合作关系的高校联盟，单个项目的申请上限为 75 万欧元，资助金最多可占项目总体经费的 40%。（2）高校专利战略项目。此项目旨在促进高校、科研机构与企业建立长期的战略合作伙伴关系，及时将创新成果进行市场化应用。（3）"中小企业行动"项目。此类项目主要是资助中小企业将创新成果申请专利或实用新型，并促进技术许可转让。公益性运营公司通常由各类协会提供资金支持。如德国巴伐利亚专利联盟有限公司是巴州 28 家高校的专利代理商，也是目前欧洲最大的专利运营代理机构，其运营资金构成上，除联邦经济科技部、巴州经济部和巴州科技部等政府性资助以及联邦创新基金每两年向其提供 800 万欧元资助外，巴州化工联合会、金属和电子雇主联合会等协会是其资金的主要支撑。

在具体的专利运营上，公益性运营公司模式主要由公司制企业实际运作专利运营事务，如发明评估、市场推介、技术后续开发以及监督合同履行等。❶

（三）技术转让办公室模式

对于公立的研究机构和高等院校，发达国家还会采取在其内部设立技术转让办公室的模式推进专利运营工作。通常，技术转让办公室与负责研究机构或高等院校科研管理的研究资助办公室平级，研究资助办公室负责学校科研的前端工作，主要代表学校签订纵向和横向研究协议，并对研究项目进行全过程监督，而技术转让办公室则负责学校科研的后端工作，主要是技术转移及知识产权经营。技术转让办公室通常实行全程专人负责制，每项发明专利由一名技术经理负责从受理一直到收取和分配专利许可收入的全过程。❷ 如美国国立卫生研究院专利产业化相关工作主要由技术转移办公室负责（The NIH Office of Technology Transfer，OTT）。OTT 在联邦技术转移法案和相关法律法规下主要开展美国国立卫生研究院和食品药品监督管理局（FDA）的发明创造评估、保护、市场化、许可、监控、管理等活动。此外，OTT 还负责美国国立卫生研究院、食品药品监督管理局和疾病预防控制中心（CDC）的技术转移相关政策制定和发展工作。

二、国外专利运营模式成功运作经验

发达国家以上专利运营典型模式为江苏推进专利运营发展，提升专利运营能力提供了经验借鉴，总而言之，发达国家的专利运营经验表现为以下几个方面。

（一）规模化的专利运营资金是专利运营的前提

专利运营是一项系统工程，从专利技术评估到专利投资，再到专利交易平台的搭建，都离不开大量规模化的资金流引入。如支撑私营性运营模

---

❶ 胡志强："欧洲专利的运营和管理"课程讲稿。
❷ 国家知识产权局知识产权发展研究中心《中国专利运用问题分析报告（2010）》。

式美国高智公司运转的是资本总量达到 50 亿美元的三大基金。而支撑公益性私营运营公司模式的德国巴伐利亚专利联盟有限公司资金构成则是涵盖德国政府每两年向其提供 800 万欧元专项支持经费以及巴州化工联合会、金属和电子雇主联合会等协会的资金投入。因此，要发展专利运营事业，首先必须为专利运营主体打通规模化专利运营资金获取和投入的通道。

（二）精英化的专利运营人才是专利运营的支撑

专利运营的对象是具有市场前景的专利技术，获取专利技术的途径要么是自创，要么是向专利权人购买。无论是自创还是购买，都需要对技术本身的市场价值作出合理准确的评估和判断，而对专利技术进行市场价值评估靠的就是精英化的专利运营人才。此外，专利运营公司要赚取高额的服务佣金，还需要对具有市场前景的专利技术进行重新组合、包装和推介，而这些活动无不依靠的还是精英化的专利运营人才。因此，打造一支高素质的专利运营人才队伍是专利运营的支撑。如美国高智公司的专业人员达到 800 余人，其专家团队中 1/3 为技术专家、1/3 为法律专家、1/3 为经济专家。

（三）规范化的专利运营制度是专利运营的保障

由于专利运营公司采取公司化模式进行运作，其主要目的在于盈利，如果缺乏有效制度的规制，一些专利运营公司会利用操控手中的专利，滥用专利权利，进行恶意诉讼，成为所谓的"专利魔头"（Patent Troll），如来自意大利的 Sisvel 专利运营公司就因多次在欧洲查抄、扣留包括华为、华旗在内的我国企业产品，而受到国内产业界的关注。放任"专利魔头"的专利权滥用行为无疑会背离专利制度促进技术创新的初衷。因此，发达国家在鼓励对专利运营的过程中，无不同时将相应的专利权滥用行为纳入反垄断法，以规范专利运营公司的运行。如日本公平交易委员会于 1999 年颁布的《专利和技术秘密许可协议中的反垄断法指导方针》对专利和技术秘密许可，包括交叉许可等多种许可方式进行了规范。❶ 2006 年 4 月美国

---

❶　徐红菊：《专利许可法律问题研究》，法律出版社 2007 年版，第 190 页。

参议员提出《专利质量法案》，其内容就包括杜绝不择手段的专利海盗行为。随后 2007 年、2008 年美国改革人士继续推动专利法的改革。

第二节　江苏专利运营发展对策建议

专利运营关涉专利价值的转化，是实现专利从静态技术方案到动态价值运用和变现过渡的桥梁。要走出目前面临的专利运营困境，江苏应以发达国家运作成熟专利运营模式的经验为参鉴，以江苏产业发展的实际为立足点，设立专项资金引导专利运营各方主体的进入，鼓励人才培养支撑专利运营业务的开展，优化评价指标激发专利运营市场的活力，出台配套政策规范专利运营机构的运行，从而推进专利运营能力的提升。

一、设立专项资金引导专利运营主体的进入

规模化的专利运营资金是专利运营的前提，因此，行政管理部门可以借鉴德国联邦经济科技部出台《关于促进高校和企业创新思想经济化运用和法律保障的指南》的做法，为专利运营设立专项资金以资助专利运营的发展。具体来说，可以由财政部门设立"江苏省专利储备运营扶持资金"，以项目化的方式，支持各地建立专门从事专利引进、集成和二次开发、转移转化并具有独立法人资格的知识产权运营公司，促进专利质量的提升和专利的储备运营，引导高校院所的研究成果形成高质量的专利并向企业转移，促进社会资本向专利运营领域聚集。专利行政管理部门可增设专利储备运营计划，支持运营公司牵头实施专利运营项目，主要可分为以下四个计划：(1) 专利运营公司成长计划，为专利运营公司的设立、运行，提供激励、协助和规范帮助；(2) 专利运营人才培养计划，为高层次专利运营人才的培养中涉及的师资引进进修、人才交流与合作提供支持和路径；(3) 专利运营示范计划，选取在专利运营过程中，方法、模式或者成效显著的案例，作为全省专利运营的典型进行示范；(4) 专利运营成果奖励计划，对省内专利运营的成果进行遴选，选取市场前景好、附加值高的专利

运营成果进行奖励。

二、鼓励运营人才培养支撑专利运营业务的开展

精英化的专利运营人才是专利运营的支撑，要推进专利运营人才的培养，应从以下几个方面着手：（1）师资队伍建设是人才培养的先导。因此，要加快专利运营人才的培养首先要加强专利运营人才培养师资队伍建设。专利运营师资队伍建设短期来说可以通过聘请国内外专利运营方面的专家（包括法学专家、经济专家以及相关领域的技术专家），建立专利运营人才培养师资数据库，为专利运营人才培养提供专家和师资支撑。长远来看，应扩大省内专利运营人才培养师资与国内外专家之间的合作与交流，鼓励省内师资到国外进修。（2）由于专利运营人才需要综合性涵盖法律、经济、理工的学科背景，因此，可由相关行政部门出台政策，重点推进省属高校理工科专业、经管、法律、贸易等专业开设知识产权必修课程和制定选修课程，激励有条件的高等院校推进知识产权学科建设。（3）在短期专利运营人才供应不足的情况下，可组建由国内外知名专利运营人才构成的人才专家库，一方面，可以为市场专利运营主体在运营过程中遇到的专利评估、专利包装、专利推介提供专业咨询和信息分析；另一方面，在提供专家咨询和服务的过程中，也可以加进江苏专利运营人才与国内外专家的交流，提升江苏专利运营人才的服务水平。

三、优化评价指标激发专利运营市场的活力

专利行政评价指标反映了政府工作的重点推进方向以及相应公共政策确定倾斜扶助对象的参考因素，对专利事业的发展可以起到"指挥棒"的作用。目前江苏的专利行政评价指标，主要还是侧重于专利创造量的增长，如专利申请量与授权量、发明专利申请量与授权量、万人发明专利拥有量等，而对专利质量的提升方面，特别是专利转化上，缺少相应的引导和推进。因此，优化专利行政评价指标是推动专利运营走出困境的当务之急：首先，应进一步提升高质量专利的数量，重点强调"发明授权量""PCT

申请量""万人发明专利拥有量"等指标，使得市场上具备一定高质量的专利存量；其次，应将"专利转化率""专利存活时间"等指标纳入专利行政评价指标，推动专利转化和运用的市场需求，扩大专利运营的市场源头，激发专利运营市场的活力。

四、出台配套政策规范专利运营机构的运行

专利运营的健康发展还离不开科学合理的专利运营制度体系作为保障。在制度建设上，首先，健全的市场融资、评估体系是专利运营募集资金以及运营获利的前提。因此，应进一步加强市场无形资产评估、融资、质押方面的政策制度建设，为专利运营创造良好的外部环境。其次，专利运营的公司化运作，有可能带来诸如固定价格、强行搭售、独占性返售等滥用专利权的行为。[1] 因此，在鼓励专利运营公司发展的同时，还应制定专利运营公司管理规范，规制专利运营公司的滥用专利权行为。最后，对于"专利海盗公司"大量收购"973""863"等国家重大科技等项目的行为，政府部门应出台相应的文件对特定领域的专利转让出口进行管制。具体可以参考美国《出口管理条例》的做法，对专利技术实施分类管理：对与国家安全影响甚小的绿区专利技术，一般不需审查可以出口转让；对属于高级技术范畴，但低于红区水平的专利技术，出口转让需要经过国家安全部门及其他部门审查；对最先进的，可能会对国家安全构成显著威胁的专利技术规定禁止出口转让。

---

[1] 王先林：《知识产权与反垄断法》，法律出版社 2008 年版，第 139 页。

第九章 江苏专利管理发展路径与对策

高水平的专利管理是推进引领型知识产权强省建设的重要保障力量。江苏目前在专利管理，无论在作为政府宏观管理的专利行政管理，还是作为重要技术创新主体微观管理的企业和高校专利管理等方面，均存在不同程度的问题，难以为建设引领型知识产权强省起到良好的保障作用。针对目前存在的专利管理困境和问题，江苏急需参考和借鉴发达国家行政机构、企业、高校的专利管理成熟做法和经验，立足省情实际，设计相应的对策方案，全面迅速地提升专利管理的能力和水平。

第一节 江苏专利管理发展路径借鉴

江苏目前在专利管理发展的困境主要体现在行政管理部门、企业和高校，表现为能力不强、效能不高、机构不健全等多个方面，美国、日本、德国等发达国家在专利管理方面的成熟做法和经验，值得江苏在提升专利管理水平和能力，整体推进专利管理发展方面进行参考和借鉴。

一、构建相对统一的知识产权行政管理机构

由于统一的知识产权行政管理机构有利于理顺知识产权行政管理职责，避免不同分散管理机构之间在管理职能上的冲突或矛盾现象，节约行政资源，提高工作效率，整体推进知识产权事业的发展。此外，还有利于统一知识产权保护和执法手段、标准，为当事人提供统一标准的服务，因此，世界大部分国家一般对知识产权，特别是工业产权设置统一的知识产权行

政管理机构。有学者在 2004 年对世界知识产权组织网站所涉及的各国和地区政府的知识产权行政管理机构进行统计和梳理，结果显示，全世界实行知识产权制度的 196 个国家和地区中，只有巴基斯坦、利比亚、希腊、中国、文莱等不到 10 个国家将专利与商标的行政管理部门分开设置，其余 180 多个国家和地区都将专利与商标的行政管理机构合并在一起，称为工业产权局或专利商标局。❶ 如美国将专利与商标的行政管理部门合并为专利商标局（USPTO），而将版权行政管理职能设置在国会图书馆。美国的专利商标局隶属于美国商务部，主要负责专利授权和商标注册、提供与发明、产品及服务标识有关的服务，提供设计知识产权事务的建议以及支持创新和国家科技发展等。国会图书馆则隶属于美国国会，是美国国会 6 个主要业务部门之一，主要负责执行版权法、记录和保存版权注册申请及相关文件，向公众提供信息服务以及咨询意见等版权相关工作。德国的知识产权行政管理部门是联邦司法部，工业产权管理的机构是司法部下的专利商标局（DPMA），具体涵盖专利、实用新型、外观设计、集成电路设计、商标、地理标志等的行政管理。著作权的管理机构是贸易与商法部。日本的知识产权行政管理机构主要是经济产业省，工业产权、防止不正当竞争及有关半导体集成电路配置均由经济产业省管理，经济产业省下的特许厅主要管理商标、专利、实用新型、外观设计等工业产权的受理、审查和授权工作。著作权的管理为科学省的直属机构文化厅。

二、将专利管理纳入企业发展核心战略

发达国家的跨国企业之所以拥有大批核心技术，能在国际市场竞争中保持竞争力，居于全球产业链的高端地位，与其重视专利管理，制定有完善的专利管理制度和体系不无关系。如德国企业普遍认为只有在产品技术上不断进行创新，技术上处于领先地位，才有可能在市场上取得竞争优势，获得最大化的收益。正是秉持这样的理念，所以德国企业从宏观层面来看

---

❶ 朱雪忠、黄静："试论我国知识产权行政管理机构的一体化设置"，载《科技与法律》2004 年第 3 期。

并不孤立地看待专利管理，而是将专利管理纳入企业整体发展的层级进行考量，每个企业基于自身竞争优势，发展路径的不同，会制定差异化的专利管理方式和制度，并根据不同时期企业发展的需要，适时地对专利管理制度进行修订和调整。例如，德国奔驰公司的专利管理研发战略比较注重汽车制动系统的研发及申请专利；微观层面来看，德国企业将设立知识产权管理部门，并将专利嵌入企业的研发、生产、贸易、经营活动的全过程，并且为畅通企业内部专利管理的沟通联络机制，德国企业一般会建立专门的专利文献数据库，实现信息的共享，避免重复研究，如德国西门子公司，为了保持自身在信息科技行业的领先地位，设立了知识产权信息研究中心，专门负责对公司主营的业务领域实施行业信息的监控，并在此基础上进行市场动态和行业趋势的分析和研究。此外，在子公司与总部的知识产权部门之间西门子公司通常还会建立以专利管理为内容的定期报告制度。[1] 日本企业一般也将增加无形资产价值、实现利益最大化、提升国际竞争力作为实施专利管理的动力和目标，因此，日本企业非常重视专利管理工作，基本建立有独立的知识产权管理部门，并且该部门往往直接隶属企业最高领导，虽然区别不同规模的企业，知识产权部门的人数不一，但都是专职人员。此外，为更好地服务和支撑企业的技术研发，日本企业的知识产权部门还实际参与到企业的研发过程之中，对每项技术进行专利评估，及时制定相应的专利申请、运用、保护的方案。[2]

三、建构独立、合理的高校专利管理体系

高校具有优越的技术研究条件和水平，是高质量、高水平专利的重要潜在产出来源，因此，发达国家通常非常重视高校的专利管理，建构有独立、合理的高校专利管理体系，以为高校专利创造、运用和保护提供良好

---

[1]　冯涛、杨惠玲："德国企业知识产权管理的现状与启示"，载《知识产权》2007年第5期。

[2]　金永红："日本企业知识产权战略管理及其对我国的启示"，载《科技与经济》2008年第1期。

的条件支撑，激发高校专利技术创造的潜能。发达国家高校在建构专利管理体系方面，一般都会设立独立的专利管理机构，并且为解决高校教师进行专利创造和运用积极性问题，往往还建立有激励专利创造和运用的管理机制。❶ 如在美国，各大高校和科研机构都建立有技术管理办公室，或技术转移办公室、技术授权办公室，专门负责员工的成果申报、申请专利和实施专利许可等专利技术管理工作。技术管理办公室的运作机制一般是要求申请技术许可的企业必须提交技术应用计划书，列明相应的达标条款，一旦该企业履行计划书的约定，办公室有权收回技术许可，这样无疑可以大量减少技术进入市场的成本，并且通过合理分配许可收益，也可激发和维护高校技术科研人员的积极性。此外，美国法律还明确将技术转让列入科研人员的职责并进行绩效考核，并且允许大学对政府资助的科研成果拥有完全控制权，以上专利管理政策的存在也极大地促进了大学将创造发明转移到企业进行开发和商业化的热情。❷ 英国高校对于专利技术管理依靠的也是技术许可办公室，部分研究水平较高的高校还成立独立的公司进行专利管理活动。英国高校的专利管理同样非常重视对于高校科研人员的激励问题，明确将专利的产生和利用作为科研人员晋升的一项指标，制定完善的学校、发明人之间利益分享的制度，并给予科研人员充分的时间和空间，鼓励教师开办新公司，允许教师持有成立新公司中的股份，并减轻开办公司的教师一定程度教学工作量和工作时间。在日本，日本政府在高校专利管理中发挥了重要作用。根据《日本知识产权战略大纲》，要求各高校设置统一的管理知识创新、专利获取和利用的知识产权部门，并且政府还放宽高校专利管理机构的限制和税收，鼓励企业与合作，积极引导高校专利管理机构通过专利许可、股权等多种方式，促进高校专利的产业化。

---

❶ 胡冬云：“美国高校知识产权和技术转让管理经验的启示”，载《科学咨询》2004年第10期。

❷ 李名家、杨俊：“美国和日本高校知识产权战略研究”，载《武汉大学学报（哲学社会科学版）》2005年第6期。

第二节　江苏专利管理发展对策建议

针对目前专利管理发展中存在的问题，江苏以国外发达国家的做法和经验作为借鉴，从行政管理机构改革探索、企业专利管理水平提升以及高校专利管理体系建构等几个方面，推进全省专利管理发展再上新台阶。

一、探索建立协调统一的知识产权行政管理机构

虽然拘于地方行政权限的限制，江苏在知识产权行政管理机构方面的改革和调整空间是比较有限的，但是未来江苏仍可以在省内有条件的县市从以下两个方面对现有知识产权行政管理机构的改革进行先行探索和尝试：（1）江苏可在现有知识产权管理机构框架内设立协调委员会，对各知识产权行政管理机构的职能进行协调。协调委员会虽然类似于我国原有的知识产权联席会议制度，但是区别于联席会议制度，协调委员会是一个实体机构，有具体的管理职权和独立的机构组成，该委员会的管理机构由各知识产权行政管理机构组成，行使管理知识产权的权力，由其具体负责各知识产权行政管理机构的协调，如在知识产权政策的制定上，由该委员会组织各机构制订立法计划、组织调研、提出草案；又如在知识产权政策的执行上，由该委员会协调各知识产权行政管理机构的执法措施，沟通各部门之间的各种信息，研究重大事项和案件的对策和措施，还包括监督检查政策措施的执行情况等。❶（2）江苏可探索对工业产权的统一行政管理，即相对统一知识产权行政管理模式。区别于文学版权自动取得，由于工业产权的授权需要通过国家行政管理部门对申请进行审查，并对符合条件的申请进行许可的方式才能获得，但就行政管理而言，工业产权与文学产权的行政管理具有较大的差异，因此，基于工业产权资源需求即其程序上的共同性，应建立统一的工业产权机构，统一对社

---

❶ 吴汉东：《科学发展与知识产权战略实施》，北京大学出版社 2012 年版，第215 页。

会提供受理、审查、异议、授权、管理、保护等服务，将工业产权进行统一管理是一种妥善的处理方式。在建立统一的工业产权管理机构后，就可以在工业产权的管理上，实现与国外主流管理模式的对接，更符合工业产权属性上的内在要求。根据 2018 年国务院机构最新改革方案，原商标、地理标志与专利行政管理职能进行合并，并将国家知识产权局纳入国家市场监督总局。因此，应该说我国统一工业产权管理行政机构已经迈出了实质性的一步。

二、引导企业提升专利管理层级和水平

为引导企业提升专利管理层级和水平，江苏应进一步推进知识产权战略实施计划的实施，并且在现有推进方案基础上，针对不同的企业类型和规模，增加类型化的设计，具体对于不同类型企业可区别适用"基本计划"和"高级计划"："基本计划"面向江苏全省一般企业，重点推进企业将包括专利在内的知识产权管理纳入企业经营发展战略之中，通过建立创新激励机制、建设知识产权信息平台、加强知识产权资产管理等方式，从面上推进江苏企业的专利管理整体水平。"高级计划"主要适用于江苏的龙头企业、创新型科技企业等，对于承担该计划的企业，要求优秀的服务机构和团队为企业定制化设计知识产权管理方案，并支持企业进行知识产权布局，运用知识产权开拓海外市场，鼓励企业参与国际标准的制定，提高企业的国际竞争力。此外，江苏还应通过推行《企业知识产权管理规范》，继续引导企业建立健全专利管理制度体系，将专利管理贯穿于研发、生产、销售、贸易和资本运营全过程，实现对企业活动进行全过程的专利管理，做到"研发初期有知识产权信息指引，研发过程有知识产权跟踪调整，创新成果有知识产权权利保护"，并且将企业知识产权管理的达标和优秀，作为申报、评价全省科技项目的必要条件。针对中小企业专门设立专利管理机构成本过高、专业人员有限的问题，江苏应鼓励知识产权服务机构，特别是优质的知识产权服务机构面向中小企业开展包括专利战略策划、专利信息检索分析、专利申请、专利权维护、专利纠纷应对等内容的

专利集中管理、托管管理业务，并打造一批高水平的开展知识产权服务外包业务的中介机构，为中小企业的专利管理提供有力支撑。

三、推动高校建构健全、合理的专利管理体系

针对目前江苏高校专利管理能力偏弱的问题，江苏应鼓励和引导高校建构健全、合理的专利管理体系，具体来说措施可以包括以下几个方面：（1）以"高等学校知识产权管理标准化试点工作"为抓手，通过让江苏高校贯彻落实《高等学校知识产权管理规范》，推进有条件的高校建立独立的知识产权管理机构，配备专门的专业化知识产权管理人员，建立校级领导分管的行政管理体制。鼓励高校建立和完善各项专利管理制度，如专利权属认定、专利申请保护、专利权益分配机制、专利奖励办法、专利档案管理等制度，推进江苏高校专利管理的标准化、规范化。（2）为建立长效的专利激励机制，激发高校科研人员从事专利创造、运用、保护的热情，一方面，应推动高校以及相关政府部门不仅将专利数量作为教师或项目考核评价指标体系，还应将专利运用、维持以及保护情况纳入体系，只有这样才能全方位地激发高校科研人员对于专利全过程管理的积极性；另一方面，按照国家和省有关规定，在江苏高校可开展高等学校与发明人对知识产权分割确权和共同申请制度试点，推进高校的知识产权成果收益权改革，支持高校依法依规和自身实际，建立高校、院系、发明人以及知识产权转化机构之间的利益分享机制。长效的专利激励机制的建立可以有效解决目前高校普遍存在的"有技术，无运营；有权利，无保护"问题。（3）专利价值的最大化变现是专利管理的终极目的，也是衡量专利管理水平的重要指标。江苏应支持专利实力较强的高校组建专业化、市场化、特色化的知识产权运营公司，为盘活专利资产提供专业化的服务；推动高校充分利用江苏省技术产权交易市场、江苏国际知识产权运营交易中心、江苏高校科技成果转化平台、高等学校技术转移中心、大学科技园等各种校内校外、线上线下专利交易平台资源和条件，为高校的技术成果与市场企业的对接提供便捷

化服务；加强高校及发明人与市场企业及企业家的互动，鼓励高校以及发明人通过许可、转让、作价入股等多种方式，参与专利技术转化的市场化运作，促进产学研的技术合作和资源组合，加快实现知识产权市场价值，不断提高转化率。

第十章　江苏专利人才发展路径与对策

面对全球新一轮的科技革命、产业变革以及经贸格局调整，发达国家和地区更加强调依托知识产权巩固和强化其竞争优势，纷纷将知识产权作为抢占全球经济、科技制高点的有力武器。专利人才是知识产权竞争的基石，是开展专利创造、运用、保护、管理活动的前提，因此，专利人才队伍建设是世界各知识产权强国提升本国专利核心竞争力的着力点和发力点。知识产权强国对于专利人才培养的成熟路径和方法，为江苏找寻提升专利人才规模和质量的发展良策，提供了经验范式。

第一节　江苏专利人才发展路径借鉴

知识产权强国拥有完善的专利人才培养体系和良好的专利人才成长发展环境，在专利各个相关领域聚集着一批专利人才。知识产权强国在培养专利人才方面的成熟做法主要有以下几个方面。

一、建构完善的专利人才培养体系

专利人才培养体系是"孵化"专利人才的摇篮。发达国家为加强专利人才队伍的建设，保证其知识产权实力优势，一般都建构有完善的专利人才培养体系。如美国作为目前世界上最发达的国家，对于影响国家综合竞争力的专利人才培养问题，表现出了超乎寻常的重视。在美国，由美国律师协会认可的 183 所法学院均可提供知识产权学历教育。美国的专利代理人则需要本科为非法律专业，经过严格的专业化培训才能取得资格，而专利律师则需要首先获得专利代理人资格后，通过专门的资格考试，并且在联邦法院或州最高法院从事律师执业 1 年后才能取得执业牌照。在日本，随着《日本知识产权战略大纲》和《日本知识产权基本法》的相继出台，作为战略支撑，建立了较为完善的专利人才培养体系。日本专利人才培养体系由中小学专利启蒙教育、大学生和研究生的专利专业教育和一般国民的专利普及教育构成。在中小学的知识产权启蒙教育方面，2002 年，日本特许厅就与日本国内的 2 500 所小学、1 500 所初中和 450 所高中建立知识产权人才培养的合作关系。大学和研究生教育方面，2004 年，日本的文部省就批准包括东京大学在内的 66 所大学设立研究生院，培养精通法律、专利、标准等知识的知识产权高级人才。正是由于较为完备的知识产权人才培养体系的建构，2010 年，日本的各类知识产权人才已达到 10 万人。除了学历培养体系，发达国家及企业通常还会投入大量的资源，对在职人员开展知识产权继续教育。如美国、德国的一些知识产权服务机构一般会投入年营业额 5% 的资金用于员工的继续教育和培训，通过继续教育和培训不断提高员工的专业能力，以满足市场竞争的需要。❶ 德国企业一般要求员工进入企业时，必须接受包括专利在内的知识产权方面的培训，不少德国企业为实现专业化的人才队伍，还要求技术、法律人员定期进行跨学科轮训，或选派员工到高校、律师事务所进行再学习。新加坡同样非常重视企业知识产权人才的培训。新加坡律政部就制订了 IP-CEP、SCOPEIP 等计划，以上计划都是以培训形式，通过向参与计划的用户提供知识产权问答数据库和用户服务，帮助当地企业培养人才，学会管理知识资本的方法，以指导本地企业提升创新、开发以及保护的能力。

二、专利人才培养注重理论和实践能力的结合

基于专利工作特性要求，决定了专利人才兼具理论和实践能力是市场的基本要求和期待，因此，发达国家在人才培养中通常非常注重理论和实

---

❶ 叶强："日本实施知识产权战略的借鉴意义"，载《经济纵横》2007 年第 6 期。

践能力的结合，将实践性要求嵌入人才培养过程，在理论与实践的结合中培养专利人才。如美国向来注重对于专利人才实践能力的培养，在具体专利人才的培养中的教学师资选聘、教学方法设计、教学课程设置等方面都能明显体现出对于人才实践能力的偏重，并且为适应市场对于专利人才能力的需要，美国高校在专利人才的培养上主动变革、转变观念，已从传统的仅强调法律知识教育向侧重专利的运用、交易知识转变。美国很多高校的法学院已开始与商学院合作，通过资源的整合，联合培养复合型、应用型的专利人才。一些法学院甚至还专门开设创新诊所，专门向学生提供为创新者进行专利服务的实践机会，以加强学生实务能力的培养。德国在专利人才培养过程中也非常注重专利人才理论与实践能力的结合。德国的法学院一般要求学生毕业后只有参加政府组织的国家司法考试，并考试合格后才能取得司法部颁发的文凭。毕业生在获得文凭后，往往还需要到法院、检察院、行政机关或律师事务所参加平均两年到两年半的实习，实习期满后，还要参加由州政府组织的第二次司法考试，只有通过第二次司法考试才能最终拿到从事法官、律师等职业的执业证书，成为真正的法律人。此外，德国在专利代理人考试入门条件方面也设置了非常高的"实践"门槛。德国对专利代理人考试的报考者专门要求了实践经历，即需要包括具备从事 26 个月以上专利代理人助理工作经历，22 个月以上大学教授指导下的法律知识培训经历，2 个月德国专利局的实习经历以及 6 个月以上的联邦专利法院实习经历才能有资格报考专利代理人考试。

三、着力营造良好的专利人才成长环境

成长环境是专利人才发展的外部条件。发达国家通常着力提高专利就业岗位的工资待遇、社会评价等方式，为专利人才的成长营造良好环境，提高专利职业在社会的认知度和认可度，以吸引更多的优秀人才进入专利行业。如日本除了在中小学广泛开展专利启蒙教育，让中小学生从小树立对于创新和专利的认同感。此外，还鼓励日本的法学院帮助律师、专利律师或其他工作人员参与到专利相关课程教学和项目研究之中，一方面，让

参与到课程和项目中的专利人士获取知识产权方面的知识，提升其对于专利的认知；另一方面，希望通过这些专业人士将专利知识向周围扩散，尽可能地扩大专利影响力。正是在良好人才成长环境的营造之下，日本的专利职业是非常令人尊重的职业。如日本的专利代理人被称为"弁理士"，日本前首相营直人就曾经是一名弁理士。从工资待遇来看，对于专利从业人员，发达国家的企业虽然在挑选的时候非常严格，但是一旦聘用，一般都会给予优厚的起薪，以高薪留人。目前，西方各发达国家的专利机构或岗位是毕业生热衷的就业对象，专利代理和专利律师都是令人羡慕的职业。如在美国非知识产权密集型产业从业人员的平均工资，相较于知识产权密集型行业有着大幅的差距。据统计，2014 年，知识产权密集型产业平均周薪达到 1 312美元，比非知识产权密集型产业的平均周薪 896 美元，高出46%。其中，专利密集型产业相较于非知识产权密集型产业的薪资比更高，为74%（见图 10.1）。正因如此，据统计，美国每年都有超过 20% 的应届毕业生加入到知识产权行业之中。

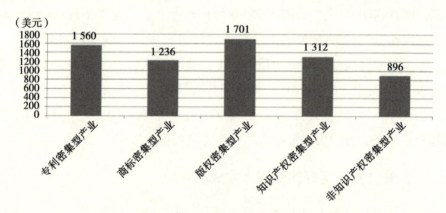

图 10.1　2014 年美国知识产权密集型产业平均周薪

数据来源：《知识产权与美国经济：2016 更新版》研究报告。

四、构筑专利人才国际化、高端化培养平台和机制

为了提升专利人才的国际化水平，培育适应于专利国际化工作需要的

高端专利人才，发达国家纷纷构筑知识产权人才的国际化、高端化培养平台和机制。如在德国，作为其包括专利在内知识产权高端人才培养重要载体的慕尼黑马普知识产权研究所，其除了拥有全球一流的图书馆和其他教学硬件设施条件，还建立了开放式的专利国际化人才培养机制：一方面，马普知识产权研究所从全球聘请著名知识产权学者和商业精英为学生开展教学与研究工作，拓展学生的国际化视野；另一方面，马普知识产权研究所还通过吸引世界各国优秀知识产权学者开展访学研究、进修学习的方式，为学生提供开放式学习、科研环境，增加学生与世界各地学者专利交流学习的机会。韩国与日本于 2001 年也建立起知识产权人才培养合作机制，利用国际知识产权人才培养平台，共同培养具有全球化视野的专利人才。此外，日本还注重知识产权人才培训机构的国际合作与交流，促进专利人才培养的国际化水平。

第二节　江苏专利人才发展对策建议

为提升专利人才的队伍规模和整体质量，下一步，江苏应坚持问题导向和需求引领，进一步拓宽引才、育才、用才的渠道，积极进取，努力推进专利人才工作取得新进展、实现新突破。

一、引导高校完善知识产权人才培养机制[*]

（一）确立科学的专利人才培养思路

根据社会对专利人才要求，并结合目前高校在专利人才培养方面所存在的问题，笔者认为，江苏应首先引导高校在专利人才培养方面确立以下三个思路：（1）尊重人才成长规律，不宜开设知识产权本科专业。目前我国有 41 所高校在本科层面开设了知识产权专业。从现有知识产权本科专业

---

[*] 本部分内容摘选自郑伦幸："理工科高校知识产权人才培养路径探析"，载《工业和信息化教育》2018 年第 2 期。

进行人才培养的情况来看，无论是其本身培养方案的科学性还是培养学生的市场认可度来看，均因存在较大问题，而被业内学者诟病。作为曾开设知识产权本科专业的上海大学知识产权学院院长陶鑫良教授、华东政法大学知识产权学院院长高福平教授均曾明确表示反对这种培养模式。❶ 西南政法大学张玉敏教授更是直言：4 年的知识产权本科培养既不能让学生系统掌握法学基础知识，也无法让学生习得自然科学知识、管理学知识，这种残缺的知识结构将严重影响学生的继续学习能力和就业竞争力。❷ 因此，无论从人才成长规律，还是学生个体发展角度来看，均不宜在本科阶段开设知识产权专业。（2）立足自身优势，定制化设计培养方案。目前江苏培养专利人才的高校主要是综合类高校和文科院校，其培养模式一般是依托法学院，基于法学人才培养架构，进行法律与经济的复合、法律与管理知识的复合或者法律知识的专业化培养。而理工科高校则应充分利用自身在培养专利人才方面的优势，与综合类高校和专业法律院校的培养定位进行错位，主要立足企业专利管理人才、专利服务人才的培养，即基于技术知识的背景基础，进行技术与法律、管理、经济知识的复合。（3）面向市场需求，加强实践能力培养。基于企业专利管理人才、专利服务人才更为强调知识实际运用能力的特点要求，江苏高校应结合自身技术优势，开拓建立包含实践教学平台、实践教学课程、实践教学活动为内容的实践教学体系，为学生实践能力培养提供系统性的培养方案，从而解决目前高校普遍存在的学生重理论、轻实践问题。

（二）优化现有专利人才培养方案

专利人才多样化的复合型要求以及社会对于专利人才的多层次需要，决定了江苏应构建多元化的专利人才培养模式，主要可以区分为专利短期培训和知识产权学历教育。

---

❶ "2006 年中国高校知识产权人才培养会议记录"，见陶鑫良：《中国知识产权人才培养研究》，上海大学出版社 2006 年版，第 51 页。

❷ 张玉敏："高校在知识产权人才培养中的定位"，见陶鑫良：《中国知识产权人才培养研究（第二辑）》，上海大学出版社 2010 年版，第 124 页。

（1）专利短期培训。基于专利培训相较于学历教育在时效性、集中性、针对性等方面的优势，知识产权培训是未来江苏进行专利人才培养不可或缺的方式之一。江苏应制订和完善专利实务人才分类培训计划，进一步完善培训机制，优化培训教学大纲，修订培训教材。建立健全知识产权从业人员上岗培训、年度培训和专项培训机制。专利短期培训类型具体主要可以分为两大类别：①专利通识类培训。专利通识类培训主要面向社会公众，培训内容主要为专利法、知识产权法等专利基础知识的普及。此外，江苏高校还可以将专利通识课作为必修课程嵌入全校专业之中。专利通识培训的目标主要在于最大范围地提升社会公众的创新和专利保护意识。②专利从业人员专业培训。江苏还可以基于自身的技术优势，结合不同专利从业人员提升执业能力的诉求，设计不同类型的从业能力提升培训，为专利从业人员短期提升从业能力提供便利通道。目前江苏省内已有很多高校在专利培训方面进行了卓有成效的探索和实践，如南京理工大学知识产权学院就专门设置了知识产权培训教学中心，面向社会公众、政府部门、企事业单位，组织并实施了知识产权通识培训、知识产权工程师培训、知识产权总监培训、专利行政执法培训、专利代理人能力提升培训、企业法务能力提升培训等项目，仅2014年、2015年为江苏省培训知识产权从业人员超过6 000人次。南京理工大学在专利相关方面的培训模式、经验和做法可以在江苏全省进一步推广。

（2）知识产权学历教育。❶ 学历教育可以区分为知识产权本科层次的人才培养和研究生层级的人才培养：①本科层次人才培养。在本科阶段，虽然设置知识产权本科专业方式不被提倡，但是目前知识产权双学位和二学位培养模式由于可以在不影响主修或者第一专业知识系统性获取的基础上，复合知识产权法律知识，避免"通而不精"问题的出现，因此被业内所普遍认同。江苏高校开设的知识产权二学位主要可以面向

---

❶ 在学历教育中，专利并没有从知识产权专业中细分，主要因为专利人才对知识产权相关知识掌握的全面性要求，所以笔者认为也不宜划分出来，因此，知识产权学历教育模式亦是专利学历人才的培养模式。

已经获得理工科专业的本科生，在其本科毕业后让其继续学习知识产权法律基础知识，两年后再授予其一个法学学士学位。知识产权双学位（辅修）主要可以基于理工科的主修专业基础上，嵌入知识产权法律或部分管理的辅修课程，四年后可授予其主修专业和法学两个学士学位。②研究生层次人才培养。知识产权本科层次人才虽然能够做到一定程度的知识复合，但毕竟受到修业年限、生源质量等方面因素的影响，只能适应一般性的知识产权岗位需求，因此，研究生层次才应是知识产权人才培养的主要方式。硕士研究生的培养模式主要是"4+3"模式，具体方式上，江苏高校特别是理工科高校可以在四年理工科本科专业基础上，依托法学、管理、经济学术硕士学科平台，也可以在法律硕士、MBA等专业硕士的平台上进行知识产权方向三年的硕士生培养。值得注意的是，2015年南京理工大学在传统"4+3"模式之外，还进行了创新性探索，开创了"3+1+2"模式，所谓"3+1+2"即指理工科学生在接受3年相关理工本科专业学习的同时，为实现与法律知识的复合，加入学时不少于1学年的知识产权专业课程学习。学生在第三学年末，直接获得免试攻读知识产权管理硕士的资格，进入硕士阶段2年的学习和培养，从而最终实现技术、法律与管理知识的复合。❶ 对于知识产权博士研究生培养主要应定位于知识产权高端人才，江苏高校可依托法学、管理或者经济学等一级学科平台，招收具有技术知识背景的硕士毕业生，培养既具有技术、法律、经济、管理等复合知识，又有一定研究能力的知识产权管理和研究型人才。此外，为加强专利人才实践能力的培养，江苏高校还应加大校企合作培养知识产权人才力度，通过建立知识产权信息检索与分析实验室、知识产权综合模拟训练实验室、知识产权模拟法庭、校外知识产权实践教学基地等实验实践教学平台，出版和使用特色教材，建构各具特色的知识产权实践教学体系，并将实践教学体系有机嵌入各个学科人才培养的方案之中，以满足市场对于专利

---

❶ "南京理工大学3+1+2知识产权创新实验班简介"，载 http://zscq.njust.edu.cn/33/d1/c2209a13265/page.htm，最后访问日期：2018年4月3日。

人才实践能力需要。

二、进一步加快知识产权人才培养载体建设

（一）加强国际化、高端化知识产权学院建设

国际化、高端化知识产权人才培养平台是培育高端专利人才的载体。江苏应汇聚政策、资金、多外渠道等优势资源，以工业和信息化部、国家知识产权局、江苏省人民政府三方共建的南京理工大学知识产权学院为试点，打造1~2个在全国乃至世界范围内具有示范意义的高端化、国际化知识产权学院，培养适应于高端国际市场需求的高端专利人才，具体试点建设内容包括：支持学院新增知识产权相关专业和学位授权点，试点建设独立的知识产权学科，完善知识产权人才培养体系。支持学院通过实施特聘教授引育、创新团队引育、讲（客）座教授引聘等计划，建设一支国内一流的复合型、国际化的高素质教学科研队伍；促进学院提升国际化水平，资助教师出境访学交流，加快学院与境外高校联合培养知识产权人才的进程；协助学院打造高端知识产权继续教育平台，构建完善高效的知识产权人才培训体系。

（二）深化知识产权线上线下培训平台建设

知识产权培训机构是开展专利在职培训活动的重要支撑。江苏应在梳理现有省级知识产权培训基地建设问题和经验的基础上，按照统筹规划、分类指导、突出特色原则，加强对知识产权培训基地的业务指导，统筹全省知识产权培训工作，探索知识产权培训新机制，引领全国知识产权培训工作。加快推进江苏大学国家知识产权培训基地、南京工业大学国家知识产权培训基地、国家中小微知识产权培训（苏州）基地建设，进一步凝练特色和优势，引领全省乃至知识产权培训基地健康发展。尽快出台《江苏省知识产权培训基地评估、考核办法》，进一步明确培训基地建设的目标任务，引导培训基地在机构配置、场所设施、管理制度、工作机制和师资队伍等方面加大建设力度，实现省级知识产权培训基地的优胜劣汰、全面升级。知识产权培训线上平台建设方面，江苏应以国家知识产权培训中心

的知识产权远程教育平台为基础，进一步推进南京理工大学、南京工业大学、苏州工业园区、无锡、南通等知识产权远程教育平台子站的建设，加快推进苏中、苏北地区知识产权远程教育平台建设，到2020年基本建成功能完备、资源共享、规范高效、覆盖全省的专利专业培训远程教育网络体系。此外，江苏还应加强专利线上培训内容建设，以各类专利专业人才知识培训为重点，立足江苏专利专业人才发展的实际需要，整合省内外师资资源，加大专题课程、微课程等知识产权网络课程的开发力度，产出一批专利线上继续教育精品课程。

三、进一步优化专利人才成长与发展环境

（一）促进专利人才流动与合理配置

专利人才自由流动是合理配置专利人才资源的必然要求，也是专利人才实现自我增值、自我发展的需要。为促进专利人才的流动和合理配置，江苏应探索建立不同层级、不同领域、不同专业技能的专利人才公共信息平台，动态追踪专利人才发展情况，并定期发布市场专利人才的供需信息，推动知识产权人才优化配置。激励和完善以能力和业绩为导向的专利人才评价机制，改革人才选拔使用方式，科学合理使用人才，促进人岗相适、人尽其才，形成有利于各类人才脱颖而出，充分施展才能的选人用人机制。健全专利人才流动机制，破除不同行业、不同单位之间的专利人才流动障碍，加强专利人才轮岗交流和跨地区跨部门挂职锻炼，促进高校院所和企业之间的人才互动交流，引导知识产权人才向知识产权密集型产业和企业流动。

（二）完善专利人才激励政策

有效的人才激励政策和机制是让人才队伍永葆活力的重要保证。为吸引更多的优秀人才进入专利行业，江苏应将高端专利人才纳入组织人事部门人才引进计划，给予相关待遇，有效调动各类高端人才进入专利行业的积极性；通过完善专业职务评定制度，将专利专业人才纳入相关职称评定范围，拓展专利专业人员的晋升通道，增强专利专业人才的归属感；鼓励

企事业单位完善收益分配制度和薪酬机制，提高知识产权人才待遇，保障专利人才合理的利益需求，为专利人才引得进、留得住、用得好创造条件。实施专利人才奖励工程，每年评选和奖励一批优秀专利人才，提高专利人才的社会关注度和影响力。

第十一章　江苏专利环境发展路径与对策

美国著名管理学家波特认为国家或地区最核心的竞争优势在于"发明"和"企业家"，而造就"发明"和"企业家"的是激励创新的环境。换言之，良好的创新环境是催化专利事业发展的"沃土"，知识产权强国在专利综合实力方面的优势主要源于其对于良好创新环境的营造。未来江苏要进一步提升专利综合实力，也应借鉴知识产权强国的成熟经验和举措，进一步优化创新和专利发展的环境。❶

第一节　江苏专利环境发展路径借鉴

良好的专利发展环境是保证创新获得激励，创新活力得以维持的基础。知识产权强国均十分重视对于专利发展环境的营造，通过各种举措致力于提升专利发展环境，以此巩固和强化本国的竞争优势。

一、营造良好的专利保护环境

近年来，加大专利的保护力度是知识产权强国营造良好专利保护环境的重点举措。如美国政府于 2008 年通过《知识产权执法法》（*The Enforcement of Intellectual Property Rights Act of 2008*），在美国总统行政办公室下专门设立知识产权执法协调员一职，负责知识产权行政执法部门之间的沟通和联络以及定期向总统和国会公布报告，并分别于 2010 年和 2013 年，公

---

❶　马雪峰："美国技术创新的经验及对我国的启示"，载《经济问题探索》2008 年第 4 期。

布了以打击知识产权侵权、促进知识产权执法机构之间效率与协作为目的的《知识产权执法联合战略计划》。国际知识产权的发展趋势给世界各国加强专利权行政保护带来了无形的压力。❶ 近年来，日本也不断加大对于专利的保护力度。为加大对于包括专利在内知识产权案件的审判力度，日本于 2005 年成立知识产权高等法院，专门审理知识产权案件，该法院还配置了 150 名技术专家辅助法院进行审判。知识产权高等法院的成立极大地提高了日本知识产权案件审判效率。在专利行政保护方面，日本同样采取非常严格的态度，对假冒、侵权产品予以严厉打击，日本政府督促专利特许厅与海关合作采取有效措施制止假冒、侵权产品在日本流通，并且与美国、欧盟，通过多边或双边协议的方式，加强国际协作，通过日本贸易振兴机构等半官方组织，打击假冒和侵权，强化对本国企业的海外专利保护。❷ 此外，为优化专利保护环境，知识产权强国还通过多种举措着力提升全民的专利保护意识。如在日本，为加强全民的专利保护意识，日本特许厅由政府出资，通过发挥发明协会、知识产权研究会等组织的作用，出版系列针对不同对象的知识产权教材和辅导读物，并免费向幼儿园、中小学、大学和研究机构进行投放，对启蒙尊重创新、保护专利意识、普及基础的知识产权知识发挥了重要作用。❸ 日本发明与创新协会自 1974 年以来，为学龄儿童成立发明俱乐部，目前已在全日本 47 个县建立起 159 个发明俱乐部，并通过举办发明表彰、发明创新展、发明竞赛等一系列活动，营造充分尊重和理解知识产权文化的社会环境。❹ 韩国也通过加强专利文化建设，以在学校开设课程、开展社会活动等方式，努力在社会形成专利保护的文化氛围。同时，面对制造和销售假冒、仿冒商品行为的智能化、

---

❶ 郑伦幸："专利权行政保护的理论思考与立法完善——兼评《专利法》第四次修改草案"，见吴汉东：《知识产权年刊》，北京大学出版社 2014 年版，第 94 页。

❷ 叶强："日本实施知识产权战略的借鉴意义"，载《经济纵横》2007 年第 6 期。

❸ 杨和义："日本知识产权立国战略五年特征研究"，载《中共中央党校学报》2008 年第 3 期。

❹ 吴汉东："当代中国知识产权文化的构建"，载《华中师范大学学报（人文社会科学版）》2009 年第 2 期。

高科技化，侵权案件数量日益增多的趋势，韩国不断加大公众教育和宣传力度，通过召开研讨会和座谈会等形式，向经营者普及专利法规和知识，提高经营者对侵权产品的防范意识，此外还通过出版和投放各种形式光盘和小册子等专利宣传材料，提供打击侵权假冒等违法行为的技能。

二、打造发达的专利服务体系

具备较强的专利服务水平和能力，拥有发达的专利服务体系是知识产权强国软实力，即专利环境的重要内容和体现。健全、发达的专利服务体系能够有效为专利创造、运用、管理和保护各环节提供有效支撑。知识产权强国在打造专利服务体系方面，主要有以下做法和经验：（1）构建完备的专利信息公共服务平台。美国、日本等知识产权强国高度重视专利信息在创新中的重要作用，因此，作为政府推进专利事业发展的重要举措，就是通过对于专利信息公共服务平台的打造，为社会公共提供便捷的专利信息服务。如美国专利商标局就在全国的大学、图书馆设立有 84 个专利信息检索中心，免费为社会大众提供专利信息检索服务。日本特许厅也投资建设了工业产权数字图书馆，向社会公众提供各国专利文献的检索和查询，并为中小企业、大学等机构提供定制化的专利信息，以促进产品研发。韩国也积极推进专利信息公共服务平台建设，韩国建立有目前世界最先进的专利服务系统，以成本价向社会公众提供专利信息服务。❶（2）开发多元化、多层次的专利服务产品和种类。知识产权强国在专利服务产品方面，往往开发有多元化、多层次的专利服务产品，以适应各种类型的市场创新主体对于专利服务的不同需求。如作为目前世界最领先的美国专利服务业市场，不仅有大型综合性的专利服务机构，如全美排名第一的知识产权律所——欧博龙知识产权律师事务所（Oblon, Spivak, McClelland, Maier & Neustadt, L. L. P），向用户提供专利申请及复审协助服务、专利诉讼服务、专利侵权纠纷、专利战略咨询服务等专利综合性业务，还有专业化的专利

---

❶ 钱建平等：《江苏省知识产权强省建设研究》，知识产权出版社 2015 年版，第 125 页。

服务机构，为适应市场需要，进行服务内容和模式的创新，提供专利指数、专利运营、专利风险应对等特色化的业务。如"知识风险公司"为代表的知识产权运营公司，通过创造出不同的商业模式，以对专利等进行市场化的运作。以"Patent Freedom"为代表的应对非专利实施主体专利劫持的公司，该类服务企业专门为客户提供应对专利劫持威胁策略的服务。❶

（3）推进专利服务市场的规范化运行。知识产权强国的专利服务业由于发展时间较长，很多知识产权强国的专利服务业已有近两百年的历史，因此，专利服务市场往往已经构建起成熟的市场机制：一方面，在发达国家的服务市场中往往存在几家大型服务企业，这些大型服务企业由于资历较深、信誉较高、市场影响力较大，在专利服务市场中能够起到自发的引领和规范市场的作用；❷另一方面，政府也非常注重对于专利服务市场行为的规范，建立严格的规范专利服务市场行为的政策和规则。如美国就在专利商标局内设有注册与纪律委员会，专门负责对专利代理人和专利律师违背执业规范行为的查处和处罚。此外，美国的每个州也都制定有相应的政策和法规用以规范专利律师和代理人的执业行为。

三、建构完善的专利政策体系

为营造良好的专利发展环境，知识产权强国还通常建构有完善的专利政策体系，知识产权强国政策体系的完善性主要体现为以下三个方面。

（1）知识产权强国专利政策体系具有系统性。专利事业发展本身是一项系统工程，需要"点线面"的结合才能整体式推进：第一，专利事业发展要在"面"上展开，通过制定专利发展战略，推动各个领域、各个层面的专利工作全面开展，整体提升专利事业发展水平；第二，专利事业发展要在"线"上加强，就是要进一步做强专利工作链条，实现更高水平的创

---

❶ 徐棣枫："专业化与体系化结合的美国知识产权服务业"，载《求索》2013 年第 11 期。

❷ 王瑛、吕月珍、施勇峰："英国等发达国家知识产权服务业发展的启示"，载《今日科技》2014 年第 9 期。

造、运用、保护、管理和服务；第三，专利事业发展还要在"点"上突破，就是要积极提升高校、企业、科研机构等重要创新主体的专利实力，构建以点促面推进专利事业发展的新局面。知识产权强国的专利政策正是体现了"点线面"的结合，构筑了系统性较强的专利政策。如日本在 2001 年、2002 年分别提出"知识产权立国"战略和颁布《知识产权战略大纲》后，在国家层面为知识产权战略实施进行"面"上的顶层设计。为从整体上加强专利工作，日本在制定专利创造、运用、保护等相关政策的过程中非常注重与知识产权战略的配合，在后续制定的《司法改革推进计划》《国际标准综合战略》《经济增长战略大纲》等政策中均有很多关于专利工作的落实，有效延展了政策效应释放。❶ 此外，为落实和推进战略，实现"点"的突破，日本政府围绕企业、高校等创新主体专利实力提升，制定和颁布多项政策。如在《2017 年度日本知识产权推进计划》中，为提升中小企业专利意识和大学、高等专业院校以及公立研究机构的知识产权运用能力，设计了"对知识产权权利化、知识产权运用提供支持""加强对知识产权挑战型中小企业的国内支持""加强产学、产产合作机能"等系列政策举措。❷

（2）知识产权强国专利政策体系具有创新性。如何推进专利事业快速发展，是一个随着时代发展、技术革新，不断需要理论和实践创新的命题，因此，需要有创新性的专利政策作为支撑。从知识产权强国发展经验来看，专利政策的制定本身也是不断进行制度创新的过程。如作为知识产权强国的美国，为引导和激励知识产权密集型产业发展，分别于 2012 年和 2016 年发布《知识产权密集型产业与美国经济》实证研究报告，界定和列明了知识产权密集型产业类型和目录，并评估这些产业对美国经济和就业的贡献度，以凸显加强知识产权保护对保持美国在未来发展中领先优势的重要

---

❶ 张辉等："日、韩知识产权战略的比较与借鉴"，载《科学管理研究》2010 年第 3 期。

❷ "2017 年度日本知识产权推进计划"，载 http://www.clas.ac.cn/xwzx2016/kxxw2016/zscqly/201706/t20170630_ 4821072. html，最后访问日期：2018 年 4 月 4 日。

意义。欧盟内部市场协调局也分别于 2013 年和 2016 年连续发布《知识产权密集型产业对欧盟经济及就业的贡献》报告，对知识产权密集型产业作出了基本相同的界定。

（3）知识产权强国专利政策体系具有协调性。专利事业发展是一种整体性战略，需要有不同要素的投入、主体的协作以及条件的成就：从专利活动要素角度看，需要人才、经费、基础设施、信息、文化、环境等多种要素的投入和利用；从专利活动主体角度看，需要政府、企业、高校院所、服务机构、运营机构等多方主体的参与和协作；从专利活动条件角度看，需要知识产权创造、运用、管理、保护能力的具备和运用。因此，专利政策要发挥政策功能作用，不仅仅是专利本体政策的问题，更多的是与国家的科技政策、产业政策、文化政策、教育政策等相关的支持政策选择和安排问题。❶ 如 20 世纪 80 年代以来，美国强调专利本体政策与产业政策、科技政策、文化政策等支持政策的有机整合，重视知识产权规制与导向作用，通过专利本体政策与相关政策之间的联动，推动产业结构调整和传统产业改造升级。在 21 世纪初，日本也制定了"知识产权战略大纲"，出台了《知识产权基本法》，通过税收、贸易、产业政策等扶持企业经营，重点发展动漫、电影、音乐、游戏软件等具有国际竞争优势的多媒体产业。

第二节　江苏专利环境发展对策建议

党的十八届三中全会通过的《中共中央关于全面深化改革若干重大问题的决定》明确指出，处理好市场与政府关系问题，是全面深化改革的关键性问题，而要处理好这一关系就要充分发挥市场在资源配置中的决定性作用和更好地发挥政府作用。对于市场在配置资源中重要作用的界定，并非排除或忽视政府作用，而是要避免原来存在的政府"越位""错位"问题，即在微观领域要求政府弱化管理职能，让权给市场，而在市场秩序维

---

❶　张鹏："知识产权公共政策体系的理论框架、构成要素和建设方向研究"，载《知识产权》2014 年第 12 期。

持和环境营造方面，政府则应加大力度，强化管理职能。具体到专利事业发展上，新时期，江苏政府在营造良好专利环境方面所起的作用被赋予了更大的期待，江苏政府应进一步强化对市场监管、市场秩序维持的职能，从保护环境、服务环境、政策环境三个方面，整体提升和优化江苏专利发展环境，为知识产权强省建设提供重要保障和支撑。

一、优化专利保护环境

（一）加大专利保护力度

江苏应从专利行政保护与司法保护两方面加强专利保护力度。专利行政保护方面，江苏应加快推进专利执法机构和执法队伍建设，在充分整合目前现有专利行政执法资源的基础上，从省、市、县三级，分别设立专利行政执法总队、支队和大队，并加强专利执法资格认证，在全省建立一支约 500 人的专利行政执法队伍。围绕重点创新领域、侵权高发地和制造业集中地，继续开展"护航""双打"等常态化专项检查执法活动，严厉打击专利侵权违法行为，对恶意侵权、重复侵权等情节恶劣的违法行为依法从重处罚。针对江苏企业"走出去"过程中的专利风险防范问题，江苏应针对重点贸易国家和地区制定和发布境外维权指南，探索建立海外专利纠纷快速处理机制，探索设立海外知识产权工作站，派驻专利专员，帮助江苏企业积极应对海外专利纠纷。专利司法保护方面，江苏应推进知识产权审判体制机制改革，进一步完善"三审合一"审判机制，继续完善知识产权专家陪审制度，从技术专家中选任人民陪审员直接参与知识产权案件的审理，同时研究设立技术调查官、专家诉讼辅助人制度，辅助法官解决专利审判过程中的技术事实认定难问题，提高专利司法审判的质量和水平。

（二）提升社会公众的专利保护意识

目前江苏存在的专利保护压力不断增加的问题，一方面是由于专利保护能力的缺陷，另一方面主要还在于全社会对于专利保护意识的淡漠，因此，除了加强立法，加大专利保护力度外，转变社会观念，提升江苏社会公众的专利保护意识是优化专利环境的重要举措。根据调查研究结果显示，社会公众获取知识产权知识的途径，主要是工作中接触和学习、新闻媒体的宣传报道、学校教育、推广普及等。❶ 江苏应在全社会开展知识产权教育，把知识产权教育纳入小学、中学到大学的国民教育体系，学校还应改变传统的灌输式的教育模式，而应采用启发式、开放式的教学方法，着重培养学生的兴趣，启发学生的创新意识。江苏还应整合现有知识产权研究力量，编撰和出版适合各个年龄阶段的专利知识普及读本，为知识产权教育提供内容支撑。此外，江苏还应加强对于创新以及专利保护的宣传力度，增加公益广告的投放，并在世界知识产权日等重要知识产权纪念日，以社会公众喜闻乐见的形态开展各种活动，推广和普及知识产权基础知识，培育创新文化。虽然观念上的转变是长期和缓慢的，但是通过大量舆论的宣传和教育的潜移默化，对尊重创新、专利保护意识的培育是能够起到重要推动作用的。

（三）完善专利保护机制

针对目前专利保护机制不畅的问题，江苏应从以下两方面完善专利保护机制：（1）完善专利行政执法与司法保护衔接机制。江苏应首先在整合目前零散的知识产权行政与司法保护衔接规则的基础上，制定统一的《知识产权行政与司法保护衔接条例》，以清晰界定行政机关和司法机关在工作衔接中的职责权限、管辖范围；明确和健全知识产权执法衔接机制；统一执法证据规则和转化条件、案件追诉标准以及移送审查规则等问题。其次是通过设置提前介入机制、建立适合的知识产权鉴定机构、价格鉴定机构和鉴定专家库，建立案件移交规范，以完善刑事证据收集和认定规则。最后要加强执法队伍建设，不断改进执法人员知识结构，掌握高新技术和灵活运用各种执法策略，提升执法水平。❷ （2）建立多元化专利纠纷处理机制。由于调解、仲裁等非诉解决机制具有灵活性、低成本性的特点，在

---

❶ 刘华等："我国公民知识产权意识调查报告"，见吴汉东：《中国知识产权蓝皮书》，北京大学出版社 2007 年版，第 78 页。

❷ 梅术文："知识产权的执法衔接规则"，载《国家检察官学院学报》2008 年第 2 期。

当前维权成本高、周期长的现实背景下，相对于诉讼，非诉解决机制在专利纠纷解决上具有明显的比较优势。江苏应在知识产权诉讼解决机制之外，设立专门的知识产权仲裁机构，建立知识产权争议仲裁解决机制，鼓励当事人选择仲裁途径解决专利纠纷，提高专利纠纷处理的解决效率。另外，江苏还应支持知识产权维权援助中心设立知识产权纠纷人民调解委员会，开展知识产权纠纷调解工作，并鼓励和引导行业协会、社会中介组织等第三方机构参与专利纠纷的调解，及时化解行业专利纠纷。

二、提升专利服务能力

（一）推动专利服务高端化、多样化、规模化发展

面对目前江苏专利服务业规模过小、产品单一、档次不高等问题，江苏应从以下三方面发力，提升和推动江苏专利服务的高端化、多样化和规模化发展：首先，制定行业政策引导专利服务业发展。在目前江苏专利服务市场发展刚刚起步阶段，专利服务行业亟须政府在政策和资金等方面的大力扶持。江苏应充分发挥宏观调控的作用，在税收优惠、市场准入、体制管理等方面加大对于专利服务业的支持力度，为专利服务业的发展营造良好环境。其次，推动高端化、多样化、特色化的服务产品的开发。江苏应针对服务业围绕在企业产品出口、服务外包、境外设展、海外投资、品牌输出、专利纳入标准等活动开发新产品，制定相应的资助和奖励政策，以推动专利服务业进行观念更新，开展专利战略策划、增值运营、价值评估、融资、托管、海外维权等特色化、高端化的业务产品，以为全社会提供高水平、多层次、多样化的专利服务。最后，加强专利服务机构品牌化、规模化建设。引导专利服务机构采取联合经营、资本市场融资等多种方式，进行规模化发展，培育一批营业收入超亿元的专利服务企业。鼓励江苏专利品牌和星级服务机构在国内建立连锁经营的服务机构，并拓展与境外知识产权机构的战略合作，形成一批国内外有影响力的知名服务品牌。采用政府补贴、服务采购等形式，引入省外乃至国外高水平的专利服务机构来江苏开展专利服务业务或设立分支机构，推动专利服务市场的竞争活力。

（二） 加强专利公共服务平台建设

专利公共服务平台是社会公众获取基础专利信息的重要途径来源，对各领域的专利创造具有重要的推动作用。江苏在推进市场化专利服务的同时，还应加强专利公共服务平台的建设。具体来说，江苏应首先加快国家知识产权局专利局专利审查协作江苏中心、国家知识产权局区域专利信息服务（南京）中心、国家专利战略推进与服务（泰州）中心、无锡（国家）外观设计专利信息中心等江苏区域内国家级专利公共服务机构的发展，让国家级服务机构为江苏省专利公共服务的平台发展，提供服务模式、服务标准设定、服务产品设计的路径指引，起到引领和示范作用，在全省构建结构合理、功能完备的专利公共服务体系。建构政府、行业协会、图书情报机构、高校、科研机构等部门组成的专利联动服务平台，聚焦江苏重点发展的新兴产业和优势产业，开展专利信息检索、分析、加工，为政府部门提供决策参考，促进相关产业的健康发展。

（三） 加强专利服务业的行业自律管理

当前，在我国深化政府体制改革，转变政府职能的新形势下，强化专利服务业的行业自律管理是规范专利服务市场的重要任务。《国家知识产权战略》也指出：“要充分发挥行业协会的作用，支持行业协会开展知识产权工作，促进知识产权信息交流，组织共同维权。”江苏应支持专利服务业建立行业协会，并明确专利协会的定位和基本职能，厘清与政府主管部门的职能界限，明确内部自律管理内容，通过行业协会开展专利工作，促进专利服务行业信息的交流、组织共同维权，充分发挥行业协会在联系政府与企业之间的桥梁作用。此外，针对目前部分专利服务机构或人员服务质量不高、服务意识不强的问题，应在服务业中引入市场机制，建立专利服务业的诚信信息管理、信用评价和惩戒等诚信管理制度，让失信者得到惩戒，让守信者得到便利和实惠，形成正面的激励导向。❶

---

❶ 傅文园：“知识产权中介机构发展中若干问题探析”，载《上海大学学报（社会科学版）》2003年第5期。

三、完善专利政策体系

当前，我国社会发展正处于转型升级的关键时期，贯彻实施创新驱动发展战略、建设在全球有影响力的产业技术中心，在实施"一带一路"倡议引领下更深层次融入全球化，都对提升江苏知识产权政策水平，建构专利政策体系提出迫切要求。江苏在知识产权强省背景下要加强专利本体政策与相关政策之间对接，加强专利政策体系的系统性和协调性，要实现"六个对接"：（1）实现专利政策与产业政策的有效对接。培育高价值专利、着力发展专利市场，加快构建知识产权强省战略框架下的产业政策体系。夯实产业技术基础，完善产业组织和市场秩序，以专利政策为手段全面提升制造业、农业和服务业竞争实力。营造有利于专利创新、产业化、扩散以及保护的环境，全面创建专利政策和产业政策手段互促互进的生态体系。（2）实现专利政策与科技政策的有效对接。继续加大对科技创新的扶持力度，引导企业提高研发投入比例。强化科技创新中的专利导向政策，完善科技项目的专利管理。完善鼓励技术服务行业发展政策，健全科技成果评估机制。加强科研奖励与技术管理相结合，提升企业、科研机构的专利保护意识。（3）实现专利政策与贸易政策的有效对接。完善知识产权联席会议制度，加强外贸部门和专利部门在多边贸易谈判、区域经济合作中的协调对接，建立和完善对外贸易领域知识产权管理体制。建立国际专利争端数据库，密切跟踪国外专利政策走向、专利壁垒，发布专利预警报告，建立和完善专利预警应急机制。打造专利维权联盟和服务网络，形成企业、律师事务所、政府机构共同参与的交流平台，提供专利海外维权经费支持，为涉外企业提供专利风险预警、贸易摩擦应对、国际知识产权仲裁、公证证据保全等服务，建立和完善对外贸易知识产权海外维权机制。（4）实现专利政策与教育政策的有效对接。将知识产权学历教育纳入江苏省教育发展规划和年度计划，给予重点支持。加强知识产权学科专业建设布局，合理配置知识产权教育资源，促进独立知识产权学科的设立。加大知识产权研究生培养力度，新增若干知识产权博士点，加快高层次知识产权人才的培养。引导高校创新知识产权人才培养模式，大力培养复合型、应用型知识产权人才。引导高校组建知识产权教育联盟，实现不同类型、不同层次知识产权人才的错位培养，协同提高知识产权学历教育质量。推动行业组织、企业、中介服务机构与高校联合培养知识产权人才，提高知识产权人才培养的国际化水平。(5) 实现专利政策与文化政策的有效对接。加强专利文化传播，引导企业牢固树立诚实守信、合法经营的信誉。推动高校院所恪守学术规范，尊重专利。在各类领导干部、机关公务员培训班设置专利专题课程。推动群众性发明创造活动广泛开展，激发大众创业、万众创新热情，释放全社会创造活力，夯实推动知识产权发展的社会基础。(6) 实现专利政策与金融政策的有效对接。加强专利融资政策建设，保障专利融资有据可循，降低专利金融活动的风险隐患。吸引保险公司、证券公司、信托公司、融资公司等多元金融机构参与专利融资，打造立体化、市场化的专利融资体系。搭建专利交易平台，加强专利交易信息互通，提高专利融资效率。推动银行与企业、信用担保与股权投资相结合，为专利融资尤其是中小企业专利融资拓展渠道，并通过建立专利成果资金池，探索以资金池现金流偿还有价证券实现利益分配形式的专利证券化融资。

第十二章　江苏专利发展绩效路径与对策

专利只有与市场以及产业相结合才能释放其应有的价值和效应，而专利密集型产业正是专利与产业结合的产物，是专利作用于经济社会发展的杠杆和支点，因此，提升专利对于经济社会发展的绩效作用，就是要大力发展专利密集型产业。当前，随着全球产业分工日趋细化，美国、欧盟等发达国家通过发挥专利密集型产业在降低成本、提升效率、拉动就业等方面的优势作用，为经济社会发展提供了长足动力，保证了在全球经济的领先地位。专利密集型产业也已经成为我国改善国内产业结构、助推传统产业高端攀升的重要力量。目前江苏经济面临产业层次不高，能源利用效率较低，外需依赖过大等问题，大力发展专利密集型产业是实现专利绩效和价值，推动江苏产业结构升级，助力经济发展的必然选择。

第一节　江苏专利发展绩效路径借鉴

进入 21 世纪以来，知识产权强国纷纷强力打造本国的专利密集型产业，以专利密集型产业❶拉动和支撑本国经济社会的发展。总结起来，知识产权强国推动专利密集型产业发展主要有以下几方面实践。

---

❶　专利密集型产业是知识产权密集型产业的重要组成部分，知识产权强国对于知识产权密集型产业发展的扶持和推进政策同样作用于专利密集型产业，因此在本节的相关表述中，笔者将不单独称谓"专利密集型产业"，而统称为知识产权密集型产业。

一、定期统计并发布知识产权密集型产业发展报告

知识产权密集型产业是"与其他行业相比，每位员工的知识产权使用率高于平均水平的行业，这些行业主要集中在制造业、技术和商业服务部门"。对于知识产权密集型产业的界定最早源于 2012 年 4 月美国发布的《知识产权与美国经济：聚焦产业》报告，该报告通过制定衡量知识产权密集型产业的新定量标准，将知识产权与产业紧密联系，通过量化和评估知识产权密集型产业对美国 GDP、就业和出口的贡献，有力论证了知识产权密集型产业是推动经济增长的关键力量。美国首次统计并发布的知识产权密集型产业报告在社会上产生较大影响：（1）通过知识产权密集型产业对于经济社会发展的量化贡献，加深了人们对于知识产权密集型产业影响力的认识和重视；（2）按照一定方法，界定和划分不同类型的知识产权密集型产业，对经济社会发展中不同的绩效表现进行测度的量化数据和指标，并提出相应的知识产权密集型产业发展对策与建议。正是因为首份知识产权密集型产业报告带来的积极政策效应，随后欧盟专利局和欧盟内部市场协调局也分别于 2013 年 9 月和 2016 年，分别对 2008~2010 年、2011~2013 年两个时间区间内，整个欧盟，包括每个成员国，知识产权密集型产业对于经济社会发展的贡献进行全面评估。2016 年 10 月，美国发布了第二份知识产权密集型产业报告，对 2014 年美国知识产权密集型产业对于经济社会发展贡献进行了统计和测量。通过美国、欧盟等知识产权强国的以上做法来看，未来对于知识产权密集型产业的统计和测度将常态化、规范化和精准化。

二、加强对于知识产权密集型产业发展的投入和扶持

通过知识产权强国的发展经验来看，知识产权密集型产业是世界各国未来经济发展的新兴增长极和中流砥柱，因此，知识产权强国纷纷通过颁布和实施多项政策举措，加强对于知识产权密集型产业的投入和扶持，以支持知识产权密集产业的发展。如美国早在 20 世纪 90 年代中后期，对于

知识产权密集型产业的商业投资就超过了有形行业。2007 年，美国对于知识产权密集产业的投资约为 1.6 万亿美元，占当年美国国内生产总值的 11.3%。欧盟在 2010 年发布《欧洲 2020 战略》，该战略作为欧盟未来十年发展的综合指导方针，明确指出未来欧盟经济发展的三个重点方向，并且相关政策、战略、财政等资源均要向以上三个方向倾斜。这三个重点方向是：知识和创新为基础的智能增长，以发展绿色经济和强化竞争力为基础的可持续增长以及扩大就业和促进融合为基础的包容增长。以上三种增长方向无疑都与知识产权密集型产业密切相关。日本政府在 2011 年《知识产权战略推进计划》中明确指出，政府要通过为企业提供国际标准化活动相关的财政支持、构筑与先进技术有关的认证框架支持、与中小企业和风险企业的战略性国际标准化相关的支援等强化有利于创新的战略性国际标准化活动，来提升本国产业在全球市场的竞争力。❶ 韩国政府则通过采取多项举措促进知识产权产业化的方式推进知识产权密集型产业的发展：首先，在研发预算方面，韩国政府要求要增加研发预算中技术转让和实施的比例，计划在 2008 年占研发总额的 0.7% 的基础上，增加到 2013 年的 3%。其次，扩大对于所遴选的绿色化、具有市场前景的知识产权的技术产业化提供资金补贴，从以支援小型项目为主，总量为 7.5 亿韩元的资金规模，扩大到以大中型项目为主，资金规模为 25 亿~100 亿韩元。再次，为充分挖掘存量专利的价值，韩国特许厅专门建立线上专利交易系统，规定对授权 3 年内闲置的所有专利，任何人可以免费使用 1 年，之后享受 50% 的专利许可费优惠。最后，针对高校知识产权管理能力较弱的问题，韩国政府还选派有丰富知识产权管理经验的专利人才，帮助高校、科研机构进行知识产权管理，通过提升其知识产权管理能力，充分发掘高校、科研机构有潜力的专利技术，实现产业化。❷

---

❶　钱建平等：《江苏省知识产权强省建设研究》，知识产权出版社 2015 年版，第 120 页。

❷　福建省知识产权局："韩国知识产权政策最新动向"，载 http：//www.fjipo.gov.cn/html/7/27/2409_ 2010723328.html，最后访问日期：2018 年 4 月 5 日。

三、出台就业政策促使就业人才向知识产权密集型产业集聚

知识产权人才是促进知识产权密集型发展的必要支撑。近年来，作为发展知识产权密集型产业的重要举措之一，发达国家纷纷通过就业政策引导吸引大学生和高技能人才进入知识产权密集型产业。如美国就通过立法鼓励大学生就业，特别是到以高新技术为代表的知识产权密集型产业就业。美国于 2012 年提出了《科技工程留学生就业法案》，为在美国大学取得科学、技术、工程和数学博士或硕士学位进入知识产权密集型产业就业的外国毕业生提供 5.5 万个绿卡名额。欧盟在近些年也颁布了一系列促进高技能人才就业的计划，如《欧洲 2020 战略》《博洛尼亚进程》《"新技能，新工作"计划》等，以上计划都对大学生和高技能人才进入知识产权密集型产业就业提供了相应激励政策和措施。面对近年来经济增长速度减缓，人口老龄化等问题，日本于 2010 年制定和颁布了《新成长战略》，以作为未来十年日本经济社会发展的行为指南，该战略首先提出了未来日本重点发展的七大战略领域，包括环境能源、健康、旅游观光、金融、科技等，并明确指出要通过"第三条道路"，即创造新需求和新就业，而非通过发展公共事业的"第二条道路"或者结构转型，提高生产率的"第一条道路"，促进经济的发展和社会的进步。由此可见，未来日本将以发展知识产权密集型产业为主导，并重点通过创造新就业的方式推进知识产权密集型产业的发展。❶

第二节　江苏专利发展绩效对策建议

针对目前专利密集型产业对经济社会发展支撑作用不强的问题，江苏应充分结合自身产业发展实际，充分吸取国外推进专利密集型产业发展的经验做法，进一步提升专利发展绩效，有效释放专利密集型产业推动整体

---

❶　中国就业促进会课题组："关于发展智力密集型产业与开发相关职业岗位初步与研究"，载 https：//www.taodocs.com/p-48991364-2.html，最后访问日期：2018 年 4 月 5 日。

经济社会发展的潜力。

一、细化研究并定期发布专利密集型产业报告

科学、合理地对专利密集型产业进行界定和划分是推进专利密集型产业发展的前提。江苏已开始专利密集型产业对经济贡献的研究，并于2017年11月，借鉴欧盟、美国经验，首次发布《江苏省专利密集型产业统计报告》，对2016年度江苏省专利密集型产业的增加值、从业人员、对外贸易等指标进行测定。由于完全照搬欧美研究方法并不适宜江苏的实际，并且专利密集型产业除了专利数量的密集，更重要的是对于专利制度的依赖，专利密集型产业的本质是高度依赖专利制度的产业集群。❶ 因此，如何更好地在遵循科学、合理的原则之下，兼顾江苏产业发展实际，是准确测定江苏专利密集型产业经济社会贡献的重大命题。下一步，江苏应细化对于专利密集型产业的研究方法，立足江苏产业的实际，对现有方法进一步完善，并根据产业专利的主导种类和集聚方式不同，定期评价专利密集型产业对经济社会发展的影响，为现实专利密集型产业的发展以及相关政策的制定者提供决策参考。在测定专利密集型产业经济社会贡献的方法研究成熟后，江苏可以在新型光伏电池及系统、高性能战略材料、新型节能装备等高新技术领域，研究发布不同类别的专利密集型产业发展报告，为具体产业发展引导技术创新方向，科学安排专利布局，构筑产业竞争新优势。此外，为有效支撑对于专利密集型产业对经济贡献的统计，江苏还应在全国率先改革目前的国民经济核算体系，以知识产权代替无形资产，列入固定资产，计入GDP的核算办法，优化国内生产总值质量和构成。❷

二、加强对于专利密集型产业发展的政策扶持

由于专利密集型产业是经济社会发展的新兴增长极，因此，对于专利

---

❶　李黎明："知识产权密集型产业测算：欧美经验与中国路径"，载《科技进步与对策》2016年第14期。

❷　王英："推动知识产权密集型产业发展"，载《北京观察》2016年第6期。

密集型产业的发展应当充分发挥政府的政策导向功能。江苏具体对于专利密集型产业政策、资金扶持的内容包括：（1）强化对于专利密集型产业共性关键技术基础研究的支持。专利密集型产业共性关键技术是专利密集型产业整体发展、竞争力提升的关键，然而，由于对于专利密集型产业共性关键技术的研发，普遍存在研发周期长、前提投入大、风险高等问题，因此，急需政府财政资金的支持发展。政府应持续加大对于专利密集型产业领域内基础研究财政科技支出的比重，力争实现对于更多关键核心技术的突破，并通过延长基础研究的评价周期，实行同行评议制度等方式改革目前对于基础研究的评价机制。（2）建立激励专利密集型产品为导向的政府采购制度，在财政预算中，应优先安排专利密集型产品的预算，并在财政支出绩效考评中，将采购专利密集型产品纳入考核范围。在政府投资的重点工程中，要求国产设备采购比例不应低于总价值的60%。对于初次投入市场，难以被市场接受，但是符合先进技术方向，市场潜力大、科技含量高的专利密集型产品，政府应当优先采购，以推动以上产品的产业化。❶（3）制定专利密集型产业的自主知识产权产品税收减免政策，在生产、销售、流动、会展等环节对专利密集型产业拥有自主知识产权产品的税费应实行减免，以培育一批具有自主知识产权的产品。（4）加大对于专利密集型产业专利的质押、贷款扶持政策，积极引导金融机构进入专利密集型产业专利运用领域，鼓励企业与银行对接，着力破解融资难的问题。（5）建立专利密集型产业各类人才评价指标体系，将促进专利密集型产业就业作为各级党委政府的重要议程，纳入经济发展和促进就业的相关规划，把发展专利密集型产业吸纳大学生就业列为就业目标责任，大力开发与专利密集型产业发展相关的职业岗位和职业标准，为培养和引进专利密集型产业人才提供依据。❷

---

❶ 申长雨：《迈向知识产权强国之路——知识产权强国建设基本问题研究》，知识产权出版社 2016 年版，第 124~126 页。

❷ 中国就业促进会课题组："关于发展智力密集型产业与开发相关职业岗位初步与研究"，载 https://www.taodocs.com/p-48991364-2.html，最后访问日期：2018 年 4 月 3 日。

三、助推专利密集型产业的集群化、高端化发展

集群化、高端化是专利密集型产业发展的必然趋向。为推动江苏专利密集型产业向集群化、高端化方向提升，江苏应从以下几方面推进专利密集型产业的发展：（1）实施专利导航工程，以通用设备制造业、电气机械和器材制造业等专利密集的产业为重点，建立产业专利战略支持中心，开展关键技术领域的专利预警分析，明确产业创新主攻方向，获取核心专利，引领产业发展。（2）推动专利密集型产业中的龙头企业利用市场化、集群化、协作化等手段整合专利资源，构筑产业关键核心技术专利池，利用专利参与市场竞争，提高产业整体实力。支持骨干企业、产业联盟积极参与国家和国际标准制定，推动自主专利技术成为行业、国家、国际标准，有效应对国外技术性贸易壁垒，提升产业国际竞争力。（3）推进专利密集型产业与高科技产业、战略性新兴产业相关政策的对接，加强科技含量高、自主知识产权密集产业的融合与发展，提高专利密集型产业在国民经济中的比重。（4）依托各类产业化基地，优化配置政策、技术、人力和资金资源，着力打造 20 个专利导航产业发展试验区，重点支持苏州工业园区纳米技术产业、泰州医药城生物医药产业等特色专利密集型产业基地建设，推动专利密集型产业集群化发展。

附　　录

附录一 江苏省知识产权战略纲要

（苏政发〔2009〕1号）

为贯彻实施《国家知识产权战略纲要》，增强我省知识产权创造、运用、保护和管理能力，加快创新型省份建设步伐，促进经济社会又好又快发展，特制定本纲要。

一、序言

1. 知识产权制度是开发和利用知识资源的基本制度。随着知识经济的兴起和经济全球化的深入发展，知识产权日益成为国家、地区发展的战略性资源和竞争力的核心要素，成为增强自主创新能力的重要支撑和掌握发展主动权的关键，在经济社会发展中发挥着越来越重要的作用。

2. 改革开放以来，我省知识产权事业迅速发展，管理体系逐步健全，法制建设不断加强，知识产权创造、运用、保护和管理水平明显提升。同时，还存在知识产权发展质量不高，市场主体运用知识产权制度能力不强，知识产权管理服务体系和人才队伍建设相对滞后，知识产权工作水平与经济社会发展要求不相适应等问题。充分发挥知识产权制度促进自主创新和经济社会发展的作用，是摆在我们面前的一项重大任务。

3. 当前，我省正处在全面建设更高水平小康社会的关键时期。实施知识产权战略，大力开发和利用知识资源，加快提升知识产权创造、运用、保护和管理能力，对于充分发挥我省科教和人才优势，促进经济结构调整和发展方式转变，推进自主创新和创新型省份建设，树立法治江苏和诚信江苏良好形象，提升企业市场竞争力和区域经济核心竞争力，具有重大战略意义。

二、指导思想和发展目标

(一) 指导思想

4. 坚持以党的十七大精神为指导，深入贯彻落实科学发展观，按照激励创造、有效运用、依法保护、科学管理的方针，以增强我省自主创新能力和产业竞争力为核心，大力培育自主知识产权，促进知识产权产业化，加快建立要素齐全、充满活力的知识产权创造体系，流转顺畅、运行高效的知识产权运用体系，法规健全、执法有力的知识产权保护体系，科学规范、运行协调的知识产权管理体系，功能完备、支撑有力的知识产权服务体系，大幅度提升知识产权创造、运用、保护和管理能力，为率先建成创新型省份、加快我省现代化建设提供有力支撑。

(二) 发展目标

5. 到 2020 年，知识产权意识深入人心，知识产权法治环境进一步完善，主要知识产权发展指标达到中等发达国家水平，知识产权制度对经济发展和社会进步的促进作用充分显现，成为创造、运用、保护和管理水平较高的知识产权强省。2009～2013 年，重点达到以下目标要求：

——自主知识产权数量大幅度增长，质量明显提高。专利申请量、授权量年均增长 15%以上，发明专利申请量年均增长 20%。商标注册量年均增长 1.8 万件，驰名商标达到 200 件，省著名商标达到 2 500 件。版权登记量年均增长 10%，计算机软件著作权登记量年均增长 15%，集成电路布图设计登记量、植物新品种授权量处于国内领先地位。商务部重点支持和发展的出口品牌达到 60 个，省重点培育和发展的出口名牌达到 180 个，境外注册商标量和境外专利申请量年均增长 30%以上。

——知识产权运用效果显著增强，知识产权产业化水平快速提升。知识产权许可贸易大幅度增长。版权产业和计算机软件产业销售额年均增长 15%。全省驰名商标和著名商标企业销售收入占规模以上工业企业销售收入的比重达到 40%。

——企业知识产权主体地位更加突出，形成一批知识产权优势企业。企业知识产权投入大幅度增加，知识产权管理制度进一步健全，运用知识产权参与市场竞争的能力明显提升，企业专利申请量占全省总量的比重达到55%，定牌加工企业商标注册率达到80%。

——知识产权管理得到加强，服务体系基本完备。进一步深化行政管理体制改革，形成权责一致、分工合理、决策科学、执行顺畅、监督有力的知识产权管理体制。区域知识产权综合管理水平明显提高，培育国家级知识产权示范市、知识产权示范园区10个和省级知识产权示范县（市、区）50个，建成品牌培育基地50个和一批知识产权产业化基地。知识产权公共信息服务能力不断提升，建成技术先进、功能完善、服务良好、覆盖全省的知识产权公共信息服务平台。知识产权服务业快速发展，形成一批专业化、特色化、规模化、国际化的知识产权服务机构。

——全社会知识产权意识普遍提高，知识产权保护环境进一步优化。市场主体知识产权意识明显增强，尊重和保护知识产权的社会氛围初步形成。知识产权法制进一步健全，商业秘密、地理标志、遗传资源、传统知识和民间文艺等得到有效保护和合理利用，盗版、假冒等侵权行为得到有效遏制，滥用知识产权现象明显减少。

三、重点任务

（一）推动知识产权创造

6. 强化企业知识产权创造和运用主体地位。引导支持创新要素向企业集聚，建立以企业为主体、市场为导向、产学研相结合的自主知识产权创造体系。引导企业加大创新投入，把创造知识产权作为技术创新的重要目标，把获取知识产权优势作为开拓市场、提升竞争能力的重要手段。支持企业通过原始创新、集成创新和引进消化吸收再创新，形成自主知识产权，提高把创新成果转变为知识产权的能力。推进企业知识产权信息平台建设，鼓励支持企业建立专业化专利、商标信息数据库，充分利用专利文献和商标资源，提高知识产权创造和运用效率。设立知识产权工程师职称序列，引导企业建立知识产权工程师全程参与创新活动的新机制，促进技术创新与知识产权创造有机结合、知识产权确权与实现市场价值有机结合，提高知识产权创造质量和运用效益。将知识产权创造拥有情况作为科技项目立项、科技奖励的重要指标和条件，纳入科技计划实施评价体系和国有企业绩效考核体系。把知识产权的创造和拥有情况作为认定高新技术企业、企业技术中心和工程中心的重要内容。编制发布《江苏省自主创新产品目录》，对列入目录的知识产权创造活动给予重点资助。实施知识产权优势企业培育工程，重点培育具有自主知识产权关键技术、核心技术、竞争力强的优势企业1 000家，具有较高国际国内知名度的自主商标1 000个。

7. 发挥高校和科研机构在知识产权创造中的重要作用。深化科研体制改革，将获得自主知识产权的数量和质量作为专业技术职称评定、职级晋升，以及重点实验室、重点科研基地等技术创新平台认定的重要条件。对高校、科研机构创新绩效实施分类评价，基础研究、前沿技术研究以获取原创性知识产权为评价重点，应用研究、实验发展研究以获取发明专利、集成电路布图设计、计算机软件、植物新品种权为评价重点。建立重大科研项目知识产权跟踪检索制度，确定知识产权创造方向和主要指标，提高创新效率。创新产学研合作机制，围绕产业发展关键技术组织联合攻关，形成一批支撑和引领产业发展的自主知识产权。

8. 鼓励群众性发明创造。大力弘扬创业创新创优精神，深入开展以小发明、小革新、小改造、小设计和小建议为内容的"五小"活动，组织开展优秀专利发明人、技术革新能手、"巾帼发明家"评选活动，激发全社会发明创造热情，推动群众性发明创造活动广泛开展。大力推进素质教育特别是创新教育，开展中小学生发明创造竞赛和青少年发明家评选活动，提高学生创新技能和实践能力。

9. 推进重点产业领域自主知识产权创造。围绕电子信息、现代装备制造、石油化工等主导产业高端化，创造一批关键技术、核心技术的自主知识产权，增强产业发展支撑能力；围绕新能源、新材料、新医药、环保等新兴产业规模化，创造一批形成跨越发展优势的核心知识产权，引领新兴产业高起点发展；围绕纺织、服装、冶金、轻工、建材等传统产业品牌化，创造一批改进技术的自主知识产权，增强传统产业发展后劲。实施农业新品种培育创新工程，加快农业品种改良和新品种培育，获取一批植物新品种权。加强工业品设计创新，创造一批消费者青睐、具有市场竞争力的外观设计专利。推动动漫原创作品创作和文学艺术作品创作，增强文化创意产业核心竞争力。以传统优势产业和高新技术产业为重点，培育一批以核心专利为支撑、具有较高国际知名度的商标。

（二）促进知识产权运用

10. 促进知识产权转移应用。完善促进知识产权转移的政策措施，明确创新主体在知识产权转移中的权利和义务，促进自主创新成果的知识产权化、商品化、产业化。鼓励高校、科研机构向企业转移知识产权，将知识产权转移情况纳入科研绩效评价、考核内容，推动企业知识产权的应用和产业化。支持拥有自主知识产权的企业上市或发行债券。引导企业采取知识产权转让、许可、质押等方式实现知识产权的市场价值。加强知识产权价值评估，引导企业建立知识产权资产台账，强化知识产权资产管理。

11. 促进专利技术产业化。进一步强化省重大科技成果转化专项资金的知识产权导向，对核心技术或关键技术取得重大突破、具有自主知识产权的创新成果转化给予重点支持。加大专利实施计划推进力度，对中小企业、民营科技企业以及发明人创业的专利技术实施给予重点支持，促进一批具有良好市场前景的实用专利技术产业化。实施中小企业知识产权促进工程，加强专利新产品认定工作，加大扶持力度，提高产业化程度。加快各类知识产权成果转化基地建设，建成一批知识产权创业园和产业化基地，吸引科技人员、海外留学归国人员利用自主知识产权创新创业。推进专利技术标准化，鼓励有自主知识产权的专利技术转化为适应市场需求的技术标准。积极研究国外技术性贸易措施，加强重要技术标准研制的科技攻关，鼓励企业以自主知识产权参与国际国内标准制定。

12. 促进企业商标应用。提高企业自觉应用自主商标的意识，支持企业大力发展品牌连锁经营、专卖经营、专业经营，建立符合现代流通发展趋势的自主品牌销售模式，扩大自主商标的市场覆盖面。强化企业合资、合作中的自主商标导向，支持企业应用自主商标参与合资、合作，引导定牌加工企业逐步向使用自主商标转变。加强高新技术领域自主商标培育，不断提高高新技术领域自主商标产品的比重。推进产业集群商标和区域品牌集群建设，促进地方特色产业发展。加快创立和培育现代商贸、物流、金融、信息、旅游、餐饮、房地产、运输服务等服务商标。大力培育具有地理标志特征的农副产品商标，不断提高优良品种、绿色食品、有机食品和无公害食品注册商标使用率。鼓励企业"走出去"，利用广交会等国内外知名展会对出口名牌进行重点宣传，加大对自主商标出口的扶持力度，重点支持有条件的企业利用自主商标开展对外投资和国际化经营，逐步建立国际化研发、生产、销售和服务体系，提高自主商标国际知名度和影响力。

13. 促进版权产业发展。加快发展新闻出版、广播影视、音像制品、家纺、陶瓷、工艺美术等优势和特色版权产业，培育一批拥有自主版权、多元投资主体的大型企业集团，形成产业优势。加快培育动漫游戏、网络传媒、文化娱乐、广告设计等现代创意产业和工业品外观设计、集成电路布图设计、网络工程等技术版权产业。加快发展软件产业，加强重点软件园区建设，大力发展具有自主知识产权的软件产品。推进特色版权产业区建设，建成一批特色鲜明的版权产业优势区域，促进产业形成、产品集聚，实现规模化、集约化发展。

14. 促进植物育种成果转化为新品种权。认真落实国家品种权利用政策，协调资源提供者、育种者和生产者之间的利益关系，加强新品种推广应用和对农民合法权益的保护，形成有利于新品种推广的品种权利益分享机制。围绕建设"高产、优质、高效、生态、安全"农业，形成促进品种权转化的政策导向和激励机制，不断拓宽品种权商品化、产业化渠道。

15. 促进特定领域知识产权应用。加强传统中医药知识挖掘与传承、中药材资源合理开发与利用、中医药制备技术研究与创新，形成一批支撑中医药产业发展的自主知识产权。按照国家地理标志技术标准、质量保证与检测规范要求，加快地理标志规范体系建设和地理标志资源开发利用，规范地理标志使用，大力发展具有地理标志特征的特色农副产品产业，促进农业生产和经营规模化、集约化、产业化，实现农业增效、农民增收。落实国家遗传资源保护、开发与利用制度，建立合理的遗传资源获取与利益分享机制，保障遗传资源提供者的知情同意权，防止遗传资源流失和无序利用。鼓励企事业单位按照国防知识产权转移的规定，推进国防知识产权向民用领域转移。鼓励民用领域知识产权向国防领域转移应用，为我国国防现代化服务。

16. 促进知识产权综合运用。引导和推动企业运用各类知识产权，加强专利、商标、版权以及特定领域知识产权的协调运作。实施专利和商标双轮驱动战略，充分发挥专利技术支撑和商标市场价值实现作用，以加强专利保护推动技术创新，以培育知名商标提升产品附加值，实现技术创新专利化、专利成果品牌化。

（三）强化知识产权保护

17. 完善知识产权保护机制。加强知识产权行政执法体系建设，规范执法行为。完善举报制度，简化举报程序，方便群众投诉。推行案件限期审结制、办案责任追究制，提高执法效率和质量。推行行政执法阳光办案，严格依法行政。加强知识产权行政执法以及司法审判和执行能力建设，提高执法、司法专业技术水平。完善司法鉴定、人民陪审员制度，建立技术鉴定、技术调查、专家证人、专家顾问制度。加强行政执法、司法保护部门合作，建立健全重大案件会商通报制度、行政执法与刑事司法之间的案件移送制度。建设全省执法协作信息平台。建立统一受理知识产权民事、行政和刑事案件三审合一的知识产权法庭，探索建立集中统一的知识产权执法机制，提高执法效率和水平。

18. 依法惩治和遏制知识产权违法犯罪及侵权行为。加大刑事、行政执法力度，严厉打击盗版、假冒、冒充等知识产权违法犯罪行为。有计划、有重点地开展知识产权执法专项行动，对知识产权违法犯罪案件高发的重点行业、领域和地区，以及反复侵权、群体性侵权和大规模假冒、盗版等行为，开展集中整治，涉嫌犯罪的移送刑事执法机关处理。加强知识产权海关保护，加大海关执法力度，继续提高海关查获侵权货物的能力，支持企业办理知识产权海关备案，有效利用海关知识产权备案和执法系统制止侵权货物进出境，提高我省出口商品和企业的声誉。加强海关执法国际合作，打击跨境知识产权违法犯罪行为。完善展会监管机制，加强对各类展会的知识产权监管。加大司法保护力度，发挥诉前禁令、财产保全、证据保全、先予执行、强制执行等措施在打击知识产权侵权方面的积极作用，对恶意侵权、重复侵权以及情节严重、影响恶劣的案件加大惩处力度，降低维权成本，提高侵权代价。积极研究和完善网络域名、生物技术、地理标志产品、民间文艺、非物质文化遗产等特殊知识产权保护措施。

19. 加强知识产权保护监督。推进知识产权执法公开，公开办案程序、案件审理、处理结果。完善重大案件披露制度，及时向社会发布案件投诉及处理情况，接受社会监督。加强人民检察院对涉及知识产权的民事、行政及刑事审判活动的监督。建立知识产权违法侵权企业档案，将故意侵权、反复侵权者纳入企业信用信息系统。推进知识产权"正版正货"服务承诺活动，引导商贸流通企业加强知识产权保护，承诺销售正版正货，主动接受消费者监督。加强知识产权执法机关与行业协会、新闻媒体的沟通与交流，充分发挥社团监督、舆论监督作用，形成政府主导、行业自律、社会各界广泛参与的知识产权保护监督机制。

20. 建立知识产权预警与维权援助机制。建立知识产权预警应急机制，建设专利分析数据库，制定专利预警指标体系，定期发布重点技术领域、行业知识产权发展态势报告和商标保护报告，对可能发生的知识产权侵权提出预警，及时控制和组织应对。建立健全维权援助工作机制，帮助市场主体依法应对知识产权侵权纠纷，对维权确有困难的知识产权权利人给予法律援助和经费补助。加强对国际知识产权制度及规则的研究，建立科学决策、快速反应、协同运作的涉外知识产权纠纷应对机制，重点对中小企业和涉外知识产权纠纷给予援助。鼓励企业、行业和地区建立知识产权维权联盟，形成多元化的维权援助机制。

（四）加强知识产权管理

21. 加强知识产权宏观管理。进一步完善知识产权法律法规，制定《江苏省专利促进条例》等与国家知识产权法律法规相衔接的地方性法规。加强各级政府知识产权联席会议制度与工作机制建设，有效发挥统筹规划全省知识产权事业发展、协调解决重大事项的作用。根据经济社会发展需要，县级以上人民政府可设立知识产权管理机构。建立知识产权统计指标体系，定期发布知识产权发展指数，加强对区域知识产权工作的考核评价，促进区域知识产权管理能力不断提升。加强对知识产权中介服务机构和从业人员管理，建立中介机构信用评价和失信惩戒等诚信管理制度，促进知识产权服务业健康发展。

22. 加强企事业单位知识产权管理。制定企业知识产权管理标准，实施企业知识产权管理标准化工程，引导企业全面加强专利、商标、版权、商业秘密等知识产权管理。加强服务外包企业在业务流程、网络传输以及人员变动等环节的知识产权和信息安全保护。制定外贸企业知识产权管理工作指导意见，促进外贸企业加强研发、生产、销售和服务等环节的知识产权管理，引导和推动重点外贸企业实施知识产权战略，合理运用知识产权制度参与国际市场竞争。加强高校、科研机构知识产权管理，推进高校、科研机构知识产权管理制度建设和能力建设。

23. 加强对经济科技及文化等活动的知识产权管理。强化知识产权在经济、科技、文化政策中的导向作用，对各级政府投资或支持的重大技术和装备引进、技术改造等项目实施知识产权审议，防范和降低知识产权风险；对涉及国家利益并具有重要自主知识产权的企业并购、改制、合资以及技术出口等活动，进行相关知识产权监督，避免知识产权流失和危害国家安全。建立重大科技项目知识产权工作机制，对重大科技研究、重大科技成果转化项目进行知识产权检索、分析和论证，以知识产权获取和保护为重点开展全程跟踪服务，避免无效研究和侵权。加强文化、教育、科研、卫生等政策与知识产权政策的协调衔接，保障公众在文化、教育、科研、卫生等活动中依法合理使用创新成果和信息的权利。

（五）健全知识产权服务体系

24. 提高知识产权公共服务能力。加强专利受理、审查机构和版权登记机构建设，满足日益增长的服务需求。加强知识产权信息服务能力建设，构建集成专利、商标、版权、标准、植物新品种、集成电路布图设计等信息的知识产权公共信息服务平台。鼓励社会资金投资知识产权信息化建设，开发满足行业和企业需求的专业信息数据库，为企业自主创新、产品出口、技术引进、应对纠纷等提供服务。

25. 发展知识产权服务机构。支持知识产权代理、交易、咨询、评估、法律服务等服务机构发展。推动知识产权服务机构经营方式和管理制度建设，加强人才培养和引进，完善服务功能，培育服务品牌，开展专业化、特色化经营。扶持经济薄弱地区专利等知识产权服务机构发展。规范知识产权服务执业行为，取缔非法代理，发挥知识产权法律服务在知识产权运用和管理中的保障促进作用。引导和扶持企业知识产权联盟、行业协会、知识产权社团开展知识产权服务。

26. 推进知识产权市场建设。充分发挥技术市场作用，开展面向国内外的知识产权交易活动。积极运用现代网络技术，重点建设省市联动、覆盖全省、面向国内外的知识产权展示交易平台，推进知识产权交易信息集成和交易服务集成。加快资源整合，建设网上交易与现场交易相结合的知识产权贸易市场，吸引国内外知识产权成果向我省转移。加强知识产权市场与金融市场、产权市场的衔接，促进知识产权成果转化。

（六）加快区域知识产权发展

27. 抓好知识产权区域试点示范工作。以县（市、区）、高新技术园区、经济开发区为主体，实施知识产权区域试点示范推进计划。支持省辖市和各类园区争创国家知识产权示范城市和示范园区，引导和支持有条件的县（市、区）参与国家知识产权强县培育工程。推进试点示范区域全面加强知识产权管理、服务体系建设，成为自主知识产权产出密集区、转化集聚区、管理与保护示范区。

28. 促进知识产权区域协调发展。针对不同地区发展特点，加强分类指导，重点提高经济薄弱地区企业自主创新能力和知识产权创造运用能力。以掌握国际经济竞争主动权为目标，进一步提升苏南地区运用知识产权制度的能力，在全省知识产权创造、运用、保护和管理能力建设中发挥引领作用。以赶超全国先进水平为目标，加快苏中地区利用知识产权制度促进产业升级的能力建设，在优势领域自主知识产权创造和运用上取得突破。以追赶先进地区为目标，重点提升苏北地区承接知识产权转移和引进消化吸收再创新能力，促进经济跨越发展。

四、保障措施

29. 加强组织领导。各地各部门要将知识产权战略实施工作纳入重要议事日程，制定并实施地区和行业知识产权战略。各级政府要保证知识产权工作必需经费，引导企事业单位加大知识产权工作经费投入，保障知识产权工作有效开展。省知识产权联席会议具体承担战略实施组织工作，制订专项行动计划，及时研究解决战略实施过程中出现的新情况、新问题。建立知识产权战略实施绩效评估指标体系，督促指导各地各部门认真实施知识产权战略，确保各项任务落到实处。

30. 加大政策支持力度。加强产业、区域、科技、贸易、人才等政策与知识产权政策的衔接。允许企事业单位将当年实际发生的知识产权经费全额计入管理费用。知识产权中介服务机构从事技术转让、技术开发和与之相关的技术咨询、技术服务业务所取得的收入，其技术交易合同经登记后可免征营业税和教育费附加。知识产权中介服务机构在代理业务中代收代缴的各类国家规费，在计算营业税基数时予以扣除。对企业开发的具有自主知识产权的重要装备和产品以及获得驰名商标、著名商标认定的商品和服务，符合政府采购规定的，予以优先采购。对关系国计民生与重大公益性专利采用政府购买的方式予以鼓励和支持。加大专利申请资助力度，省财政设立专利申请专项补助资金，对本省企事业单位和个人的重大发明专利以及向国外申请专利所需申请费、实审费给予50%的补贴，其余由市县财政承担。制定知识产权质押、融资等配套政策，支持金融机构开展知识产权质押贷款业务，鼓励和引导各类金融机构、风险投资、创业投资基金及社会资金加大对知识产权成果转化、知识产权信息开发利用、知识产权服务的投入力度。

31. 建立奖励机制。设立省专利发明奖。提高获得中国专利奖、中国驰名商标单位的奖励额度，对获得优秀专利奖项目单位、优秀专利发明人以及获得著名商标的企业、通过企业知识产权管理标准认证的企业给予奖励。加大职务发明奖励力度，专利权所有单位对外转让专利权取得的税后收益，可提取不低于20%的比例奖励发明人或设计人。自行实施的发明、实用新型专利实施后可每年从税后收益中提取不低于5%、外观设计专利实施后可每年从税后收益中提取不低于1%作为发明人或设计人的报酬。

32. 加快人才队伍建设。将知识产权高端人才培养纳入省"333高层次人才培养工程""六大人才高峰"计划。实施知识产权人才建设"百千万"工程，培养500名具有较高素质的知识产权服务人才，1 000名具有较高知识产权专业知识的管理人才，10 000名具有较强知识产权管理运用能力的企业知识产权工程师，以适应知识产权管理与服务需求。建立长效培训机制，对知识产权管理、服务及企事业单位工作人员实施分类培训。加快知识产权后备人才培养，鼓励高校设立知识产权学科，在理工科专业学生中开展知识产权双学位教育。支持有条件的高校创办知识产权学院，开设知识产权本科专业，设立知识产权硕士、博士学位授予点。建立知识产权人才引进机制，将知识产权高端人才引进纳入我省创新创业人才引进计划，加大吸引海内外知识产权高端人才的力度。

33. 扩大国内外交流合作。加强省际间知识产权交流与合作，重点推动长三角地区在知识产权执法、人才培养、中介服务、信息交流、市场贸易等方面的交流与合作。加强苏港台知识产权合作，在知识产权保护、宣传、教育、培训、研究等方面开展学术交流与研讨。加强与发达国家和地区的知识产权交流与合作，为我省外向型经济发展营造良好的知识产权环境。

34. 加强知识产权战略研究。组织和整合我省知识产权研究力量，加强对国内外知识产权发展动态、政策和我省重点行业、企业的知识产权战略研究，为政府部门制定科技、经济和产业政策提供参考依据。聘请国内外知识产权研究和实务专家，为我省实施知识产权战略提供咨询建议。

35. 培育知识产权文化。将知识产权宣传纳入五年普法、科普宣传计划，在精神文明创建活动中增加有关知识产权的内容。在中小学开展知识产权基础知识教育，在各级党校和行政学院开设知识产权课程，推进面向企业、科研院所的知识产权普及教育，增强全社会知识产权意识，培育尊重知识、崇尚创新、诚信守法的知识产权文化，形成有利于知识产权创造保护的良好社会氛围。

附录二　江苏关于加快建设知识产权强省的意见

（苏发〔2015〕6号）

为深入贯彻落实党的十八大、十八届三中四中全会决策部署，认真落实习近平总书记系列重要讲话特别是视察江苏时的重要讲话精神，大力推进知识产权改革发展，全面提高知识产权创造、运用、保护、管理和服务能力，更好地推动创新驱动发展战略实施，现就加快建设知识产权强省提出以下意见。

一、充分认识加快知识产权强省建设的重大意义

当今世界，随着知识经济的快速兴起和经济全球化的深入发展，知识产权日益成为国家、地区发展的战略性资源和核心竞争力，成为增强自主创新能力的重要支撑和掌握发展主动权的关键因素。知识产权制度既是财产权制度更是创新制度，激励知识产权就是激励创新，保护知识产权就是保护创新。当前，江苏全省上下正在围绕"迈上新台阶、建设新江苏"，深入实施创新驱动发展战略，推进科技创新工程，举全省之力加快建设创新型省份，努力使创新成为经济社会持续健康发展的主引擎。面对新形势新任务，必须把知识产权制度作为创新驱动发展的基本制度予以高度重视，全面加强知识产权工作，加快实现知识产权大省向知识产权强省的跨越。这是适应经济发展新常态、增强经济发展新动力、加快转变经济发展方式的迫切需要，是促进经济提质增效升级、增强产业竞争力、构筑长远发展优势的根本途径，是推进法治江苏和诚信江苏建设、完善社会信用体系、

优化经济发展环境的内在要求。各地、各有关部门和单位必须以全球视野、立足战略高度，深刻认识做好知识产权工作的重大意义，切实增强加快建设知识产权强省的责任感、紧迫感和使命感。

二、明确知识产权强省建设的总体要求和内涵目标

（一）总体要求

深入贯彻党的十八大、十八届三中四中全会和习近平总书记系列重要讲话精神，按照总书记对江苏工作的重要指示，全面落实改革创新要求，坚持市场化取向，坚持制度先行、统筹推进、聚焦产业、企业主体，以加快转变经济发展方式为主线，以完善知识产权制度为重点，以打造知识产权密集型产业为主攻方向，以优化知识产权法治环境为保障，着力推进知识产权创造、运用、保护、管理和服务，着力培育自主知识产权产品和知识产权密集型企业，着力完善有利于知识产权发展的体制机制，着力构建以知识产权为支撑的现代产业体系，大幅提升知识产权对经济增长的贡献度，努力走出一条具有江苏特点、符合时代要求的知识产权强省之路。

（二）内涵目标

知识产权创造卓越、运用高效、保护有力、管理科学、服务优质、人才集聚，知识产权发展主要指标达到国际先进水平，知识产权对经济社会发展的支撑和推动作用充分显现。到2020年，重点实现以下目标：

——知识产权产出质量显著提升。知识产权产出主要指标保持全国领先，万人发明专利拥有量达20件，万人一般作品和软件著作权登记量达60件，PCT专利申请量累计达2.5万件，马德里商标注册量累计达2 800件，集成电路布图设计登记量累计达3 500件，植物新品种授权量累计达440件，在主要产业领域形成一批高价值专利、高知名度品牌、核心版权。

——知识产权运用能力大幅增强。知识产权加快流动转化，知识产权许可贸易额明显增长。自主品牌企业增加值占地区生产总值比重达15%，知识产权密集型产业增加值占地区生产总值的比重超过35%，自主知识产权产品出口额占出口总额的比重达55%，3~4个品牌进入全球品牌价值

500 强行列。

——知识产权保护环境明显优化。知识产权法制体系比较完备，知识产权保护高效有力。全社会知识产权认知度超过75%，权利人满意度超过80%，外商在我省投资、设立研发机构的积极性明显提升。

——知识产权管理水平进一步提高。构建权责一致、分工合理、执行顺畅、监督有力的知识产权行政管理体制，知识产权管理效能明显提升。企事业单位知识产权管理能力显著增强。

——知识产权服务业加快发展。建成一批技术先进、功能完备、服务优质、覆盖全省的知识产权公共服务平台，形成一批专业化、规模化、品牌化的知识产权社会化服务机构，服务机构数量超过1 800家，主营业务收入超过70亿元。

——知识产权人才规模不断壮大。形成一支规模大、结构优、素质高的知识产权人才队伍，知识产权领军人才达200人，企业知识产权总监达3 000人，企业知识产权工程师、品牌管理专业人才和版权经理人达4.6万人，从事知识产权代理、运营、策划、信息等服务的专业人才达4万人。

三、大力提升知识产权创造水平

（三）增强企业自主知识产权创造能力

完善以企业为主体、市场为导向、产学研相结合的知识产权创造体系。更大力度推动创新要素向企业集聚，引导企业加大创新投入。支持企业加强专利信息利用，鼓励企业建立知识产权工程师全程参与创新活动的机制，促进高质量专利产出。实施"一企一标"、"一社一标"工程，加大对企业、农民专业合作社商标注册的支持力度，着力提升市场主体自主商标拥有率。支持企业加强著作权、植物新品种和集成电路布图设计登记。鼓励企业完善职务发明奖励和报酬制度，采取知识产权入股、股权期权奖励、岗位分红、利润提成等方式，激发研发人员创造积极性。到2020年，企业专利拥有量占全省总量的比重达75%以上，拥有有效注册商标的企业达20万家。

（四）发挥高校院所在自主知识产权创造中的重要作用

鼓励高校院所面向战略需求和未来产业发展，大力推进原始创新，努力在科学技术前沿领域获取具有战略储备价值的知识产权。支持高校院所针对制约产业发展的技术瓶颈，与企业开展协同创新、集成攻关，突破产业发展重大关键技术，创造一批支撑产业发展的知识产权。支持江苏省产业技术研究院围绕产业链统筹研发力量构建创新链，与企业、高校院所深度合作，组织实施关键共性技术攻关，形成高质量的知识产权，加快提升产业核心竞争力。推进知识产权成果处置权、收益权改革，高校院所可自主支配知识产权成果及其转化收益，充分激发科研人员创造活力。

（五）培育高价值知识产权

实施高价值专利培育计划，推动企业、高校院所、知识产权服务机构加强合作，联合组建100个高价值专利培育中心，围绕我省重点发展的战略性新兴产业和传统优势产业开展集成创新，在主要技术领域创造一批创新水平高、权利状态稳定、市场竞争力强的高价值专利。实施高知名度商标培育计划，支持企业加强技术创新、质量管理和商标文化建设，引导企业将品牌自创与收购相结合，培育一批市场覆盖面广、影响力大、经济价值高的高知名度商标。实施核心版权培育计划，在动漫、软件、文化创意等产业领域形成一批核心版权。将高价值知识产权创造和拥有情况作为科研项目立项、技术创新绩效评价、品牌保护认定、"双软"认定、研发人员职称评定和职务晋升的重要内容，形成推动高价值知识产权创造的鲜明导向。

四、显著增强企业知识产权战略运用能力

（六）强化企业知识产权管理标准化建设

以高新技术企业、重大科技经济项目承担企业、上市企业、外向型企业为重点，大力推行企业知识产权管理规范国家标准（简称"贯标"），引导企业建立健全知识产权管理制度，推动企业将知识产权管理融入研发、

生产、销售的全过程。支持知识产权服务机构面向中小企业开展集中管理、委托管理服务，加快提升中小企业知识产权管理水平。培育发展"贯标"认证机构，推动"贯标"工作规范有序开展。将"贯标"认证情况作为科技计划项目立项、上市后备企业遴选、"双软"认定、著名商标认定和驰名商标推荐的重要依据，支持银行将"贯标"认证情况纳入企业信贷信用等级评定。到 2020 年，全省 1 万家企业通过"贯标"认证。

（七）推动企业实施知识产权战略

深入实施企业知识产权战略推进计划，支持 2 000 家左右通过"贯标"认证的企业研究制定知识产权战略规划，将知识产权战略纳入经营发展战略，运用专利、商标、版权、商业秘密等知识产权提升核心竞争力，开拓国内外市场，实现创新水平、技术装备层次、规模效益的全面提档升级。支持知识产权服务机构为企业提供知识产权战略策划、信息分析、纠纷应对等服务，提高企业知识产权战略实施能力。加大指导和服务工作力度，发挥企业知识产权工程师作用，推动企业尽快熟悉并积极运用知识产权规则应对国内外竞争挑战。

（八）打造知识产权密集型企业

实施知识产权密集型企业培育计划，瞄准世界先进水平，遴选一批具有较强创新实力、较大品牌优势、良好发展潜质的骨干企业，加快培养具有国际眼光、战略思维的创新型企业家，同等条件下优先支持建设高水平的研发机构、实施科技经济计划项目，提供高端知识产权服务，努力集聚高层次知识产权人才和团队，创造引领产业发展的知识产权成果，造就 5 000 家拥有核心知识产权和自主品牌、具有国际竞争力的知识产权密集型企业。

五、加快培育知识产权密集型产业

（九）部署推动知识产权密集型产业发展

研究制定知识产权密集型产业发展规划，定期发布知识产权密集型产业发展指南。加强分类指导，集成创新资源，着力培育专利密集型、商标密集型、版权密集型产业。设立知识产权密集型产业培育专项资金，支持知识产权密集型产业公共服务平台和发展试验区建设、密集型企业培育、密集型产品应用推广。围绕特色优势产业和支柱产业，支持高新区、特色版权产业园区、产业集群品牌培育基地集聚知识产权资源，提高产业知识产权密集度，依靠知识产权实现产业创新发展、跨越发展。建立健全知识产权密集型产业发展统计制度，加强发展监测分析，定期发布发展报告，引导知识产权密集型产业发展壮大。

（十）培育发展专利密集型产业

实施专利导航工程，以新材料、物联网、新能源汽车、生物技术与新医药等战略性新兴产业为重点，建设一批产业专利战略支持中心，开展专利预警分析，把握产业发展态势，确立产业专利布局，引导专利创造和集聚，推动新兴产业加快成为专利密集型产业。支持高新区、特色产业基地等建设专利导航产业发展实验区，开展专利集群管理，推动专利集成运用，努力成为专利分析与产业运行决策深度融合、专利运用有效提高产业运行效益的区域。到 2020 年，建设 50 个专利导航产业发展实验区和专利集群管理示范区，培育形成一批附加值高、成长性好的专利密集型产业。

（十一）培育发展商标密集型产业

推进商标战略实施示范工程，以现代农业、先进制造业以及现代服务业为重点，支持自主商标企业实施商标战略，发挥品牌对资源的配置作用，提升驰（著）名商标运用能力和水平，加快形成品牌聚合示范效应。强化企业主体地位，支持企业通过开展商标许可、品牌连锁、跨国兼并等方式，加大品牌经营力度，提高品牌产品市场占有率。着力培育区域公共特色经济品牌，充分发挥行业主管部门作用，鼓励相关行业协会注册集体商标或证明商标，促进公共品牌和企业品牌融合发展，推动特色资源优势尽快转化为品牌优势、竞争优势。到 2020 年，打造 15 个省级商标战略实施示范县（市、区）和 30 家商标战略实施示范企业、100 个省级产业集群品牌培育基地和 30 个产业集群品牌示范基地，培育形成一批品牌价值高、经济贡献大的商标密集型产业。

(十二) 培育发展版权密集型产业

推进版权兴业，实施文化产业示范基地、影视产业基地和软件产业园区提升工程，推动传统媒体与现代媒体有机融合，加快发展文化艺术、创意设计、计算机软件、信息和版权服务等核心版权产业，并促进版权产业与旅游、体育、信息、物流、建筑等产业融合发展。支持各地依托自身文化资源，推进家纺、紫砂、云锦、刺绣、水晶、书画等版权产业基地建设，发展各具特色的版权文化产业带和集聚区。鼓励版权企业"走出去"，加大对版权产品出口的扶持力度，引导有条件的企业在境外设立驻外站点或开展合资并购活动。到 2020 年，建设 80 个版权示范园区（单位），培育一批拥有高价值版权、具有国际竞争力的版权企业，形成一批地域特色明显、处于价值链高端环节的版权密集型产业。

六、着力发展知识产权市场

(十三) 丰富知识产权市场载体和平台

整合现有技术市场、产权交易所等资源，建设江苏（国际）知识产权交易中心，打造功能完备、交易活跃、在国内外有影响力的知识产权展示交易平台。推进知识产权市场建设，创新知识产权交易模式，完善知识产权信息服务网络，形成网上交易与现场交易相结合的交易服务机制，简化交易程序，降低交易成本。进一步办好昆山品牌产品进口交易会、南京软博会、苏州创博会、无锡工业设计博览会、常州动漫艺术周等展会，推动知识产权展会市场化、专业化运作，提升国内外影响力。优化知识产权交易服务，加快形成以知识产权代理、法律、资产评估、投融资等为支撑的服务体系。

(十四) 健全市场化知识产权运营机制

支持江苏高科技投资集团公司投资或参股设立知识产权运营公司，开展知识产权收储、开发、组合、投资等服务，盘活知识产权资产，加快实现知识产权市场价值。鼓励社会资本投资设立专业化知识产权运营公司，促进知识产权商业化运营。推动高校院所建立技术转移中心，开展知识产权运营服务；条件成熟时可建立独立运行的知识产权运营机构，开展发明披露审查、价值评估、质量管控、许可转让等工作，推动知识产权流动转化。支持企业组建知识产权联盟，共同运用知识产权成果，形成合理的产业链和成果转化的群体优势。以企业为主体，设立知识产权运营投资资金，促进社会资本支持高价值知识产权资本化、产业化。

（十五）拓展知识产权投融资渠道

建立健全多元化、多层次、多渠道的知识产权投融资体系。鼓励金融机构支持知识产权产业化，创新金融产品，改进运营模式，扩大信贷规模。完善无形资产和收益权抵质押登记公示制度，研究制定知识产权质押融资与评估管理办法，缓解科技型中小微企业等创新主体融资难矛盾，实现"知本"向"资本"的转变。发展知识产权执行保险和侵权责任保险，支持担保机构提供相关担保服务，降低企业经营活动中的知识产权风险。探索建立知识产权证券化交易机制，支持拥有自主知识产权的企业通过资本市场直接融资。

七、切实加大知识产权保护力度

（十六）创新知识产权保护机制

加强知识产权法制建设，研究制定《江苏省知识产权促进条例》《江苏省商业秘密保护条例》等地方性法规。强化知识产权行政执法机构和队伍建设，优化行政执法资源配置，加快建立集中统一的知识产权执法机制。进一步推进知识产权民事、行政和刑事司法审判"三合一"改革，争取设立知识产权法院，规范和完善知识产权司法鉴定工作，提高知识产权审判质量。推进行政执法与司法保护的衔接，加强信息共享平台建设，完善案件移送、案情通报、信息共享、委托调解、沟通协调等制度，努力形成知识产权保护合力。

（十七）实施知识产权护航工程

以侵权案件高发地、制造业集中地、专业市场、互联网等为重点开展执法，严厉打击侵权假冒违法行为。对恶意侵权、重复侵权等违法行为，依法予以处罚。加大知识产权海关保护力度，有效打击跨境知识产权违法犯罪行为。深入开展打击网络侵权盗版"剑网行动"，建立健全网络版权保护机制，推进企业软件正版化。研究制定集成电路布图设计、生物遗传资源、植物新品种、地理标志、非物质文化遗产等特殊知识产权的保护办法。建立知识产权侵权违法档案，将假冒专利、假冒商标、侵权盗版等信息纳入企业或个人征信系统。推行知识产权执法信息公开，及时向社会发布案件投诉和处理情况。引导企业健全相关管理制度，切实加强商业秘密保护。

（十八）强化知识产权维权援助

完善知识产权维权援助工作体系，实现维权援助网络全覆盖。建立知识产权纠纷技术鉴定、专家顾问制度，为知识产权维权提供专业支撑。建立健全多元化知识产权纠纷解决机制，鼓励维权援助机构开展纠纷诉前调解，支持仲裁机构强化知识产权争议仲裁功能，引导行业协会、中介组织等第三方机构参与解决知识产权纠纷。研究制定海外知识产权维权指引，建设涉外企业知识产权数据库，帮助企业规避海外知识产权风险。加强对国际知识产权制度和规则研究，建立科学决策、快速反应、协同运作的涉外知识产权争端应对机制。

八、进一步提升知识产权管理水平

（十九）推进知识产权行政管理体制改革

加快建设职责清晰、管理统一、运行高效的知识产权行政管理机构。支持国家级知识产权示范城市和有条件的地区先行先试，整合专利、商标、版权等知识产权管理职能。加强县域知识产权行政管理机构建设，着力构建高新区、经济技术开发区、大学科技园、科技产业园等基层知识产权工作体系。发展改革、经济和信息化、科技、教育、文化等部门要强化知识产权管理职能。

(二十) 推动区域知识产权协调发展

针对不同地区的发展特点，加强分类指导，不断增强知识产权发展的均衡性。苏南地区要以掌握国际经济竞争主动权为目标，进一步提升运用知识产权制度的能力，在全省知识产权创造、运用、保护和管理方面发挥引领作用。支持苏南自主创新示范区在优化知识产权管理、加快知识产权运营、培育知识产权密集型产业、发展知识产权服务业等方面积极探索、先行先试，紧紧依靠创新和知识产权驱动发展。苏中地区要努力赶超全国先进水平，加快提高利用知识产权制度促进产业升级能力，在优势领域自主知识产权创造和运用上取得突破。苏北地区要从实际出发，重点提升承接知识产权转移和引进消化吸收再创新能力，促进经济跨越发展。强化知识产权区域试点示范，打造一批知识产权综合实力处于全国领先水平的城市和园区。完善高新区、经济技术开发区、大学科技园等评价考核办法，将创新能力、品牌建设、知识产权运用和保护等作为重要考核内容，建成知识产权要素活跃、知识产权密集型企业集聚、知识产权密集型产业加快发展的区域。

(二十一) 加强科技经济文化活动知识产权管理

研究制定重大科技经济文化活动知识产权评议办法，加快建立健全知识产权评议机制。对政府资金资助的重大科技经济文化项目、创新创业人才引进项目、涉及国家利益的企业并购和技术出口活动以及重大展会等，开展知识产权审查评估，规避知识产权风险。对国有企业拥有的驰（著）名商标、中华老字号等权属变更行为，进行合法合规性审查，防止国有资产流失。引导重大科技经济文化项目承担单位建立知识产权专员制度，加强科技成果转化、新兴产业培育、重大技术改造等项目的全过程知识产权管理，确立技术创新方向，促进知识产权产出，防范知识产权侵权行为。

(二十二) 提升知识产权国际化水平

抓住国家实施"一带一路"倡议等机遇，进一步加强与美国、欧盟、韩国等发达国家和地区以及世界知识产权组织的合作，加快建设中欧知识产权转移中心、中美泰州医药专利服务中心等合作载体，积极融入国际知识产权创造、运用与保护体系，不断提升知识产权海外布局、技术转移、人员交流培训等方面的成效，促进全球创新资源与江苏创新需求有效对接。鼓励支持企业主动介入国际研发分工、设立海外研发机构、申请注册境外知识产权、参与国际技术标准制定，着力提高自主知识产权产品的海外市场占有率，推动企业依靠知识产权"走出去"。强化知识产权保护国际合作，加快构建海外知识产权保护和服务网络，努力为企业参与国际竞争、应对知识产权争端保驾护航。

九、积极发展知识产权服务业

(二十三) 加快知识产权公共服务平台建设

支持国家知识产权局专利局专利审查协作江苏中心、国家知识产权局区域专利信息服务（南京）中心、国家专利战略推进与服务（泰州）中心、无锡（国家）外观设计信息中心等国家级公共服务平台建设发展。依托国家知识产权局区域专利信息服务（南京）中心，建设集专利、商标、版权、集成电路布图设计、植物新品种等信息于一体的综合知识产权公共服务平台，推动知识产权信息传播利用和共享，满足不同层次的知识产权信息需求。鼓励各地建设特色化公共服务平台，努力形成省、市、县（市、区）三级公共服务网络。

(二十四) 扩大知识产权社会化服务业规模

完善审批备案制度，支持知识产权代理、咨询、评估、法律等服务机构加快发展，吸引高水平知识产权服务机构到我省设立分支机构，鼓励我省具备较强实力的服务机构开展跨地区经营。支持知识产权服务机构采取联合经营、上市融资等方式发展壮大，培育一批营业收入超亿元的知识产权服务企业。完善服务机构布局，加强基层服务机构建设，推动知识产权服务向基层延伸。推进苏州、镇江等地的国家知识产权服务业集聚发展试验区建设，加快集聚服务机构，促进知识产权服务业规模化发展。

（二十五）提升知识产权服务水平

实施知识产权服务能力提升工程，建立并推行服务质量管理规范地方标准，促进知识产权服务更好地满足知识产权发展的需要。加强知识产权服务执业培训，切实提高知识产权服务从业人员业务素质。支持服务机构开展特色化、高端化服务，培育服务新业态。引导知识产权服务机构增强品牌意识，着力创建、开发和运营品牌，形成一批国内外有影响力的服务品牌。支持知识产权服务行业协会、知识产权保护协会、商标协会、律师协会等社会组织发挥自律作用，开展知识产权服务机构分级评价，建立健全信用管理制度，规范服务机构经营行为，引导服务机构高端发展。

十、努力构筑知识产权人才高地

（二十六）完善知识产权人才培养载体

认真落实与国家知识产权局、工业和信息化部共建协议，在政策、资金、项目等方面给予重点支持，努力把南京理工大学知识产权学院建成高水平的知识产权研究和人才培养基地；鼓励有条件的高校建设知识产权学院，支持有关高校设立知识产权专业，推进知识产权学历教育。加快建设南京工业大学、江苏大学等高校的国家级知识产权培训基地，引导支持培训基地科学设置课程，集成优质教学资源，大力开展系统化、规范化的知识产权培训教育。支持高校院所建设知识产权研究机构，集聚高层次知识产权研究人才，打造知识产权发展智库。

（二十七）加快知识产权人才培养

实施"百千万"知识产权人才培养工程，努力把我省建成知识产权人才密集区。选派一批优秀知识产权专业人员到世界知名大学、研究机构、跨国公司进行交流、访问和培训，造就具有国际视野的知识产权领军人才。大力开展知识产权管理、执法、服务专业人才在职培训，提高业务技能和水平。加大知识产权工程师、知识产权总监培训力度，加快培养高层次企业知识产权人才。建立健全知识产权从业人员上岗培训、在职培训、专业培训等常态化机制。

(二十八) 促进知识产权人才流动与合理配置

将知识产权人才引进列入省高层次创新创业人才引进计划，面向海外招揽知识产权高端人才、紧缺人才、拔尖人才和创新创业团队。建立知识产权人才信息库，发布知识产权人才供需信息，推动知识产权人才优化配置。完善知识产权专业人才评价制度，将知识产权专业人才纳入职称评定范围。支持企业事业单位创新人才引进方式，完善薪酬制度，使知识产权人才引得进、留得住、用得好。促进高校院所和企业之间的人才互动交流，引导知识产权人才向知识产权密集型产业和企业流动。

十一、不断优化知识产权强省建设的环境条件

(二十九) 加强统筹协调

深化与国家知识产权局、工商总局、版权局等国家部委的合作，加强对知识产权强省建设的统筹部署和协同推进。强化省政府知识产权联席会议职能，进一步完善部门沟通协调和工作联动机制，更好地凝聚各部门的智慧和力量，合力推动知识产权工作深入开展。设立知识产权强省建设专家咨询委员会，组织开展重大问题研究，为知识产权发展提供决策咨询。各级党委、政府要把知识产权工作摆上突出位置，认真研究重大问题，制定落实政策措施，完善工作机制，保证知识产权强省建设有力有序推进。

(三十) 加大政策和资金支持力度

制定完善激励知识产权发展的政策和举措，加大执行力度，简化手续，规范操作，注重政策之间的协调配套，形成推进知识产权强省建设的政策合力和叠加效应。不断增加省级财政对知识产权工作的投入，优化整合、统筹配置相关知识产权资金。省科技成果转化、战略性新兴产业发展、产业转型升级引导等专项资金，要强化对知识产权创造、运用、保护和管理的支持。各市、县 (市、区) 以及各类园区要设立独立预算的知识产权专项资金，建立稳定的财政投入增长机制。建立和完善知识产权奖励制度，

对优秀专利、驰名商标、版权精品等高价值知识产权，中国专利金奖、优秀奖获奖项目，以及杰出专利发明人、文化创意设计"紫金奖"获奖作品和优秀软件产品给予奖励。

（三十一）强化监督评估

建立工作责任制，分解任务，明确责任，狠抓落实。各地各有关部门和单位要按照任务分工和要求，结合实际制定具体推进方案和措施。建立知识产权强省指标体系，将知识产权主要指标纳入"两个率先"指标体系，定期评估公布知识产权工作绩效。适时引入第三方开展绩效评估和社会评价，引导知识产权强省建设科学有序推进。健全知识产权强省建设统计制度，完善知识产权统计监测工作。

（三十二）繁荣知识产权文化

大力弘扬"三创三先"新时期江苏精神，积极倡导尊重知识、崇尚创新、诚信守法，着力形成敢为人先、敢冒风险、敢于竞争、宽容失败的舆论导向，充分发挥知识产权文化在知识产权强省建设中的引领作用。深入实施全民科学素养行动计划，全面提高公民科学素养和知识产权认知度；推动群众性发明创造活动广泛开展，激发全社会知识产权创造热情，夯实推动知识产权发展的社会基础。加强对重大知识产权成果、典型创新人物、知识产权密集型企业的宣传，形成有利于知识产权强省建设的浓厚氛围。

附录三　关于知识产权强省建设的若干政策措施

（苏政发〔2017〕32号）

为深入贯彻习近平总书记关于科技创新的重要指示精神，扎实推进引领型知识产权强省建设，更好地支撑创新驱动发展和经济转型升级，根据《国务院关于新形势下加快知识产权强国建设的若干意见》（国发〔2015〕71号）和省第十三次党代会"两聚一高"部署要求，制定以下政策措施。

一、鼓励高质量的知识产权创造

（一）激发知识产权创造活力

鼓励各类创新主体开展知识产权创造活动，加快培育知识产权大户，各地对年度专利授权量较大的企业、高等院校、科研机构以及软件著作权登记量较大的软件企业给予奖励。加大对中小微企业知识产权创造的支持力度，对进入科技企业孵化器、众创空间的中小微企业，在知识产权信息服务、申请资助、代理费补贴等方面给予优先支持。实施知识产权"清零计划"，对企业首件授权发明专利的申请费和代理费给予补贴。（责任部门：省知识产权局、省经济和信息化委、省财政厅）

（二）提高知识产权产出质量

支持企业、高等院校、科研机构与知识产权服务机构联合组建高价值专利培育示范中心，符合条件的最高给予500万元支持。对高质量国内授权发明专利给予分档奖励。开展省专利发明人奖、优秀专利项目奖评选，对获奖人员和项目分别给予10万元、8万元奖励。对获得中国专利金奖、中国专利优秀奖的专利，分别给予100万元、20万元奖励。对国家工商总局新认定的中国驰名商标和省优秀版权作品、省文化创意设计"紫金奖"获奖作品等优秀知识产权创造成果按相关规定给予奖励。（责任部门：省知识产权局、省工商局、省版权局、省财政厅）

（三）支持知识产权海外布局

鼓励企业利用知识产权拓展海外市场，对企业申请国（境）外专利、工业品外观设计的申请费、代理费及其他规费给予补贴。对申请2件马德里商标国际注册且延伸注册国10个以上的，给予2万元奖励；对申请3件及以上马德里商标国际注册且延伸注册国10个以上的，给予3万元奖励。支持企业根据自身发展需要收购海外优质专利、知名品牌、精品版权。鼓励企事业单位积极参与国际标准制定，将具有自主知识产权的创新技术转化为标准。鼓励文化企业开展对外版权贸易，扩大版权和节目模式输出。（责任部门：省知识产权局、省工商局、省版权局、省质监局、省财政厅）

二、促进高效益的知识产权运用

（四）培育知识产权优势企业

实施知识产权强企行动计划，推动企业贯彻知识产权管理规范，加快实现高新技术企业、规模以上工业企业、上市企业"贯标"全覆盖，对通过"贯标"绩效评价或认证的企业择优给予20万元奖励。对承担省企业知识产权战略推进计划重点项目、一般项目的企业，分别给予100万元、30万元支持，到2020年培育5 000家以上知识产权密集型企业。鼓励企业规范核算和管理知识产权资产，企业发生的知识产权申请费、注册费、代理费、研发成果的检索和评议费用以及专家咨询费等与研发活动直接相关的费用，按规定享受研发费用加计扣除优惠。转让知识产权的，按规定享受相关税收优惠。加大政府采购对具有自主知识产权产品的支持力度，支持将省内药品生产企业研究生产的化学药1.1类、生物药1类、中药和天然药1~5类且具有自主知识产权，临床必需、疗效确切的药品纳入医保基金支付范围。（责任部门：省知识产权局、省经济和信息化委、省科技厅、

省教育厅、省国税局、省地税局、省人力资源社会保障厅、省卫生计生委）

（五）壮大知识产权密集型产业

开展知识产权区域布局试点，调查分析区域产业、创新和知识产权资源状况，建立资源配置导向目录，引导知识产权相关资源合理布局。建立知识产权密集型产业统计制度，开展统计分析，发布产业目录和发展报告。依托高新技术产业开发区、经济技术开发区等园区建设一批专利导航产业发展实验区、专利集群管理示范区和专利审查员实践基地，实施专利导航工程，开展产业专利预警分析、专利布局和协同运用，加快培育知识产权密集型产业。实施版权示范创建推进工程，支持有条件的积极创建国家版权示范园区（基地）和单位。加快建设省级产业集群品牌培育示范基地。鼓励建立产业知识产权联盟，提升防御和应对知识产权风险的能力。（责任部门：省知识产权局、省发展改革委、省经济和信息化委、省教育厅、省科技厅、省统计局、省商务厅、省版权局、省工商局）

（六）促进知识产权运营

设立省重点产业知识产权运营基金，开展知识产权收储、开发、投资等商业化运营，支持各类社会资本、社会化知识产权运营机构参与基金运作。推动江苏国际知识产权运营交易中心和省技术产权交易市场建设发展，建立联动机制，打造集展示、交易、运营、价值评估、投融资等服务功能于一体、线上线下结合的一站式知识产权交易平台，嫁接各类知识产权专业运营机构，形成覆盖全省的知识产权运营网络。创建江苏国家版权贸易基地，构建综合性版权交易模式，培育良好的版权交易生态。鼓励高校、科研院所组建专业化、特色化知识产权运营机构，盘活知识产权存量，加快科研成果转移转化。高校、科研院所将知识产权转化、许可他人实施、作价投资或自行实施的，按照国家和省有关规定，对相关人员给予奖励和报酬。（责任部门：省财政厅、省金融办、省发展改革委、省教育厅、省科技厅、省知识产权局、省版权局）

（七）强化知识产权金融服务

鼓励金融机构开展知识产权质押贷款业务，对出现贷款损失的，按照

《江苏省科技成果转化风险补偿专项资金管理办法》进行补偿。支持各地建立知识产权质押融资风险补偿机制。鼓励金融机构创新知识产权金融产品，推进投贷联动、投保联动、投债联动，探索知识产权证券化。支持"互联网+知识产权+金融"发展模式，为创新型企业、创新创业团队提供更加高效便利的知识产权金融服务。（责任部门：省金融办、江苏银监局、江苏证监局、江苏保监局、省发展改革委、省科技厅、省知识产权局）

三、实施高标准的知识产权保护

（八）加强知识产权行政执法与司法保护

整合行政执法力量，加大对知识产权侵权易发高发行业、市场区域的监管和整治力度，严厉打击各类知识产权违法违规行为。开展打击互联网领域知识产权侵权行为专项执法行动，优化互联网知识产权保护环境。进一步健全知识产权行政执法与刑事司法衔接工作机制，建立侵犯知识产权重大案件挂牌督办制度，加强信息共享，形成工作合力。推动知识产权检察工作专门化建设。支持南京、苏州知识产权法庭建设，全面推行知识产权民事、行政和刑事案件审判"三合一"，对恶意侵犯知识产权行为，在适用法定赔偿时从高确定赔偿数额，情节严重的积极适用惩罚性赔偿条款。完善知识产权信用评价制度，将知识产权失信行为纳入公共信用信息系统。（责任部门：省知识产权联席会议办公室、省公安厅、省法制办、省知识产权局、省工商局、省版权局、省经济和信息化委）

（九）强化知识产权协同保护

完善知识产权维权援助工作体系，实现设区市知识产权维权援助网络全覆盖，扩大知识产权维权援助资金规模。面向我省重点优势产业建设知识产权保护平台，开展知识产权快速审查、快速确权、快速维权服务，探索开展知识产权司法鉴定服务，推进审查确权、行政执法、维权援助、仲裁调解、司法衔接相联动的快速协同保护工作，地方政府要在人员配备、工作经费、办公用房等方面给予支持。加快中国南通（家纺）、中国镇江丹阳（眼镜）知识产权快速维权中心及中国（常州·机器人及智能硬件）

知识产权保护中心建设，支持其他有条件的地区围绕重点优势产业做好知识产权保护工作。(责任部门：省知识产权局、省编办、省司法厅)

(十) 加大海外知识产权保护力度

探索在主要贸易国和地区配备专兼职知识产权工作人员，为企业拓展海外市场提供专业化指导和服务。建立海外知识产权风险预警和快速应对机制，支持行业协会、专业机构跟踪发布重点产业知识产权信息和竞争动态。发布海外知识产权服务机构目录，引导企业利用优质资源应对海外知识产权争端。建立企业海外知识产权案件信息提交机制，加强对重大知识产权案件的跟踪研究，组织专业力量支持企业海外维权。(责任部门：省知识产权局、省商务厅、省外办)

四、发展高水平的知识产权服务

(十一) 加强知识产权公共服务供给

建设知识产权大数据共享平台，免费开放专利、商标、版权、集成电路布图设计、植物新品种、地理标志等基础信息，构建省、市、县三级知识产权公共服务网络。在南京江北新区、苏南国家自主创新示范区、徐州高新区试点建立知识产权综合法律服务平台。试点发放知识产权服务券，通过政府购买方式，支持知识产权服务机构为中小微企业、创新创业团队、众创空间提供专业培训、管理咨询、信息利用、业务托管等服务。(责任部门：省知识产权局、省工商局、省版权局、省司法厅、省经济和信息化委、省农委、省林业局、省质监局、省财政厅)

(十二) 提升知识产权服务机构整体水平

支持知识产权服务机构加强资源整合，从基础代理向战略咨询、分析评议、价值评估、诉讼维权等高端服务业攀升，实现规模化、高端化发展。鼓励国内外知名知识产权服务机构在江苏设立机构或全资子公司，各地可根据其人员规模、主营业务和吸纳就业等给予一定支持。开展知识产权服务机构星级评定、优秀发明专利申请文件评选等活动。(责任部门：省知识

产权局、省工商局、省版权局、省财政厅)

(十三) 推动知识产权服务业集聚发展

加快建设苏州国家知识产权服务业集聚发展示范区,支持南京、南通、镇江等有条件的地区申报国家知识产权服务业集聚发展试验区,建设一批省级知识产权服务业集聚区,优先安排承担国家和省创新创业服务类项目,形成全链条知识产权服务集群发展优势。大力发展"互联网+知识产权服务"等新业态、新模式。对知识产权服务业集聚发展项目,各地要优先给予支持和保障。(责任部门:省发展改革委、省知识产权局、省版权局、省工商局、省科技厅、省财政厅)

五、培养高素质的知识产权人才

(十四) 加强人才培养载体平台建设

支持南京理工大学、南京工业大学、江苏大学等高校知识产权学院加快发展,"十三五"期间新增4个左右本科高校知识产权学院。支持设有知识产权二级学科或研究方向的相关省优势学科和省重点学科建设,支持有关本科高校设置知识产权专业或在管理学、经济学中增设知识产权方向,支持高职院校设置知识产权应用类专业。鼓励高校为本专科生开设知识产权必修或选修课程。加强知识产权培训基地和研究机构建设,支持其积极承担知识产权培训和研究任务。(责任部门:省教育厅、省知识产权局)

(十五) 壮大知识产权人才队伍

依托高校知识产权学院等载体平台,大力培养知识产权专业人才,举办知识产权高端学术论坛,开展知识产权国际学术交流。将知识产权人才纳入省"333高层次人才培养工程",加快选拔一批影响力强、业绩突出的知识产权领军人才和学术带头人。加大知识产权高端人才、紧缺人才和团队引进力度,对引进的高层次人才按"双创人才"相关政策给予支持。鼓励各地将知识产权人才纳入地方人才引进计划,享受相应优惠政策。建设省知识产权智库和人才库,集聚培养一批高层次知识产权专家和人才。

（责任部门：省人才办、省知识产权局、省人力资源社会保障厅、省教育厅、省工商局、省版权局）

（十六）强化知识产权教育培训

开展知识产权进校园等普及型教育活动，建设一批知识产权教育示范基地，引导广大青少年树立知识产权意识。加强党政领导干部知识产权培训，将知识产权课程纳入相关培训课程体系。开展规模以上工业企业和高新技术企业负责人、"双创人才"等群体知识产权培训，力争到2018年实现全覆盖。加大企业知识产权工程师、知识产权总监、版权经理人以及品牌管理等专业人才培养培训力度，力争到2020年培训规模达30 000名。选拔培养一批知识产权创业导师，加强对创新创业活动的知识产权指导。（责任部门：省知识产权局、省教育厅、省人才办、省人力资源社会保障厅、省工商局、省版权局、省科技厅）

六、实施高效能的知识产权管理

（十七）推进知识产权综合管理改革

根据国家部署要求，积极推进知识产权综合管理改革试点工作。推动常熟市、海安县等科技创新体制综合改革试点地区率先取得突破，支持苏州、南京江北新区等有条件的地区加快完善知识产权管理体制，打通知识产权创造、运用、保护、管理、服务全链条，探索支撑创新发展的知识产权运行机制。（责任部门：省知识产权联席会议办公室、省知识产权局、省编办、省工商局、省版权局、省科技厅）

（十八）形成强化知识产权发展的鲜明导向

聚焦引领型知识产权强省建设，建立知识产权考核指标体系，重点考核知识产权创造、运用、保护、服务、人才培养等内容，系统评价知识产权发展水平，定期公布评价结果，并纳入创新驱动发展综合评价和市、县党政领导干部工作考核范围。落实《江苏省重大经济科技活动知识产权评议办法》，建立知识产权评议目录，对财政资金投入数额较大以及对我省经济社会发展和公共利益具有较大影响的经济、科技、人才引进项目开展知识产权评议。（责任部门：省人才办、省人力资源社会保障厅、省统计局、省财政厅、省国资委、省发展改革委、省经济和信息化委、省科技厅）

　　各地、各部门和单位要结合实际，制定具体配套政策和实施细则，完善部门沟通协调和工作联动机制，确保各项政策措施全面有效落实。

参考文献

1. [美] 熊彼特．经济发展理论．孔伟艳，朱攀峰，娄季芳，译．北京：北京出版社，2008.

2. [美] 道格拉斯·诺斯，罗伯特·托马斯．西方世界的兴起．刘瑞华译．台北：联经出版事业股份有限公司，2016.

3. [美] 迈克尔·波特著．国家竞争优势．李明轩，邱如美译．北京：中信出版社，2012.

4. 冯晓青．知识产权利益平衡理论．北京：中国政法大学出版社，2006.

5. 吴汉东．知识产权基本理论问题研究（总论）．第 2 版．北京：中国人民大学出版社，2009.

6. 张勤，朱雪忠．知识产权制度战略化问题研究．北京：北京大学出版社，2010.

7. 薛红．十字路口的国际知识产权法．北京：法律出版社，2012.

8. 申长雨．迈向知识产权强国之路——知识产权强国建设基本问题研究．北京：知识产权出版社，2016.

9. 国家知识产权培训（江苏）中心，国家知识产权局专利代理人教学研究（江苏）中心．知识产权战略与区域经济发展．北京：知识产权出版社，2013.

10. 唐恒，朱宇．区域知识产权战略的实施与评价——江苏之实践与探索．北京：知识产权出版社，2011.

11. 毛金生，陈燕，李胜军，谢小勇．专利运营实务．北京：知识产权出版社，2013.

12. 钱建平等．江苏省知识产权强省建设研究．北京：知识产权出版社，2015.

13. 朱谢群．我国知识产权发展战略与实施的法律问题研究．北京：中国人民大学出版社，2008.

14. 王承守，刘仲平，等．智慧财产权管理．台北：元胜出版公司，2005.

15. 朱雪忠．企业知识产权管理．北京：知识产权出版社，2001.

16. 徐红菊．专利许可法律问题研究．北京：法律出版社，2007.

17. 王先林．知识产权与反垄断法．北京：法律出版社，2008.

18. 吴汉东．科学发展与知识产权战略实施．北京：北京大学出版社，2012.

19. 陶鑫良．中国知识产权人才培养研究．上海：上海大学出版社，2006.

20. 陶鑫良．中国知识产权人才培养研究（第二辑）．上海：上海大学出版社，2010.

21. 梅术文，郑伦幸，张颖露．产业知识产权管理实证研究．北京：知识产权出版社，2017.

22. 国家知识产权局保护协调司．区域知识产权战略研究文集．北京：知识产权出版社，2012.

23. ［美］帕夫雷著．知识产权战略．陈晓帆，译．重庆：重庆大学出版社，2015.

24. 李明星．区域知识产权战略管理专题研究．镇江：江苏大学出版社，2012.

25. 马一德．中国企业知识产权战略．北京：商务印书馆，2006.

26. 吴树山，曾培芳．江苏省实施知识产权战略的探索与实践．北京：知识产权出版社，2013.

27. 马一德．创新驱动发展与知识产权战略研究．北京：北京大学出版社，2015.

28. 张志成．知识产权战略研究．北京：科学出版社，2010.

29. 国家知识产权培训（湖北）基地. 国际贸易中的知识产权保护. 北京：知识产权出版社，2014.

30. 周胜生，高可，饶刚，孙国瑞，汪卫锋. 专利运营之道. 北京：知识产权出版社，2016.

后　　记

　　本书是在南京理工大学知识产权学院副院长、江苏省知识产权发展研究中心主任董新凯教授的统筹、策划、组织和指导下完成的，研究成果主要基于笔者在江苏省知识产权局政策法规处挂职一年半期间，参与知识产权强省相关政策、规划、报告起草过程中的一些思考，以及在加盟南京理工大学知识产权学院参与"知识产权强省目标内涵与评价指标体系研究""江苏省知识产权强省建设规划纲要研究""江苏省建设知识产权强省的配套政策研究""江苏省知识产权'十三五'发展规划研究"等区域知识产权战略研究课题中的一些研究积累。

　　本书得以成稿，首先，要感谢委托方——江苏省知识产权发展研究中心的信任，正是由于委托方给予的课题项目支持，才让我有机会系统整理多年来在区域知识产权战略研究领域的思考和成果。其次，要感谢南京理工大学知识产权学院的各位领导、专家和同事，特别是钱建平常务副院长、董新凯副院长，正是参与由其主持的多项区域知识产权战略课题项目，才会有我今天在区域知识产权战略方向上的研究积累。同时，还要感谢中心研究团队的梅术文副教授、吴广海副教授、徐升权副教授等其他成员，正是与他们在课题研究合作中的思想碰撞、观点交换，才引发我对区域知识产权战略方向的兴趣和灵感。再次，还要感谢江苏省知识产权局前局长朱宇、支苏平局长、黄志臻副巡视员、张春平副局长、牛勇处长、李勇副处长、张卫东副处长、丁岚副处长、王亚力副处长、钟礼涛主任、刘宏伟主任、张峰主任在我挂职期间给予的帮助和支持，特别是牛勇处长，亦师亦友，作为我挂职期间政策法规处负责人，不仅为我提供非常专业的业务指

267

导，还教会我很多为人处世的道理，这些都是我以后修身治学的财富和法宝。最后，还要感谢我的家人们，正是他们的辛劳付出，才为我创造了宽松的研究环境和条件。

本书得以出版，要感谢南京理工大学知识产权学院王涛书记、曹佳音主任、冯锋主任、周志聪老师、朱力影老师、顾金霞老师提供良好的外围保障；还要特别感谢的是知识产权出版社刘睿主任领衔的团队，为本书的及时面世付出了艰辛的劳动。本人指导的硕士研究生李小雪、马瑞臻参与了本书研究中的大量数据检索、整理、测算、文字修改以及资料校正等工作，在此一并感谢。

由于本人研究能力和水平的局限，本书必定有不少疏漏之处，敬请读者不吝批评指正。

郑伦幸

2018 年 3 月 22 日于南京